JN436791

보안패러다임을 변화시키는 5가지 기술적 원동력

클라우드, 소셜, 모바일, 빅 데이터 및 사물인터넷이 어떻게 물리적 보안을 변화시키는가?

The Five Technological Forces Disrupting Security

How Cloud, Social, Mobile, Big Data and IoT are Transforming Physical Security in the Digital Age

Steve Van Till
Bethesda, MD, United States

THE FIVE TECHNOLOGICAL FORCES DISRUPTING SECURITY,
first edition by Steve Van Til
ISBN 978-0-12-805095-8

This Korean edition was published by Kyung Mun Sa Publishing Co. Ltd. in 2020 by arrangement with ELSEVIER INC. through KCC(Korea Copyright Center Inc.), Seoul.

작가소개

스티브 반 틸은 출입제어, 영상감시, 모바일 및 ID 솔루션을 SaaS로 제공하는 선구적인 클라우드 서비스 제공업체인 Brivo Systems의 공동 창립자이자 사장겸 CEO이다. 또한 그는 2011년부터 보안산업협회 표준위원회의 위원장을 역임했다. 그는 수많은 보안 출판물 및 포럼의 저자이자 연사이며, 물리적 보안 분야의 특허 발명가이다. 2009년 스티브는 Security Magazine에서 "보안 업계에서 가장 영향력 있는 25인" 중 한 명으로 선정되었다.

스티브는 이전에 Sapient Corporation의 인터넷 컨설팅 담당 이사였으며, 닷컴 시대의 첫 번째 물결에 대한 고객 전략을 이끌었다. 보건정보학 기업인 HCIA에서 스티브는 데이터 분석 서비스를 위한 인터넷 전략을 담당했으며, GeoStar의 소프트웨어 개발 부문 부사장 및 COMSAT의 시스템 엔지니어링 이사로 무선통신 분야에서 10년 이상의 경력을 쌓았다.

스티브는 그의 아내인 로빈과 함께 메릴랜드주 풀톤에 살고 있다.

서문

우리는 운이 좋게도 현대기술의 역사에서 가장 흥미진진한 시기에 살고 있다. 인류가 지금까지 보아 왔던 것 이상으로 혁신의 속도를 가속화하기 위해 수 십 가지 기술 흐름이 서로 융합되고 증폭, 재조합되었다. 우리는 동시에 물리적 보안(또는 더 중요한 점은 물리적 보안의 실종)이 일상이 된 불행한 시기에 살고 있다. 그러나 물리적 보안은 더 이상 물리적인 것이 아니다. 현대의 보안 시스템은 이제 철저히 사이버-물리적 시스템이다. 즉 그들은 디지털 세계의 힘과 리스크를 모두 이어 받았음을 의미한다.

지난 30년 동안 많은 주요한 기술적 발전이 우리 세계와 상호작용하는 방식을 변화 시켰음을 목격했다. 수백만 명이 PC시대에 처음으로 컴퓨팅 경험을 쌓았다. 인터넷(몇몇 친구들의 도움으로)은 이러한 개인 컴퓨팅 경험을 합쳐서 지구상의 모든 사람과 연결하는 잠재력을 가진 소셜 네트워크의 공동경험으로 통합했다. 그리고 우리는 스마트폰 없이는 집밖으로 나갈 수 없는 지경에 이르렀다. 이제 우리는 눈앞에 전례 없는 많은 양의 데이터를 이해하는데 필요한 대용량 데이터 및 분석 시스템과 함께 사물인터넷의 부상을 지켜보고 있다.

물리적 보안은 이러한 대격변의 중심에 서 있다. 클라우드, 모바일, 사물인터넷, 빅 데이터 및 소셜 네트워크와 같은 우리시대의 대표가 된 5가지 기술에 의해 변화되고 있다. 이러한 변화가 어디에서 어떻게 일어나는지, 보안 실무와 비즈니스에 미치는 영향이 무엇인지가 이 책의 주제이다.

기술 채택 라이프 사이클은 신기술 수용을 이해하는데 널리 사용되는 체계이며, 우리가 물리적 보안업계에서 주목하고 있는 변화에 부합한다. 라이프 사이클은 5단계로 구성되어 있다. 소위 “혁신가”, “얼리어답터”와 “초기 다수”는 초반부에 있고, “후기 다수”와 “뒤 늦은 수용자들”은 후반부를 차지한다.

내가 물리적 보안 산업계 사람들에게 물리적 산업이 일반적으로 '초기다수'와 '후기다수' 사이의 어딘가 채택 사이클의 중간 정도에 위치하고 있다고 조심스럽게 말하면, 그들 대부분은 내가 좀 너무 관대하다고 평가한다. 산업계는 그보다 더 느리다고 그들은 말한다. 인터넷 프로토콜(IP) 기술의 느린 채택률이 좋은 사례인데 보안제품이 IT 제품에 비해 10년 늦게 제품화되는 것이 그 예이다. 최근에는 클라우드 컴퓨팅과 같은 주요 시장 변화에 대해 업계는 후발 기업보다 겨우 앞섰을 뿐이다. 근거가 필요한가? 상업적 보안에서 현재의 5% 미만의 클라우드 채택률을 나머지 IT 부분에서 80% 이상의 채택률과 비교해 보라.

세심한 주의가 모두 나쁜 것은 아니다. 고객은 무엇을 사야하는지 생산자는 무엇을 만들어야 하는지 투자자는 어디에 투자해야 하는지를 알고 있다.

그러나 시장은 변화하는 중이다. 클라우드, 모바일, 사물인터넷, 빅 데이터 및 소셜 네트워크와 같은 기술 혁신의 5가지 기술은 신중한 채택이라는 맥락에서 무시하기에는 너무 강력한 영향력을 갖게 되었다. 이들을 결합하여 전보다 훨씬 뛰어난 보안 제품을 생산하고 있다. 그들은 혁신자의 진입 비용을 낮추고 있다. 이와 함께, 전통적인 장벽들은 버티기 어려울 것이다.

5가지 기술 간의 상호 작용과 상호 의존성은 무시할 수 없지만, 이 책은 이 다섯 요소들을 각각 차례로 검토하도록 구성되어 있다. 당연히 각 주제에는 약간의 중복이 있지만 대부분 5가지의 관심사를 따라갈 수 있다.

1부에서 우리는 물리적 보안 업계에서 클라우드 컴퓨팅의 현재 상태와 온프레미스(소프트웨어를 서버에 직접 설치해 쓰는 방법) 컴퓨팅 변화에 영향을 미치는 요인을 살펴본다. 업계에서는 알람 모니터링을 위한 중앙 집중식 컴퓨팅의 파워는 강화되고 있지만 클라우드 컴퓨팅으로 전환되는 것은 역설적으로 느리다. 마찬가지로 서비스형 소프트웨어(Software-as-a-Service, SaaS)의 수익이 보장된 구조화된 산업에 적합해야 한다. 대신에, 클라우드 보안과 신뢰성에 관성화된 지속적인 우려는 다른 시장들에게도 공통적인 가속화를 저해해왔다. 우리는 두려움을 벗어나 유통 모델이 적용되고 새로운 진입자가 현상유지를 함으로써 다음에 어떤 일이 일어나는지 살펴볼 것이다.

2부에서는 모바일 기술이 보안관리, 건물과 거주자 간의 상호작용, ID 및 출입 관리를 어떻게 변화시키고 있는지 살펴본다. 거의 모든 다른 소프트웨어 영역에서와 마찬가지로 "모바일 우선"이라는 개념은 보안 시스템 개발자의 제품 우선순위를 바꾸고 실무자의 직업 표현을 가드에서 최고보안책임자(CSO)로 바꾸고 있다.

이전에 데스크탑에 제약을 받았던, 현대의 전자 보안 시스템과 상호작용하는 전문가들은 책상에서 자유로워지지만 데이터, 명령 및 제어의 풍부함은 그대로 유지된다. 모든 주요 보안 사건들이 우리에게 상기시켜 주듯이, 모바일 네트워크의 유비쿼터스성과 연결성은 비상 대응에서 없어서는 안 될 도구이다. 일상적인 견해로 모바일은 직원, 임차인 및 게스트 상호 간의 고객 경험을 보안 조직에 대한 불편함에서 긍정적인 "고객 상호작용" 기회로 바꾸고 있다.

3부의 사물인터넷(Internet of Things)은 물리적 보안 영역에서 가장 창조력이 다양한 분야 중 하나이다. 그것은 놀랄 일이 아니다. 왜냐하면 개념적으로 전자 보안 업계는 사물인터넷이 과대하게 홍보되어 알려지기 훨씬 전부터 사용해 왔기 때문이다. 사물인터넷이 보안에 제공하는 가장 큰 공헌은 의사결정에 사용할 수 있는 데이터를 추가하는 센서의 확산이다. 공식적으로 보안 시스템의 일부가 아닌 장치조차도 우리가 모두 확보할 수 있는 보안의 중요사항의 일부인 "데이터 배출"을 생성할 것이다. 그러나 이러한 가용 데이터의 증가와 함께, 해커들에 의해 이용 가능한 공격이 크게 증가할 것이다. 실무자들이 당면한 과제는 데이터를 활용하고 물리적 및 네트워크 인프라를 보호하는 동시에 이러한 기술을 활용하는 것이다.

4부에서는 스마트 데이터, 대규모 데이터 분석 사용이 미래의 보안에 주목할 만한 도구로 검토된다. 그러나 우리는 아직 거기에 이르지 못했다. 빅 데이터가 의학과 물리학, 소매업 및 주식시장 분석에 이르기까지 진입 한 반면, 물리적 보안 영역에는 기이하게도 존재하지 않는 빅 데이터 시스템이 자연스럽게 확장하는 플랫폼이기 때문에 클라우드 컴퓨팅 채택이 지연되는 것은 큰 문제였다. 대신 보안 환경 전반에 걸쳐 우리가 발견한 것은 수백만 개의 작은 시스템으로 구성된 군도로서 각자의 데이터를 다른 데이터와 분리하여 대용량 분석을 방해한다는 것이다.

5부 소셜 네트워킹 기술은 신원 확인 및 출입 관리가 새로운 플랫폼으로 이동하는 방법의 사례로 표현된다. "사회 공간"의 조직 원리를 이용하여, 우리는 사회 기술이 물리적 보안 영역에 어떻게 영향을 미치는지 확인한다. 이전에는 웹 사이트와 같은 가상공간에 접속하는데만 국한되었던 소셜 로그인의 사용이 실세 물리적 공간에 대한 우리 자신을 인증하는 수단으로 이용되고 있다. 이것은 사회적 정체성이 오늘날 우리가 상호작용하는 각각의 개별 공간에 대해 우리가 가지고 다니는 많은 토큰을 대체할 수 있는 독특한 식별자이기 때문에 효과가 있다. 현재 수십억 명이 이용하고 있는 소셜 네트워크는 보안의 관행을 향상시키는 귀중한 커뮤니케이션 창구임이 입증될 수도 있다. 네트워크가 구축됨에 따라, 클라우드소싱은 참여 보안을 위해 군중의 힘을 이용하는 방법이 될 수 있다.

마지막으로, 각 기술에 대한 채택률과 이러한 변화가 물리적 보안의 미래에 어떤 영향을 미칠 수 있는지를 살펴본다. 상업적 보안의 소비자화는 기대했던 많은 변화들을 관통하는 맥으로서 새천년이래로 그 산업을 리메이크하고 있는 IT의 소비자화를 무색하게 한다.

나는 Brivo Systems의 창업 이야기를 묘사한 다소 개인적인 이야기로 이 책을 펴는 것에 대한 허가를 받았다. 이 스타트업은 보안업계에 입성하는 수단이었으며, 5가지 힘의 전부를 관통하는 길을 밟았다. 나는 이러한 여행을 나눔으로써 우리 산업과 미래에 대한 깊은 열정과 희망을 전달할 수 있기를 바란다.

감사의 말

책은 경험자가 모든 부분의 저자이기 때문에 단 하나의 저자를 가지지 않으며, 많은 사람들이 참여하는 큰 무대이다.

오전 4시에 기상해서 일일식이 요법을 해주고, 지난 2년 동안의 "책"에 대한 나의 끊임없는 집착으로 주말에 수많은 사교모임 없이 나를 지지해준 나의 와이프 로빈에게 감사드린다.

또한 나는 투자자이자 멘토인 가장 중요한 친구 밥피얼리에게 특별한 감사를 드린다. 밥은 Duchossois Technology Partners의 사장일 때 수많은 사람들의 삶을 개선할 수 있는 인터넷 기반 장치의 비전을 처음으로 이해한 사람들 중 한명이었다. 나는 그들의 확신대로 많은 다른 사람들에게 조언한 것과 같이 그의 지속적인 지원과 조언으로 내가 속한 기업의 성장에 결정적인 역할을 하였다.

마지막으로 성공적인 닷컴 기업(인터넷을 사업 인프라로 활용하는 기업)을 창업하고, 그것에 관해 이야기하며 살도록 내 일을 그만두라고 나를 설득한 Brivo Systems의 공동 창업자들(브리보-카터스와 마크, 팀)에게도 감사드린다.

그리고 나는 이러한 이야기의 성공에 기여했고, 산업을 변화시키기는 데 도움을 준 당신들을 위한 현재와 과거의 모든 Brivo Systems 직원들에게도 감사드린다.

스티브 반 틸
베세스다, 메릴랜드주, 미국에서

역자 서문

우리는 다양한 아이디어가 구체화되고 사업화되어 새로운 삶의 영역을 개척하는 제4차 산업혁명 중심에서 살아가고 있다. 정보보안 부문도 이에 발맞추어 급격하게 늘어나는 보안 소요를 충족시키고 이전에는 볼 수 없었던 거대한 규모의 도전적 과제에 직면하고 있다. 경쟁적으로 쏟아지는 스마트 기술은 기존 기기에 접목되어 지능화되고 상호 연결성이 강화되면서 다양하고 광범위한 보안이슈들을 발생시키고 있으며 이에 대한 예방과 대응에 집중되고 있다.

다만 물리보안 부문은 조금은 다른 모습을 보이고 있다. 즉 제4차 산업혁명에 약간은 무심한 듯 기존의 길을 계속해서 걷고 있는 것이다. 물론 스마트 기술을 접목 하고자 하는 노력이 이루어지고 있으나 기존 체계에 대한 부분적 개선일 뿐 본질적인 해결을 위한 변화의 모습은 상대적으로 작아 보인다.

본 도서는 이런 물리보안업계에 나아가야 할 방향을 제시해주는 청량제와 같은 역할을 할 것으로 기대한다. 저자는 보안 분야의 풍부한 경험을 바탕으로 물리보안의 클라우드화 서비스를 제공하는 회사를 창립하고 운영하고 있으며 보안 분야에 다양한 아이디어를 제공하고 있는 인물이다. 그런 저자가 제4차 산업혁명의 핵심적인 5가지 핵심기술을 선정하고 물리보안과의 관계를 객관적으로 서술하고 있어 우리들이 교훈으로 삼을만한 알찬 지식을 제공해주고 있다. 더불어 보안 분야의 새로운 길을 고민하는 이들에게 최신 트렌드를 어떻게 활용할지에 대한 영감을 줄 수 있을 것으로 기대된다.

고려대 정보보호대학원과 국내 보안업계 선도기업인 에스원은 제4차 산업혁명의 이슈인 융합복합보안을 발전시키고자 힘써 왔다

공동의 고민과 노력의 산출물들 가운데 하나인 본 도서가 보안을 위해 고민하는 이들에게 길잡이가 되었으면 한다.

여름의 길목, 안암동에서

고려대학교 정보보호대학원 융합보안학과 차영균 특임교수

차례

제5부 소셜과 인증

제6부 미래

제1장
상품에서 사용자로

이 이야기는 내가 어떻게 보안산업을 변화시키는 다섯 개의 큰 영향력에 대해 알게 되었는지에 대한 것이다. 1999년 뉴욕의 여름은 한 세기 만에 찾아온 가장 더운 여름이었다. 동료 기업가들과 나는 새로운 닷컴 기업의 자금 확보를 위해 하루 종일 투자자 회의를 했다.

수트를 입은 채 맨해튼 거리를 힘겹게 걸으면서 나는 소화전에 연결된 스프링클러를 향해 뛰어드는 것을 상상했다. 도착한 건물 로비의 에어컨은 다음 투자자에게 우리를 선보이기 전에 잠깐의 휴식을 제공했다.

우리는 기저귀나 청소용품 같은 생활 필수품을 매주 또는 매달 필요로 하는 사람들에게 정기 배송을 하기 위한 전자 상거래 서비스의 새로운 비즈니스 모델을 선보였다. 일반적인 소비자 수요 증감과는 달리 이 비즈니스는 매월 예측 가능한 수익 흐름을 제공하여 투자자에게 반복적인 월간 수익(RMR)을 제공할 것이다.

이전 회의에서 모든 투자자들은 절도와 파손으로부터 어떻게 지속적으로 상품을 안전하게 배송 할 것인지에 대해 알고 싶어했다. 한 투자자의 말대로 "고객의 택배물을 현관에 배달하는 것은 고객이 집에 있을 때만 가능하다. 왜냐하면 누구도 배송된 물건이 반복적 절도를 당하는 것을 원하지 않기 때문이다."

이러한 질문에 대답하기 위해 우리는 이미 "스마트박스"라고 부르는 식기세척기 크기의 대략적인 기본 도면을 스케치했다. 이 디자인은 안전하고 크기가 큰 우편함과 중앙 로비에 전자 출입제어를 연결하는 혼합형으로 설계되었다. 동적으로 할당된 키패드 코드(보안상 출입인증)는 전면 도어에 대한 출입제어를 제공한다. 중앙 웹 시스템은 물건을 넣거나 가져갈 권한이 있는 사람들(배달 업체, 주거 소유자, 가족 구성원 등)에게 출입인증을 할당한다. 시스템(하드웨어 및 지속적인 출입 관리)에 드는 비용은 휴대전화와 마찬가지로 월별 지불한다.

회의실에서 오랫동안 기다린 후에 이미 하루 동안 충분히 아니 어쩌면 평생들을 설명을 들은 것처럼 괴로워 보이는 투자자와 회의를 시작했다. 그의 전문적인 회의론은 명백했다. 우리는 닷컴 붐의 중심에 있었고, 온라인 비즈니스에 대한 아이디어는 한 다스나 될 만큼 흔했다.

우리는 그에게 평소보다 조금 더 빨리 우리의 피치덱(pitch deck, 투자자들에게 보이기 위한 파워포인트, 키노트 형식으로 된 기업 비즈니스 모델에 대한 설명자료)을 진행했다. 대부분의 투자자들과 마찬가지로 그는 보안, 도난, 출입 권한, 관리 방법에 대해 우려를 나타냈다. 우리는 스마트박스의 스케치를 회의실 테이블에 펼쳤다. 나는 그것이 강철 프레임의 물리적 보안과 디지털 서명, 암호화를 포함한 정보 보안을 제공할 것이라고 말했다. 또한 인터넷에 연결되어 있기 때문에 전자 메일이나 SMS를 통해 배달여부 및 출입 이벤트에 대한 상태 업데이트를 제공하는 원격 물류 센서 역할도 수행 한다고 설명했다

"그래서 이것은 정보 서비스이기도 합니다." "사람들이 상황을 알고 싶어 하기 때문에 이러한 서비스가 도움이 될 것이라고 생각해요."라고 설명했다.

그는 앞으로 몸을 기울여 우리의 대략적인 스케치를 한 번 더 보았다. 그런 다음 그가 한 말은 우리의 생업과 물리적 보안의 방향을 바꾸어 놓았다.

"당신의 전자상거래 아이디어는 어리석어요. 아무도 그걸 원하지 않을 거에요." "그러나 당신의 box...는, 지금 그것은 내가 관심을 가질만한 것이네요."

이 순간이 멀티 테넌트(특정 접근권한을 공유하는 사용자들의 그룹) 서비스형 소프트웨어 플랫폼에서 안전한 출입제어를 제공하도록 설계된 최초의 연결 기기가 탄생한 순간이다. 그 장치 자체는 큰 식기 세척기나 작은 세탁기보다 크지 않았지만 출입문과 제어판 그리고 인터넷 연결이 되어 있었다. 익숙하게 들리지 않는가? 상업용 빌딩 역시 같은 방식으로 설비를 갖춘다. 닷

컴 기업의 파산으로 인해 소비자 물류에 대한 우리의 독창적인 아이디어는 타격을 입었지만, 투자자들의 좋은 조언으로 우리는 기술과 비즈니스 모델을 상업적 출입제어로 전환할 수 있었다. 결국 건물이란 실제로 하나의 큰 상자일 뿐이고, 빌딩의 모든 일부는 이제 스마트박스라고 볼 수 있다.

하지만 이 책은 스마트박스를 발명한 기업에 관한 것도 아니고, 물리적 보안을 변화시키는 5가지 주요 요소의 생생한 사례를 제외하고는 연결된 어플라이언스에 관한 책도 아니다. 그것은 클라우드, 모바일, 사물인터넷, 빅데이터, 그리고 궁극적으로 보안 문제에 적용되는 소셜 네트워크로의 길을 열어 주었다. 더 중요한 것은 소비자 제품 부문의 혁신이 어떻게 상업적 제품 설계로 이어질 수 있는지를 보여 주는 사례이다. 이는 보안 기술이 그 어느 때보다 지금 더 소비자 기술과 유사해 보이는 이유를 잘 보여준다. 또한 이는 우리가 어떻게 산업의 진화를 예상할 수 있는지도 보여준다.

우리는 패키지를 보호하기 위해 시작했고, 그것은 결국 사람들을 보호하는 것으로 귀결 되었다.

■ 보안의 소비자화

스마트박스의 출입제어 시스템으로의 진화는 보안산업계 전체에 희망적이면서도 경계해야 하는 메시지를 던졌다. 혁신은 언제나 환영 받기 때문에 희망적이다. 그러나 언제, 어디서, 어떻게 혼란이 일어날지 모르기 때문에 경계해야 한다. 상업적 보안은 고도로 전문화된 수직적 시장에 서비스를 제공하는 상대적으로 작은 산업이다. 최근까지 상품화 되어 있는 제품은 크게 걱정스럽지는 않았다. 새로운 보안 제품은 일반적으로 예상에서 벗어나지 않으며, 스마트폰이 카메라를 제공하거나 클라우드가 기업 컴퓨팅에 제공하는 것과 같이 시장을 혼란에 빠뜨리지는 않는다. 하지만 나는 그 일을 하는 사람으로 우리가 그 이상을 보게 될 것으로 전망한다.

홈 오토메이션과 보안에서 사물인터넷의 등장은 수년 전에 설계된 많은 주요 시스템들보다 더 저렴한 비용으로 더 나은 성과를 거둘 수 있다는 것을 보여주었다. 구식기술을 대체하는 신기술의 꾸준한 진보는 전혀 놀랍지 않다. 그럼에도 불구하고 거의 모든 산업계는 “그런 일은 우리에게는 일어나지 않는다”라는 식으로 집단적인 현실 안주를 한다. 그러나 우리는 의료,

자동차, 에너지, 보험, 투자, 숙박 등등, 그 어떤 그리고 모든 분야들에서 혼란이 생길 수 있음을 보여주는 충분한 사례들을 찾을 수 있다. 심지어 택시나 운송업과 같이 영원히 물리적일 것 같은 기업들도 우버(Uber)나 리프트(Lyft)등의 사례들에서 충분히 보여준 것처럼 예외는 아니다.

IT의 소비자화는 새로운 기술이 소비자 시장에서 등장한 다음 업무공간으로 옮겨가는 것의 영향을 보여준다. 고도로 진화된 개인용 전자 제품을 사용하고자 하는 직원들에게는 기업에서 제공한 노후된 IT 제품들은 환영받지 못한다. 스마트폰, 태블릿, 모바일 어플리케이션과 같은 제품들은 전문적인 환경에서 사용되는 도구에 대한 기준을 설정하고 순환은 또 다른 주기로 시작된다. 웹과 모바일이 삶의 방식으로 자리잡은 이래 단기간에 걸쳐서 우리는 이러한 시기들을 반복적으로 보아 왔다. 소비자 기술 경험은 업무공간 기술에 대한 기대를 높이고, 새로운 장애를 해결하는 혁신에 성공한 사람들은 승자가 된다. 예를 들어 비즈니스 제품상의 사용자 인터페이스는 소비자 어플리케이션에서 처음으로 등장한 디자인적인 통찰과 관례들을 추적하여 왔다. 일과 놀이를 위한 태블릿은 하나이며 같은 것이다. 소비자 인기는 전문적인 채택을 촉진한다.

소비자 기술에 대한 부채는 우리의 눈에 보이는 것을 넘어서거나 손가락으로 클릭(가능한 핵심으로 가는)할 수 있는 것을 넘어선다. 우리는 모바일 보안 카드를 가지고서야 처음으로 식료품 가게에서 모바일 결제를 할 수 있었다. 모바일 게임이 없었다면 우리는 모바일 비디오를 갖지 못했을 것이다. 원격 감시에 필요한 대역폭은 유튜브, 넷플릭스, 훌루 등과 같은 소비자 서비스에 의해 처음 도입되고 나서야 우리는 광대역 망을 갖출 수 있었다.

어느 누구도 그것이 물리적 보안 관행을 바꾸는 수많은 여러 기술 요소들의 결과임을 보지 못했다. 우리는 이 책에서 5가지 요소인 클라우드, 모바일, 사물인터넷, 빅 데이터, 소셜 각각에 대해 살펴볼 것이다.

■ 초기 클라우드, 밝은 미래

스마트박스는 전면에서 소비자 편의를 위해 거의 밤새 6개월간 중단 없이 리엔지니어링을 하는 전자 보안 설비가 되었다. 웹 어플리케이션은 물리적 접근 제어 워크 플로우 용으로 설계된 새로운 사용자 인터페이스를 제공했지만, 원래의 클라우드 아키텍처는 그대로 유지했다. 클라우드 마지막 단계는 스마트 락-박스(lockbox)의 거래 대금을 처리하는 동안에 수천만 명의 온라인 구매자에게 서비스를 제공하고, 배송을 확인하도록 설계되었다. 이 임무는 안전한 배송을 중요시하는 모든 구매자와 고객 만족을 중요시하는 배송 업체에게 서비스를 제공할 수 있는 견고한 플랫폼을 요구했다.

그것은 도전이었다.

당시에는 고객을 위한 웹 서비스와 수백만 대의 스마트 기기가 지리적으로 널리 퍼져 있는 분산된 거래 플랫폼으로 운영되는 이러한 규모의 어떤 제품도 없었다. 아마존과 같은 대형 전자상거래 사이트가 있었는데, 이미 그 당시 연간 수십억 달러의 매출을 올리고 있었다. 그리고 사설망에서 수백만 개의 POS 단말기와 상호작용하는 잘 구축된 신용 카드 네트워크와 같은 선도업체들도 있었다. 하지만 M2M(Machine-to-Machine) 분산 접근 네트워크와 웹 사이트가 결합된 상호작용에 대해서는 무시했다. 스마트박스 서비스는 브라우저를 사용하는 모든 사용자가 이용할 수 있어야 하고, 시간당 수백만 건의 거래를 처리해야 하며, 가장 중요한 것은 안전해야 한다는 점이다. 결국 보안에 대한 약속은 비즈니스 핵심 가치 제안이었다.

나는 이전에 소비자 규모의 시스템을 연구했고 웹 기술이 이러한 비전을 지원할 수 있다고 확신했다. 또한 나는 대규모 아키텍처 접근 방식에 대해서는 가망이 없을 것으로 확신했다. 컨설턴트 시절에는 고객 대상 웹 비즈니스를 지원하기 전에 복잡한 전사적 자원 계획(Enterprise Resource Planning, ERP) 시스템을 분리하는데 수년을 투자하면서 포춘지 500대 기업을 인수했다. 중요한 차이점은 모든 고객이 단일 소프트웨어와 상호 작용할 수 있도록 지원하는 시스템 아키텍처인 소프트웨어 멀티-테넌시(multitenancy)였다. Salesforce.com은 기본적인 설계 원리에 대한 초기의 명확한 전도자였고, 우리는 그들과 함께 있었다.

비즈니스 모델 측면에서 볼 때 보안 제공 서비스는 오늘날 대부분의 클라우드 서비스와 마찬가지로 사람들이 가치를 인정받을 때 지불할 수 있는 월간 구독처럼 판매되어야 한다. 이것은 그 당시에도 획기적인 개념은 아니었지만 보편적이지도 않았다. 투자자들이 이 모델에 확신을 갖지 못한 이유는 그 당시 인터넷 광대역 통신보다 전화 접속 인터넷이 더 일반적이었기 때문이다. 여전히 아마존은 종이 책만 팔았고 넷플릭스는 우편으로 DVD를 배달하였으며, 스포티파이가 음악을 서비스로 판매하기 까지는 6년이 더 걸릴 것이었다. 대부분의 비즈니스는 여전히 일회성 위젯 판매 모델에 깊이 뿌리 박혀 있었고, 반복적 서비스는 많은 새로운 분야를 시험하고 있었다.

스마트박스는 소비자 물류를 통해 클라우드를 물리적 보안으로 가져 왔다. 일단 재설계가 완료되면 우리는 전투의 절반이 끝났다고 생각했다. 이제 막 발견한 접속 제어의 새로운 시장을 포함하여 모든 것이 결국 클라우드로 전환될 것이 분명해 보였다. 그리고 그 후의 10년 안에 대부분의 일들이 일어났다. 은행, 전화, 엔터테인먼트, 메일, 채팅, 사진, 책, 교통, 애완동물 돌보기, 접대, 심지어 피자조차도 클라우드 영향권으로 들어왔다. 요컨대, 상업적 보안을 제외한 거의 모든 영역들이 이 길을 따르기로 강력하게 선택해 온 것이다. 하지만 클라우드가 무너지고 있으며, 업계에서 더욱 미래 지향적인 기업들은 따라 잡기 시작했다. 많은 사람들이 아직도 그 급진을 잘 받아들이지 못하고 있다.

이변이 발생하지 않는다면 우리는 모두 클라우드로 갈 것이다.

■ 사물인터넷 이야기

밀레니엄의 전환기(2000년)의 주거에 광대역 통신망을 보유한 미국 성인 비율은 3% 미만이었다. 이러한 급속한 연결성의 환경에서 주택 소유자들이 스마트 어플리케이션(이제는 사물인터넷 장치라고 하는)의 힘을 이해하는 것은 쉽지 않았다. 그것은 항상 인터넷에 연결되어 있고, 상시 클라우드 서비스를 필요로 했는데, 둘 다 대다수의 소비자들이 경험을 벗어난 것이었다. 당시에 연결된 장치가 얼마나 새로운 것이었는지를 지금은 상상하기 어렵지만 그 장치들을 설명하기 위하여 정리된 카테고리조차 없을 정도로 그것들은 드문 존재였다. 사물인터넷 이라는 용어는 1999년 생겨났지만, 아무도 들어본 적이 없고 그 이후로도 화두가 되지 않았다.

사람들은 우리를 The Jetsons(The Jetsons: 미국 SF 애니메이션)와 같은 미래를 향해 이끌어 줄 것처럼 보이는 초기 사물인터넷 기술에 기뻐했다. 그것들은 마법 같고 눈부셨다. 분명하지 않은 것은 물리적 보안을 포함한 광범위한 산업분야에서 창조적 파괴를 일으키는 잠재력이 있는 부류에 관한 것이다. 집주인들을 위한 전자 우편함이 출입통제의 거대기업과 경쟁할 것이라고 누가 알았겠는가? 하나의 똑똑한 멀티 센서가 집 전체를 보호할 것이라는 것을 누가 알았을까? 또는 배터리로 작동하는 카메라가 무거운 아날로그 비디오를 무너뜨릴 수 있을 거라 생각했겠는가? 이 모든 사물인터넷이 우리가 있는 보안산업계를 강타했다.

어떻게 그럴 수 있는가?

전자 보안은 사물인터넷의 모델이 된 비즈니스 및 기술 템플릿을 만들었다. 환경을 모니터링하는 전자 센서, 센서 데이터의 디지털 전송, 전자 기계 시스템의 원격 제어, 센서의 전체 네트워크를 하나로 묶는 중앙 집중식 컴퓨팅 시스템, 사전 정의된 기준에 대한 알고리즘 응답, 인간에게 조언하는 사용자 인터페이스 등이다.

많은 기술적인 세부 사항들이 오늘날의 사물인터넷과 확실히 다르지만, 근본적인 개념과 관계는 놀랍도록 유사하다. 센서는 인터넷보다 더 크고 많은 전화선을 사용했다. 디지털 전송은 더 느렸고 훨씬 더 적은 어휘를 사용했다. 전기 기계 시스템은 덜 복잡했다. 네트워크 허브는 훈련 받은 운영자들로 구성된 중앙 스테이션에 있었다. 알고리즘은 자기 학습보다는 결정론적이었다. 하지만 그것들은 모두 동일하게 작업을 수행했다.

사물인터넷 제품들은 담 안쪽의 볼 수 없는 곳을 볼 수 있게 해준다. 즉 기존에 침입탐지를 위해 광학카메라를 사용했던 것을 이제는 새로운 와이파이 센서 제품으로 대체할 수 있다는 것이다. 우리가 필요로 하는 모든 종류의 제품들은 소비자 편의와 생활방식 혁신을 위해 만들어졌다. 이것의 대표적인 예는 영상 관리 소프트웨어 이다. 이는 실제 감시카메라가 구형 네트워크로 연결된 것을 와이파이 영상감시 시스템으로 대체하는 것이다.

스마트박스가 사물인터넷이므로 신원 확인과 출입관리(Identity and Access Management, IAM)의 논리는 다양해 질 수 있다. 따라서 스마트박스를 안전하게 만들기 위해 분산 출입관리가 필요했다. 현재 전 세계의 상업용 자산을 관리하는 것과 동일한 것으로 예상된다. 15년이 지난 지금도 사물인터넷의 주요 과제는 인증 및 분산 크리텐셜(양호적 개인정보) 관리이다. 사물인터넷 상호 운용성을 위한 기술 표준은 근본적으로 ID 및 접근 관리에 관한 것이다. 이는 사물인터넷기기와 소통할 수 있는 주체와 권리를 어떻게 입증할 것인지를 결정한다.

15년 전만 해도 사물인터넷을 괴롭히는 인증 문제를 해결하기 위해서는 ID와 접근 관리, 공개 키 암호화(Pubic Key Infrastructure, PKI), 디지털 서명이 필수적이었다. 스마트박스의 경우 디지털 서명으로 실제 서명을 대신 사용하여 위탁에서 운송, 고객까지 패키지 관리를 위한 핵심적 문제를 해결했다.[1] 소비자 주도의 스마트박스가 출입제어 패널로 바뀌자 X.509 디지털 인증서를 도입하여 최초의 상업 시스템이 되었다. 이러한 인증서는 현재 네트워크 보안 장비에 광범위하게 사용되고 있다.

명백하게 사물인터넷 제품에 대한 좋은 산업 디자인도 마찬가지이다. 유명한 Palo Alto 기반의 디자인 기업인 IDEO는 초창기의 스마트박스 디자인을 만들었다. 그들 작업의 심미적인 우아함은 와이어드, 블룸버그, 시카고 트리뷴, ABC뉴스, 그리고 굿모닝 아메리카에서 스크린 공연 페이지에 이 출입통제 시스템을 적용 하도록 만들었다. 디자인에 대한 주목은 거의 모든 성공적인 사물인터넷 제품들의 특징이다.

스마트박스는 소비자 물류 제품에서 시작되었다. 시장과 기회의 묘한 힘은 그것을 곧바로 상업적 보안으로 이끌었다. 이 이야기는 특별 하지는 않지만, 오늘날 제품 외관을 변화시키는 혁신에 대한 핵심 요소이다. 이것을 통해 전에 없이 더 많은 카테고리를 뛰어넘을 수 있게 되었다. 그들은 하나의 어플리케이션에서 다른 어플리케이션으로 변형 될 수 있다. 이러한 모든 것은 전통적인 제품 디자인 속도보다 더 빠르게 일어나고 있다. 만약 당신이 제품을 만들고 있다면 걱정스러운 일이겠지만, 당신이 구매 한다면 걱정할 일이 아니다.

페이스를 유지하지 못하는 기업이나 제품의 경우 대체가 될 수밖에 없다. 스마트박스는 박스는 버리면서도 스마트한 채로 남았기 때문에 그러한 운명을 피했다. 투자자가 실물과 같은 그림에 대한 통찰력을 발휘하여 그것을 올바른 방향으로 이끌어 주었다. 이후, 유레카의 순간은 사람들이 그저 큰 상자에 불과한 패키지나 건물과 같다고 느끼게 되는 것이다. 행운의 아이러니는(적어도 나에게는) 온라인 상거래에서는 패키지를 현관계단이나 문 앞 등 아무데나 무방비 상태로 두어도 괜찮지만, 보안은 결코 다시는 오프라인이

---

1) US Patent No.: 6,404,337.

되지 않을 것이라는 점이다.

■ 모바일 이전부터 최초 모바일에 이르기까지

그들은 당신이 처음을 잊지 않는다고 말한다.

바로 휴대전화 이야기이다. 처음에는 음성 통화와 짧은 문자 메시지만 가능했다. 2000년이 되자 문자는 입소문이 났고, 초기 블랙베리는 엄지 타이핑에 집착하게 되었다. 보안조직은 조기에 아날로그 호출기의 수수께끼 같은 콜백 번호를 대신할 수 있는 텍스트가 얼마나 유용하고 자유로운지를 발견했다. 한편, 제품 디자이너들은 새로운 방식으로 제품을 사용할 수 있는 터치 방식에 대해 열광했다.

연결된 보안 장치로서 스마트박스도 예외는 아니었다. 서로간 통신을 통해 대화를 하게 되었다. 이를 통해 지난 10년간 모바일 플랫폼이 보안에서 수행한 중심적인 역할인 물리적 환경 변화에 대한 디지털 알림이 시작되었다. 우리는 신호가 사람이 보내온 것이 아니라 기계에서 온 것일지라도, 메시지에 주의를 기울인다는 것을 알게 되었다. 연결된 장치가 적시에 관련 정보를 제공하면 그들의 행동이 바뀌게 된다. 물론 이것은 적시 적소에 전달할 수 있는 능력에 달려 있다. 장치가 고객에게 소포가 배달되었다고 말한다면, 그들은 하루를 시작하기 전에 그것을 가지러 가려고 코스를 바꿀 수도 있다. 시스템이 다른 소포가 상자 안에 있다고 말한다면, 전화를 걸어 이유를 알아낼 수도 있다. 우리는 이 모든 것을 당연하게 여긴다. 우리는 항상 우리에게 무언가를 알려주는 장치들을 연결하여 사용했기 때문에 이 모든 것을 당연하게 여기지만, 당시에 그 능력은 그것들을 본 모든 사람들을 기쁘게 했다.

우리는 시기적절한 정보가 돈이 되는 상업적 환경에서 의사소통이 얼마나 중요한지 알게 되었다. 현장 수리 물류가 대표적인 예로서, 적시에 적임자에게 부품을 전달하고 모든 사람에게 그 사실을 알리는 것이다. 이것은 부품 창고 직원들과 현장 기술자가 직접 대면하여 일하는 근무외 시간 에는 어려움이 있었다. 출입제어 기기를 프로세스에 삽입하면 비-동기화 되어 두 당사자들의 스케줄을 분리한다. 시스템은 또한 검사 추적을 제공하는 텍스트와 이메일을 통해 서비스 수준 약정의 유효성을 제공함으로 모두의 시간을 절약했다.

오늘날 이것은 일반화 되었지만, 그 당시에는 획기적인 것이었다. 이제 텍스트와 이미지는 센서 네트워크 생명선이 되어 시설 전체에 걸쳐서 이상 징후를 보안조직과 사용자에게 전파한다. 또한 모바일 기술은 우리를 책상과 영상 모니터에서 자유롭게 해 주었고, 건물과 거주자 사이의 상호 작용을 심화시켰으며, ID 및 출입 관리를 위한 플랫폼이 되었다.

■ 초기 빅 데이터

빅 데이터라는 용어는 이 이야기가 시작되기 직전인 1998년에 처음 등장했지만 사람들은 이 용어를 그렇게 많이 사용하지는 않았다. 보안 업계에 들어서기 전에 엄청난 양의 데이터를 분석하고 판매하는 기업에서 일할 때도 아무도 "빅 데이터"라고 말하지 않았다. 대신 분석, 보고서 및 고객을 위한 특수 데이터 웨어하우스 구축 등에 대해 논의했다. 다시 말해서, 기업과 고객 간의 대화는 데이터에 부가되는 가치와 고객이 데이터로 무엇을 할 수 있는지에 관한 것이었고, 단지 그것의 규모에 대한 것은 아니었다.

그 경험은 올바른 알고리즘을 통해 올바른 방식으로 데이터를 제시할 때 데이터가 얼마나 중요한지를 가르쳐 주었다. 그것은 마치 진흙더미에서 패닝접시로 사금을 선별하는 것과 같았다. 이러한 이유로 수익화는 많은 양의 데이터를 처리하는 기업의 부차적인 비즈니스 계획인 경우가 많다. 희박한 곳에 가치가 있기 때문에 그것을 찾는 것은 항상 가치가 있다. 이는 특히 물류와 보안에서 그러하다. 두 시장의 재무적 이해관계를 고려해 볼 때, 데이터 시스템의 정보 추출은 여전히 고품질의 광석이 될 것으로 보인다.

15년 후 대량의 물리적 보안 이벤트에서 추출할 수 있는 지능적인 기술인 빅 데이터 시스템이 등장하면서 업계가 주목하기 시작했다. 보안 이벤트 데이터에는 실제 가치가 있다. 불행하게도 이러한 데이터 대부분은 현장 레거시 컴퓨팅 시스템이라고 알려진 작은 더미로 흩어져 있기 때문에 채굴할 수 없다. 빅 데이터는 모든 데이터가 하나의(논리적인) 장소에 있을 때만 작동한다. 이는 훌륭한 빅 데이터 수집의 전제는 그 전체가 부분 합보다 크다는 것이기 때문에 중요하다. 지금까지 우리는 단지 전체보다 더 많은 부분들을 가지고 있을 뿐이다.

표면적으로는 빅 데이터가 의학과 물리학에서부터 소매업 및 주식 시장 분석에까지 진입하였다는 것은 놀라운 일이다. 하지만 여전히 물리적 보안 시스템에는 크게 영향을 받지 않는다. 보수적인 물리적 보안 시스템은 플랫폼인 클라우드를 채택하는 속도가 느려 빅 데이터가 시작되는 대규모 데이터 세트의 형성에 방해가 되었다. 이로 인해 물리적 보안에서 빅 데이터 시장 부문의 시작이 지연되고 있다. 보안 설계자들은 클라우드를 자연적인 데이터 수집기로 사용하는 대신 연결되지 않은 시스템들을 사용하게 되었다. 이들은 각각 다른 모든 데이터와 별도로 데이터를 저장한다. 데이터가 별도의 장소에 저장되는 한 대규모 분석이나 집단 지능이 존재할 수 없다.

네트워크 보안 시장에서 관리되는 서비스는 이러한 상황에 대한 교훈적인 대위법(둘이상의 독립된 선율이나 성부를 동시에 결합시켜 곡을 만드는 작곡법)을 제공한다. 관리되는 사이버 서비스 모범 사례는 전체 인터넷을 가로질러 인증 위협 패턴과 이상 징후를 파악할 수 있는 데이터를 수집하는 것이다. 관리 서비스 제공 업체는 웹을 통해 수백만 개의 모니터링 지점에서 수집된 경험적 데이터로 도출된 유용한 데이터를 각 고객에게 제공한다. 통합 데이터 수집 및 분석 등이 물리적 보안 관행에 따라 수행될 수 있다. 소규모 인접 기업에서부터 지리적으로 분산된 다지역 기업에 이르기까지 시설과 기업 보안의 모든 규모에 걸쳐 정보의 질을 향상시킬 것임을 보증한다.

■ 소셜 공간

소셜 네트워크는 광고, 홍보 및 특정 관심 그룹 외에는 보안 업계에 거의 들어서지 못했다. 이들은 회의, 업계 간행물 또는 제조업체와 보안 조직 전략 계획에서 높은 가시성을 확보하지 못했기 때문이다. 그러나 공공 안전을 살펴보면 비상사태 대비 정보의 전달 및 보급을 위한 통로로 부상하고 있음을 알 수 있다. 상업보안의 도구로 활용되지는 않았지만, 이러한 초기 공공 어플리케이션은 지역, 주, 연방 및 국제 수준의 공식화된 비상 대응 절차의 일부가 되었다.

너무나 많은 페이스북의 하찮고 진부한 내용을 공개적으로 방송하는 것처럼, 소셜 네트워크를 이해하는 것은 쉽다. 그러나 더 깊은 수준에서 소셜 네트워크는 많은 온라인 기관과 관계를 포괄하는 지속적인 디지털 정체에 관한 것이다. 스마트박스가 고안되었을 때 소셜은 아직 "특정한 것"이 아니었다. 그래서 우리가 정체를 파악하는 방식의 일부가 되지는 못했다. 하지만 이제는 온라인에 접속하는 모든 사람들의 일상생활에 대해서는 소셜을 피할 수 없는 것이 사실이다. 우리들 중 많은 사람들은 그 의미를 모른 채 디지털 인증을 만들고 사용한다. 당신의 디지털 소셜 인증이 대표적인 예이다. 일단 당신이 이 신원 확인을 가지고 당신 자신을 인증하기 시작하면, 그것은 당신의 모든 온라인 상호 작용을 통한 일련의 스레드(thread) 된다. 당신이 페이스북, 구글, 트위터, 또는 링크드인을 사용하기 위해 인증의 편의를 선택할 때마다 당신의 ID는 제3의 웹사이트에서 인증된다.

소셜 네트워크는 온라인과 오프라인 모두에서 사용자 신원을 증명하는데 사용하는 공식 도구인 ID공급자가 되기를 원한다.

이전에는 웹 사이트와 같은 가상공간에 접근 하는데 국한되었던 소셜 인증의 사용이 이제는 실제 물리적 공간에 접근 하는 도구가 될 수 있다. 네트워크 세상은 이미 페이스북의 "오프라인 신분증 발급 계획"에 대해 보도했다.[2)]

이러한 방식으로 소셜 ID는 상호 작용하는 각 물리적 공간에 대해 사용자에게 발급된 중복 ID를 대체하는 고유 식별자 역할을 할 수 있다. 집을 잠금 해제하거나, 시설의 보안 영역에 들어가거나, 차에 시동을 거는 등 다양한 물리적 인증 요구 사항에 단일 ID를 사용하는 것은 우리가 웹사이트에 로그인하거나 금융거래를 위해 하나의 지불 어플리케이션을 사용하는 방식과 유사하다.

수십억명의 사람들이 이미 매일 사용하고 있는 이러한 ID 및 소셜 어플리케이션들은 곧 물리적 보안 상호 작용을 위한 유용한 커뮤니케이션 채널을 형성할 수 있다. 이러한 광범위한 사회적 상호 작용은 참여적 보안을 위해 사람들의 힘을 활용하는 일종의 클라우드소싱(cloud sourcing)을 지원한다. 물리적 실체와 사물인터넷기기가 자신의 사회적 정체성을 가지고 행동할 수 있게 된다.

동시에 이러한 발전은 내가 "소셜 공간"이라고 부르는 것의 토대를 가능케 한다.

---

2) http://www.networkworld.com/article/2220893/microsoft-subnet/facebook-wants-to-issue-your-irloffline-id-internet-driver-s-license.html.

■ 물리적 보안에서 돌아온 닷컴

IT와 미국 경제 전반을 클라우드로 전환하는 과정은 닷컴 시대에 급속도로 혼란스럽게 진행되었기 때문에 자세히 관찰하기가 어려웠다. 그 중심에서 있는 우리조차도 동시에 따라갈 수 없을 만큼 많은 일들이 일어나고 있었다. 나는 인터넷 경제의 뉴스 잡지라고 불리는 주간산업표준(The Industry Standard)의 숨 막히는 보도를 기억한다. 새로운 기업들은 그들의 첫 번째 탄생을 축하하기도 전에 사라졌다. "신 경제"는 "모든 규칙을 바꾸었다" 그리고 "마케팅 메시지에 노출된 고객들의 수"는 차갑고 단단한 현금보다 더 가치 있게 여겨진다. 과도하게 지불된 창업비용은 명예로운 훈장이었고, 갑작스럽게 파티는 끝났다.

향후 5년 동안 물리적 보안산업에서 마지막에 끔찍한 붕괴의 부분 없이 그 시대의 일정한 역동성이 재현될 것으로 기대한다. 모든 것을 아우르는 것은 아니지만, 그것은 모든 면에서 보안 소비자에게 변화를 가져오고 이로울 것이다. "신 보안 경제"는 좀 오랫동안 뒤쳐져 왔던 기업들의 희생을 댓가로 클라우드 기업들의 시장 점유율이 지속적으로 성장하도록 할 것이다. 또한 그것은 신 경제의 각 부문에서의 시장 점유율에서와 같이 고객 인수를 강조할 것이다. 그것은 우리가 오프라인 상점에서 온오프라인 혼합 비즈니스로의 첫 변화에서 목격했던 것처럼 혁신, 시장 진출의 새로운 경로 및 온라인 구매를 강조할 것이다.

보안 기업들은 뒤쳐짐을 우려하여 마케팅을 통해 점점 더 클라우드 언어를 스레딩하고 있다. 한편, 수백만 달러에 달하는 막대한 레거시 코드 기반 투자를 하고 있는 제품 팀은 기업의 캐시카우(확실하게 돈벌이가 되는 상품이나 사업)를 희생하지 않고도 클라우드 같은 경험 제공을 위해 노력하고 있다. 스타트업 및 비전통적 소프트웨어 공급 업체는 기존 공급 업체보다 빠른 속도로 클라우드 공간으로 이동하여 예상보다 훨씬 많은 경쟁자와 영역 분쟁을 일으키고 있다.

이러한 역동성 때문에 보안산업은 신 경제의 첫 물결을 반영하고 있다. 이것은 우리에게 배양 접시를 들여다보고 새로운 생명체가 나타나는 것을 볼 수 있는 또 다른 기회를 제공한다. 하지만 이번에는 실험 결과가 어떻게 나올지, 어디에 투자해야 할 지 알고 있다.

■ 물리적 보안의 기술 채택

기술 채택 라이프 사이클은 신기술이나, 하나 또는 그 이상의 시장에 걸친 혁신의 수용을 나타내는 잘 알려진 사회학적인 체계(framework)이다. 원래 에버레트 로저스의 획기적인 혁신 확산[3]에서 개발되었으며 제프리무어의 대재앙[4](The Crossing the Chasm)에 대한 이론적 배경을 형성한다. 이 용어가 어디에서 유래되었는지 알지 못해도 많은 사람들이(얼리어답터, 초기다수, 후기다수, 뒤늦은 수용자 등의 용어들을) 인식하여 우리가 기술 진화를 파악하는 방식의 일부가 되었다.

대체로 물리적 보안산업은 이 프레임 안에서 "후기다수" 어딘가에 위치한다. 실례로 나는 이 시장을 알게 되었던 2000년대 초반 산업계 상황을 인용했다. 인터넷 기술이 과연 보안 어플리케이션을 위해 안전하고 신뢰할 수 있는 기술이 될 수 있을지를 놓고 열띤 논쟁이 벌어졌다. 사람들은 실제로 이 논쟁의 "반대" 측면을 다루었고, 인터넷 프로토콜(Internet Protocol, IP)을 신뢰할 수 없기 때문에 오래 된 낡은 시리얼 케이블이 영원히 남을 것이라고 예측 했다. 15년이 지난 지금, 전 세계가 모든 것에 인터넷을 사용하고 있는데 우리 업계는 아직도 30년 전의 기술만이 안전하다고 말하는 이가 있다.

업계는 어떻게 이러한 획기적인 혁신을 뒤늦게 채택하는 사치를 누릴 수 있었을까? 첫째, 시장의 역학관계는 최종 사용자가 이러한 제품을 소비하는 방식에 의해 어느 정도 보호된다. 가장 큰 단일 시장 부문인 중소기업은 보안 시스템을 드물게 구입하며, 브랜드나 기능에 대해 잘 알지 못하므로 공급업체에 방식을 변경하라는 압력을 거의 가하지 않는다. 무수히 많은 곳의 관할권에 걸쳐 수많은 규제 요구 사항이 존재하기 때문에 이전에 진행된 작업 범위를 벗어나는 새로운 제품을 도입하는 것이 어려워졌다. 그리고 마지막으로 위험으로부터 수동적으로 벗어나는 자연스러운 보수주의가 있다.

이러한 틀에서 우리가 보게 될 반복적인 주제는 물리적 산업이 대개 신기술을 뒤늦게 채택하지만, 결국에는 항상 따라잡는다는 것이다.

이러한 조류의 합이 향후 5년 동안 물리적 보안산업의 미래에 어떤 영향을 미칠 것인가? 이러한 힘의 대부분은 서로를 증폭시키고, 부분의 합은 현

3) Rogers, E. M. (2003). Diffusion of innovations. New York: Free Press.

4) Moore, G. A. (1991). Crossing the chasm: Marketing and selling technology products to mainstream customers. New York, N.Y. HarperBusiness.

재 변화를 강제적으로 만든다. 우리는 다른 4가지 요소를 모두 통합하는 클라우드 기반 서비스로의 가장 큰 변화를 보게 될 것이다. 특히 이것은 도약을 할 수 없는 사람들을 시장에서 도태시키고 민첩한 사람들을 유리하게 만들 것이다. 이러한 기술의 합은 상업적 보안의 소비자화를 보여 주는 것뿐만 아니라 더 나은 도구를 제공함으로써 산업에 도움이 되는 추세와 익숙한 방식을 대체하는 것으로 묘사될 수도 있다.

IP 통신 기술의 도입으로 돌아가 보겠다. 내가 2001년에 처음 보안업계에 들어갔을 때, IT 조직은 1980년대부터 IP 네트워크를 사용해 왔다. 그리고 그것들은 기업 환경에서 보편적으로 사용되었다. 그러나 전자 보안 분야에서는 사실상 어떠한 제품도 일반적인 인터넷 통신 표준을 사용하지 않았다. 최초의 IP 카메라는 몇 년 전에 발명되었지만 그 당시에는 한 자릿수 시장 점유율만을 나타냈으며, 아날로그 카메라가 여전히 대부분의 판매량을 차지하고 있었다. 원격 관리를 위한 전화 접속 모뎀에 의존하는 도어 컨트롤러, 즉 출입제어 핵심 기술에서도 마찬가지였다.

IP는 너무나 참신해서 내가 라스베가스에서 열린 2002년 ISC웨스트 무역박람회에서 한 기업이 "IP 제어판"을 가지고 있다는 말을 들었을 때, 나는 기업 스파이 활동을 하면서 그들이 무엇을 했는지 알아야 한다고 느꼈다. (우리는 우리가 유일하다고 여겼다.) 내 이름이 적혀있는 사원증을 안으로 뒤집은 후에 나는 그들의 부스로 들어가서 주위를 돌았고 결국 그들 신제품을 볼 수 있었다. 내가 안에서 발견한 것은 충격적이고 유쾌한 것이었다. 그들은 벨크로를 사용하여 10년 된 본질적으로 1990년대 기술인 "프린트 서버"를 그들의 제품 안에 숨겼다. 벨크로라니!

이것이 시장에서의 기술 채택에 대한 나의 지속적인 이미지이다. 언제나 뒤쳐져 있지만 항상 따라잡을 방법을 찾는 것이다.

1

클라우드

제2장 클라우드로의 전환

물리적 보안업계는 최근 클라우드 컴퓨팅을 향한 관심이 높아지기 시작하였다. 클라우드 제품들에 대한 마케팅 요구사항이 더 늘어나고 있지만, 전반적으로 물리적 보안산업 내에서의 채택은 아직도 낮은 수준에 머무르고 있다. 좋은 소식은 주요 분석가들이 정부 및 상업용 클라우드 기반 시스템에 대한 증가를 주목하고 있어 빠른 시일 내 급격한 증가가 나타날 조짐이 있다는 것이다.

이는 우리가 클라우드 사용이 널리 확산되는 초기단계에 있음을 알려준다. 문제는 우리가 어떻게 이런 상황에 도달하였으며, 최종 목적지는 어디인가 하는 것이다.

■ 후기 수용 사업과 마주한 클라우드

전반적으로 보안산업은 새롭게 등장하는 모든 것에 대해 보수적인 태도를 취하는 집단이라 할 수 있다. 결국, 소비자들도 위험을 방지하기 위하여 설계된 제품에서 "최첨단" 기술이 사용되는 것을 원하지 않는다. 고객들의 사활이 걸린 상황에서 보안 조직들은 고객들을 위험에 빠뜨릴 수 있는 가능성을 제거하기 위해 새로운 기술을 테스트하고 증명해야 한다고 생각한다. 소프트웨어는 반드시 버그와 사이버 보안 결함이 없어야 한다. 보안 장비와 서비스는 미국안전인증 시험기관(Underwriters Laboratories, UL)의 인증을 받아야 한다.

이것은 단지 기술적인 리스크의 문제만은 아니다. 공급망의 리스크도 중요하다. 스타트업들은 구매자가 최신의 제품을 선택할 수 있는 만큼 충분히 지속 가능한 기업임을 증명해야 한다. 보안조직은 새로운 제품들과 함께 동반되는 새로운 적응기간이 필요하다는 것을 정당화 할 수 있어야 한다. 또한 공급업체는 고객들에게 향후 수 년 간 지속적인 지원을 제공할 수 있는 확실한 사례를 만들어야 한다. 그 누구도 극적인 실패를 선보이는 첫번째가 되는 것을 원하지 않는다. 우리는 신기술로 성공한 다른 사람들의 사례와 참고를 원한다.

간단히 말해서 우리는 "뒤늦은 수용자" 산업이다.

뒤늦은 수용자가 모두 나쁜 것은 아니다. 우리는 그간의 결함들을 해결해내고 더욱 성숙해진 신기술들의 이점을 누리게 된다. 클라우드 기술은 1990년대 말 초기 단계에 수많은 소프트웨어 개발 및 구축 과제를 제시하였다.

- **비용**: 각각의 기업은 기본적으로 스스로 처음부터 끝까지 자체 응용프로그램을 작성해야만 했다. 그들은 어렵게 "스스로" 길을 찾아야 했다.
- **도구의 부족**: 소프트웨어 도구세트와 프레임워크는 클라우드시스템 특유의 요구사항을 충족하기엔 역부족이었다. 개발자들은 종종 그들만의 제품을 만들었고, 이것은 새로운 제품을 출시하기 위한 전반적인 노력이었다.
- **개발자의 부족**: 이러한 시스템들을 구축하는 방법을 아는 소프트웨어 개발자들은 흔하지 않았으며, 비싸고 수요도 많았다. (개인적으로 일부는 여전히 바뀌지 않는다.) 컨설턴트들은 "인터넷 관련 무언가를 하고 싶어하는" 기업들에게 높은 수수료를 부과하는 전성기를 누렸다.
- **기반시설**: AWS와 Azure와 같은 관리형 인프라 서비스는 아직 성숙 단계에 근접하지 못했다. 이러한 강제 응용프로그램 서비스 제공자들은 자체 데이터 센터를 구축해야만 하는 부담을 안게 되었다. 모든 사람들은 자신들만의 컴퓨터와 네트워크 전문가 및 장비 구비에 많은 자본을 필요로 했다.
- **광대역 가용성**: 특히 현재 우리가 당연시 여기는 광대역 네트워크 연결은 그다지 좋지 않았다. 그리고 모든 영업 상담에는 잠재적 고객이 과연 접속 가능한 대역폭을 보유하고 있는지 알아보기 위한 검색 과정이 포함되었다.

– **사이버보안 우려**: 클라우드 공급자를 향한 사이버 공격에 대한 두려움은 이 분야에서 초기 판매를 억제하는 요인으로 작용할 수 있음을 간과할 수 없다. 사람들은 본능적으로 자신의 사무실 내부에 있는 여러 대의 컴퓨터가 외부에 있는 한 대의 컴퓨터보다 안전하고 느낀다.

이로부터 약 12년 후에 물리적 보안산업이 클라우드 컴퓨팅의 관련성을 이해하기 시작할 즈음에는, 이러한 문제들의 많은 부분이 해결되었다. 한편으로는 이 분야에 발을 담그는 속도가 느린 물리적 보안기업들에게는 좋은 소식이었다. 그들은 10년 전에 시작한 기업보다 더 낮은 비용과 리스크로 구현할 수 있었다. 그러나 이것은 또한 그들이 또 다른 10년간의 시스템 개발(및 자본)을 단독환경과 클라이언트 서버 코드 기반에 투자했다는 것을 의미한다.

■ 퍽이 있는 곳으로 스케이팅 하다

웨인 그레츠키의 오래된 하키 퍽 비유는 비즈니스에서는 이미 유명한 문구가 되었다. 이것은 기업이나 제품이 미래 지향적이며 고객 수요가 어디로 향할 지 예상한다는 의미이다. 이러한 비유는 많은 사람들이 자신의 기업이 클라우드 컴퓨팅에 관해 어떤 입장을 취하는지 설명하기 위해 사용할 것이다. 하지만 적어도 나머지 기업 소프트웨어 업계에 관한 한, 퍽이 향하는 곳이 아닌 5년 전 또는 그 이전에 도달한 곳으로 스케이팅하고 있다고 말하는 것이 더욱 진실에 가까울 것이다.

2001년 보안업계에 들어선 나는 그 차이를 따라잡고 싶었다. 나는 손에 잡히는 대로 이 시장에 관련된 잡지에 있는 많은 이슈를 읽었다. 기업의 이름은 모두 낯설었고 상품 카테고리, 채널 모델, 그리고 물리적 보안산업의 거의 모든 것 또한 내게는 새로웠다. 나는 이전에 프로그래머와 시스템 엔지니어, 그리고 컨설턴트로 거의 15년 간 IP기술에 종사했던 경험을 가지고 있었다. 나는 이것이 신속하고 신뢰할 만하며, 안전하여 점점 더 미국 산업의 중추가 될 것임을 알았다.

IP기술의 찬반에 대해 대립하는 기사가 있는 잡지와 마주했을 때의 놀라움을 상상해보라. 찬성 입장은 "물리적 보안에 IP기술을 사용하는 것은 필연적이며 동시에 긍정적이었다."라는 식이다. 반대하는 의견은 반발적이면서도 기괴했는데, "IP기술은 보안산업 종사자들에게 결코 충분하지 않을 것이며, 그것은 위험하다."는 것이다.

그것은 15년 전의 일이었다. 오늘날 그 누구도 IP기술 혹은 인터넷이 그 어떤 종류의 디지털통신에 적합하지 않다는 주장을 하지 않는다. 이것은 논쟁의 여지가 없다. 이러한 점을 증명하기라도 하듯 통신 사업들은 지난 몇 년간 구리선을 광섬유로 대체한 것처럼 오래된 전화 서비스를 고수해야 한다는 주장을 하지 않는다.

마침내 논쟁이 끝났다.

■ SaaS의 또 다른 이름

나는 항상 서비스형 소프트웨어(Software as a Service, SaaS)의 보안산업을 신뢰해 왔지만 우리는 정확히 그것을 몰랐다. 다음을 고려해보라.

- 중앙집중화된 모니터링을 제공하기 위해 통합된 컴퓨팅 리소스를 사용해왔다.
- 주문형 자율서비스를 제공하여 새로운 고객을 만들었다.
- 공유 컴퓨팅 서비스에 대한 광범위한 네트워크 접근을 제공해왔다.
- 고객들에게 외부위치에 개인 데이터를 저장하는 것을 요구해왔다.
- 소비량에 비례한 월별 비용으로 용량 사용제 서비스(pay-by-the-drink)를 제공해왔다.

아마도 가장 핵심적인 것은 이 산업의 주된 부분이 월별 정액 요금제에 유리하고 초기비용 절감에 적합한 경제적 모델을 중심으로 설계되어 있다는 것이며, 이러한 과정에서 자본 지출이 운영비로 대체된다는 사실이다.

명백히 클라우드 컴퓨팅의 핵심 원리와 경제적 이익은 보안산업에서 새로운 것이 아니다. 오히려 그 반대라고 할 수 있다. IT업계에서는 일반적으로 가입 수익으로 더 잘 알려진 월간 수익(RMR)은 관제산업(montoring industry)의 경제적 엔진이 되어가고 있다. 구독 수익 모델은 15세기의 인쇄기의 발명과 연관 지을 수 있을 만큼 오래되었다. 이 중추적인 발명은 생산비용과 생산시간을 단축하여 많은 출판물의 매출을 예측 가능하도록 하였다. 역사학자들은 인쇄기가 인류 역사의 가장 영향력 있는 발명품으로 꼽는 것이 타당하며, 구독 수익 창출 역시 비즈니스 모델 역사에서 동등한 성과라 할 수 있다고 말하였다.

20세기에 알람 모니터링 시스템의 발명이 보안산업에 있어서 5세기 전 인쇄기와 같은 동일한 역할을 했다. 그들은 이전의 분산되고 수동화된 것을 중앙 집중화 및 자동화로 만들었다. 이와 같은 기술 전환은 종량제 수익 모델을 지원하는 경제적 변화를 만들어냈다. 이러한 관점에서 볼 때, 보안산업은 현재 단계 이전부터 구독형 컴퓨팅 수익모델을 발명해냈다고 주장할 수도 있다.

■ IT와 함께 가는 마케터

마케팅 부서가 같은 목소리를 내기 시작하면 어떤 커다란 일이 발생할 것임을 알 수 있다. "클라우드 제품" 혹은 "클라우드 솔루션", "클라우드 지원" 상태를 요구하는 것은 2010년 즈음 소프트웨어 산업이 활성화 되면서 이것을 "클라우드 워싱(판매 증대를 목적으로 제품 설계에 클라우드라는 영어를 집어넣는 것을 의미)"이라 부르기 시작했다. 이 클라우드 워싱의 본질은 오래된 제품에 "클라우드"라는 단어를 추가하여 리브랜드함으로써 소비자를 현혹하려는 시도에 지나지 않았다.

기업이름에 "클라우드"라는 단어를 추가한 접근 제어 기업의 예를 살펴보자. 올 인원 네트워크 기기로 설명되는 제품은 고객설비의 자체 내장형태로 운영된다. 이보다 더 반-클라우드 적일 수는 없지만, 그 명칭 자체로서는 제대로 작동하는 것처럼 보이기 때문에 사람들은 서비스형 소프트웨어 기업들과 동일한 기업으로 언급하기 시작했다.

클라우드 워싱의 효율성은 대중의 무지에서 비롯되었다. 많은 사람들은 브라우저 이면의 단일 기기로의 직접 접속과 본격적인 클라우드 서비스의 차이를 구분하지 못한다. 제품 마케팅이 주도한 이런 적극적인 사실 왜곡에 대해 그들을 비판할 수 있을까? 이와 같은 과대 광고와 혼동은 신기술 초기 단계에 전형적으로 발생하는 일이다. 불행히도 이것은 기술 채택을 느리게 한다. 잠재 고객들은 경쟁사의 주장과 허위 뉴스를 구별해야 한다.

컨퍼런스 주제들이나 제품 마케팅 자료를 빠르게 살펴보면 이 산업의 거의 모든 이들이 클라우드 전도사가 되었다는 것을 알 수 있다. 심지어 클라우드 관련 스토리 하나 없는 기업들은 찾아보기 힘들 정도이다. 실제로 클라우드는 차별화요소에서 필수요소로 바뀌었다.

어떻게 충실한 지지자들과 의심을 품은 사람들이 돌아오게 되었을까?

■ 인터넷 프로토콜이 선도하다

IP(인터넷 프로토콜)는 인터넷을 정의하고 클라우드를 활성화한다. 이러한 프로토콜은 국방부가 일반 인터넷의 선구자격인 아르파넷(The Advanced Research Project Agency, ARPANET)를 개발할 때 나타났는데, 이는 전국의 연구시설 간의 컴퓨터들을 단일한 네트워크로 연결하여 데이터와 계산 작업들을 공유하기 위해 만들어진 것이다. 1974년에 최초로 널리 배포된 프로토콜 이후 인터넷에 대한 기술지침서들의 모음은 약 10,000개의 문서에 달한다.

대부분의 산업과 같이 인터넷 IP는 초기에 물리적 보안에 대해 주의를 끌었다(클라우드 컴퓨팅 그 자체가 아닌). 근거리 통신망(LANs) 상에서의 지점간 연결에 사용되는 인터넷 IP 제품군은 보안 소프트웨어 시스템이 구식 유형의 배선이 아닌 네트워킹 케이블로 주변 장치들과 통신할 수 있도록 해주었다. 이것이 비용과 편의 면에 있어서는 큰 전진이었으나 보안 시스템의 기본적인 구조를 변화시키는 것에는 도움을 주지 못했다. 여전히 로컬 제어판, 카메라 그리고 다른 주변장치들과 통신하는 클라이언트 서버 소프트웨어 기반의 로컬 PC를 가지고 있었다.

2000년대 초기 IP기반 제품들은 보안시스템의 배선을 개선하였으나 이것이 반드시 컴퓨터에 대한 체계적인 분류나 원가 구조에 변화를 가져왔다고 할 수는 없다. 마이크로소프트가 해당 산업을 지배했던 시대에는 거의 모든 보안 응용프로그램이 사용자들에게 클라이언트 소프트웨어를 설치할 것을 요구했다. 이러한 시스템들은 주로 기업 네트워크나 전화접속 VPN에만 접근할 수 있었다. 보안 시스템은 IP의 영역에만 국한되었으며 거기서 멈춰버리고 말았다.

오늘날 IP 장치들은 산업계에 널리 퍼져 있다. 부피가 큰 클라이언트 PC는 이제 거의 사라졌다. IP 카메라들의 판매량은 아날로그 카메라를 능가하였고, 잔존하는 접근 제어와 영상 관리를 위한 사내 서버 시스템에서도 클라우드 서비스는 아니더라도 로컬 네트워크에 접근 가능한 브라우저 베이스

인터페이스를 제공하고 있다. 전반적으로 이 산업은 아주 약간의 저항을 이겨내고 IP 통신으로의 완전한 전환을 이루어냈다.

■ "클라우드"라 부르기 전에

인터넷 경제의 초창기에 우리는 클라우드라는 용어를 사용하지 않았다. 소프트웨어와 네트워크 기술자들은 수년 간 네트워크 다이어그램을 통해 클라우드 기호를 알고 있었지만 동일한 기호는 사실 어떤 네트워크 기술을 지칭하는데도 사용할 수 있는 것이었다(예: X.25나 SNA와 같은 거의 잊혀진 지침들). 오늘날의 대중적인 클라우드 설명과 달리, 보이지 않는 응용프로그램 내부에서 획기적인 서비스를 수행하는 것을 의미하기에는 부족하다. 이것은 단지 스파게티볼(얇은 끈의 묶음으로 손에 들면 가락으로 흘러내리는 장난감)과 같이 수많은 접속들을 추상적이고 단순하게 표현했다. 이것은 접속하는 모든 것이 다른 모든 것들과 메시지를 교환할 수 있음을 말하는 것이다.

최초의 클라우드 기업은 당신의 응용프로그램을 실행하는 원격 데이터 센터들이었다. 그들에게 붙여진 초기의 명칭은 어플리케이션 서비스 제공자(ASP)였다. ASP 모델로 운영되는 기업들은 그들의 서버에서 당신의 응용프로그램을 실행하고 유지보수, 라이센싱, 저장, 백업함으로써 기업에서 사용되는 모든 응용프로그램에 대한 전문 지식을 습득해야 하는 IT 직원들의 부담을 덜어주었다. 이러한 혁신적인 비즈니스 모델은 오늘날의 SaaS 기업들의 특성을 일부분 공유하였지만 새롭게 등장한 클라우드 사용에 적합한 멀티테넌트 응용프로그램을 만들기에는 부족했다.

몇몇은 아직도 "호스팅된 접근 제어" 혹은 "호스팅된 영상감시"와 같은 호스팅이라는 용어를 사용한다. 이 용어는 좋게 말해야, 모호하고 부정확하며, 오해의 소지가 있다. 이것은 기본 컴퓨팅 모델에 대해서는 아무것도 말해주지 않는다. 멀티테넌트? 클라이언트-서버? 웹? 컴퓨팅 리소스들이 어디에 또는 어떻게 배치되는지 알 수 없다. 데이터 센터? 인터넷에서? 클로짓에? 모든 외부 컴퓨팅이 동일하게 생성된 것처럼 다양한 많은 배포 모델들을 하나의 바구니에 쓸어 담고 마는 것이다.

이것은 전혀 사실이 아니다.

■ 다섯 가지 주요 특성과 중요성

지난 10년 동안 내가 했던 거의 모든 대중 연설에서 청중의 누군가는 항상 클라우드의 정의에 대해 질문했다. 그들이 한 번도 명확한 설명을 듣지 못했거나, 아니면 너무 많은 상반되는 답변을 들었을 수도 있다. 기만적인 마케팅 주장은 혼란을 가중시킬 뿐이다. 하지만 다행스럽게도 미국표준기술연구소(NIST) 덕분에 우리는 정확한 정의를 내릴 수 있었다.

NIST는 클라우드 기술의 정의와 이것을 설명하는데 필요한 핵심 프레임워크에 대한 정의를 이끌어내는 세계적인 선두 주자가 되었다. NIST 프레임워크의 가장 유용한 요소 중 하나는 2011년에 발표된 클라우드 컴퓨팅의 다섯 가지 필수 특성 목록이다. 이 목록은 쓸모 있는 것과 없는 것을 구별하며, 클라우딩 컴퓨터와 전자 보안의 관련성을 보여준다.

1. **주문형 셀프서비스**: 사람의 개입 없이 컴퓨팅 기능을 제공할 수 있는 능력을 의미한다. 다시 말해서 당신은 지원 센터에 전화하거나 IT 담당자의 조치를 기다릴 필요 없이 계정을 생성하고, 새로운 응용프로그램을 설치하며, 금융 거래를 완료할 수 있다.

   - 통합업체에 중요한 이유: 주문형 셀프서비스의 가치는 당신의 서버에 소프트웨어의 라이선스를 설치할 필요 없이 응용프로그램 서비스를 즉시 실행하고 컨트롤러, 카메라, 센서, 그리고 다른 것들을 설치할 수 있다는 점이다. 또한 주문형 셀프서비스는 기술자들이 보다 적은 교육을 거쳐도 무방하고, 고용 후에 전보다 더 빠르게 생산성을 향상할 수 있음을 의미한다. 현장 내 응용프로그램 적용 시 실수할 가능성이 더 적다는 점을 생각해 본다면 엄청난 효율성의 증가가 아닐 수 없다.
   - 보안 조직에 중요한 이유: 새로운 보안 시스템을 기존의 모델보다 더 빠르게 설치할 수 있다. 최적화된 서버 없이도 당신의 통합업체는 현장에서 더 적은 시간 안에 일을 완수할 수 있고, IT 담당자 인력을 더 줄일 수 있다. 당신은 초기 설치비용이 낮아짐을 확인할 수 있다. (만약 통합업체가 이러한 절감액 전체를 반영한다고 가정할 경우)

2. **광대역 네트워크 접근**: 클라우드 서비스는 반드시 네트워크를 통해 사용가능해야 하며 브라우저, 핸드폰, 태블릿, 그리고 워크스테이션과 같은 표준 메커니즘을 통해 접근가능해야 한다. 인터넷의 부상 이전부터 보안직은 기동성을 확보하여 왔기 때문에 보안업계의 요구에 완벽하게 부합한다. 이것을 경비원의 책상이나 백 오피스에서만 볼 수 있는 구식 시스템 접근방식과 비교해 보면, 그 혜택을 부정할 수 없다.

- 통합업체에 중요한 이유: 광대역 네트워크 접근은 고객들의 위치에 관계없이 통합자들로 하여금 동일한 솔루션을 제공할 수 있게 한다.
- 보안조직에 중요한 이유: 보안솔루션에 있어서 광역 네트워크 접근은 당신의 모든 시설에 단일한 솔루션을 제공하는게 가능하다는 것을 의미한다. 보인 응용프로그램의 동일성과 집중화 그리고 모든 보안 활동과 그 직원들을 한눈에 볼 수 있다는 사실은 모든 조직들에게 막대한 절약과 운영 이익을 선사한다.

3. **리소스 풀링**: 특별한 클라우드 컴퓨팅 소스인 이것은 클라우드 컴퓨팅 구매자를 위해 유리한 가격으로 규모에 따라 다른 모든 필수적인 특성을 제공하는 기본적인 기능이다. 멀티 테넌시 개념과 깊은 연관성이 있는 리소스 풀링은 각 전용 리소스를 제공하는 것이 아니라 여러 고객이 공통으로 사용하는 컴퓨터, 저장장치 및 네트워킹 장비 세트를 공유하는 것을 의미한다. 이 시나리오에서는 소프트웨어가 보안 및 데이터 분할 처리를 하게 된다. 이것은 보안 시스템 고객이 서비스를 수행하는 특정 컴퓨터나 하드디스크가 무엇인지 알 필요가 없다. 이것은 매우 효과적이다.

- 통합 업체에 중요한 이유: 리소스 풀링은 통합업체들이 각각의 고객들을 위한 전용자원을 구성할 필요가 없기 때문에 중복 설치비용이 절감되고 직원들이 개별 고객의 요구사항에 집중할 수 있게 한다.
- 보안 조직에 중요한 이유: 리소스 풀링은 보안 소프트웨어 응용프로그램의 컴퓨팅 비용을 줄이는 주요 요인이다.

4. **신속한 탄력성**: 이것은 서비스가 온라인 접속 상태가 아니어도 컴퓨팅 또는 저장장치를 신속하게 추가하거나 뺄 수 있으며 더 이상 필요하지 않아도 패널티를 받지 않음을 의미한다. 내일까지 90일이 저장 가능한 100개의 새로운 카메라를 추가하고 싶은가? 유연한 클라우드 제공업체에게는 전혀 문제가 되지 않는다. 당신이 방금 구매한 세 개의 시설에 적용되었던 서비스를 중단하고 싶은가? 그것은 가능하다.

   - 통합업체에 중요한 이유: 신속한 탄력성은 특히 한정된 IT 자원으로 인해 경직된 노동 시장에서 신속한 서비스를 제공하는데 주요한 장벽 중 한 가지를 제거한다.
   - 보안 조직에 중요한 이유: 시설이 새롭거나 확장된 보안 기능을 필요로 할 때, SaaS 제공자들은 더욱 빠르게 대응할 수 있다.

5. **측정된 서비스**: "사용한 만큼 지불하세요." 지불은 시간 단위당 소비량에 비례한다. 몇몇 비즈니스 모델에서 소비 단위는 도어, 카메라, 센서와 같이 보안 솔루션 자체의 실질적 측면이다. 이 모델은 또한 데이터 저장의 양이나 기간과 같이 컴퓨팅 리소스와 관련된 소비 측정도 포함될 수 있다. 기본적으로 측정된 서비스는 고객이 사용한 것에 대해서만 지불하기 때문에 선행 필수 클라우드 특성을 모두 수익으로 연결한다.

   - 통합업체에 중요한 이유: 서비스 제공업체의 경우 도어, 카메라, 게이트 그리고 기타 물리적 보안 상에서의 다른(자연스러운) 측정 단위 관리를 목적으로 한 실제 사용에 기반한 비용 모델을 가능하게 한다.
   - 보안 조직에 중요한 이유: 높은 고정 자본 비용을 낮은 가변적 운영비로 전환한다. 그 누구도 사용하지 않는 초과 용량 설비에 대해 지불하는 것을 원하지 않는다. 이것은 출입도어나 카메라 같은 측정 가능 요소들에 관련된 실제 요금청구서를 산출함과 동시에 재무보고와 보안지출에 대한 설명을 간소화 시킨다.

많은 사람들은 업계 관계자들이 클라우드에 대해 이야기하는 것을 들을 때 혼란스러워 한다. 때때로 이것은 모든 이들에게 공유되는 무형 컴퓨터 매체처럼 들리기도 한다. 혹은 기존의 오래된 인터넷 접속에 불과한 것처럼 여겨질 수도 있다. 때로는 단순히 외부 데이터 저장장치와 같이 무엇이든지 할 수 있는 무한한 컴퓨팅 매체라고 할 수도 있다. 이 모든 것이 완전히 틀린 말은 아니지만, 더 넓게 통용될 수 있는 확실한 정의가 필요하다.

다시 한 번, NIST의 정의는 상당히 유용하다. 이 주제를 좀 더 명확하게 설명하기 위해 보안조직과 관련된 주요 차이점(서비스모델과 배포모델)을 다루고자 한다.

■ 서비스모델: 응용프로그램 VS 기본프로그램

서비스 모델의 개념은 통합 업체가 고객을 위한 솔루션 세트를 구성하는 것과 차세대 아키텍처의 옵션을 평가하는 보안 조직 등 보안 구매 업체에 있어서 가장 중요한 2개의 범주로 구분한다. 이러한 목적에 맞는 주요 서비스 모델들은 서비스형 소프트웨어(Software as a Service, SaaS)와 서비스형 기반(Infrastructure as a Service, IaaS)이다.

당신이 본인의 응용프로그램들을 직접 개발하여 운영하는 비즈니스를 하지 않는 한, 대부분의 사람들은 SaaS를 생각할 때 "클라우드"를 떠올린다. SaaS에서는 고객들이 클라우드 인프라스트럭처(사회적 생산기반, 본래는 하부구조나 하부조직 등의 일반적 용어이지만 오늘날에는 경제활동의 기반을 형성하는 시설제도 등의 의미로 사용)를 실행하는 응용 프로그램을 공유한다. 사용자는 이러한 모델의 주요한 매력인 클라우드 기반 그 자체를 결코 직접 다루지 않는다.

시스템 통합업체의 경우 SaaS 소비자가 된다는 것은 제3자 클라우드 기반의 영상이나 접근 제어 솔루션을 사용한다는 의미이다. 예를 들어, 자체 설비 설치(잠금장치 및 카메라), 정기 혹은 긴급 정비, 리스크 컨설팅, 헬프 데스크 지원 그리고 보안 통합 업체와 거래처들이 통상적으로 제공하는 모든 다른 서비스와 함께 SaaS 서비스를 고객들에게 제공하는 것이다. 어떤 경우에도 통합업체는 자사가 소프트웨어 개발, 하드웨어 생산, SaaS 서비스 운영을 한다고 표현하지 않는다. 그들은 자신의 고객에게 최상의 솔루션을 지정하여 전체적인 서비스 패키지에 포함시키는 것이다.

보안 조직의 경우 SaaS 서비스는 IT 지원, 환경설정, 설정 없이 바로 사용 가능한 완전한 온라인 응용프로그램으로 제공된다. 이것은 온라인 쇼핑몰,

온라인 뱅킹, 인터넷 데이팅 그리고 다른 모든 온라인 서비스와 같이 그대로 작동하는 것이다. 이것이 SaaS의 또 다른 이름이다.

IaaS는 완전히 다른 서비스이다. 이것은 개발자들과 IT 관리자들이 유용한 응용프로그램으로 바꾸게 하는 가공되지 않은 Raw 컴퓨팅이며 저장 기능이다. 이것을 옷을 전부 차려 입었지만 막상 갈 곳이 없는 데이터 센터라고 생각해보라. 응용프로그램이 더해지지 않는 이상 아무런 쓸모가 없다. 이런 점에서 IaaS는 SaaS의 기반이 되는 층이라고 볼 수 있다. 이것이 주는 효율성 덕분에 점점 더 많은 SaaS기업들이 그들의 상품이 제공하는 응용프로그램을 관리하기 위해 IaaS 제공자들에게 의존하고 있다.

예를 들어 넷플릭스는 아마존 웹 서비스(AWS)를 사용하는 SaaS 응용프로그램이다. IaaS는 응용프로그램 기업들이 하드웨어, 네트워크, 데이터 센터를 다루는 업무에서 해방을 시켜준다. 클라우드 서비스의 이러한 물리적인 네트워크 층들은 AWS와 같은 최대 인프라스트럭처 제공자와 함께 상당히 전문적으로 고도화되었으며, 그 과정에서 제공자들은 대부분의 응용프로그램 기업들이 감당할 수 없는 규모의 비용으로 제공해 왔다.

이를 물리적 보안업계로 되돌리면 당신이 통합 업체 또는 보안 조직이라고 할 경우 당신은 전자 보안 인프라스트럭처에 직접적으로 관여하고 싶지 않을 것이다. 아마도 당신은 영상 관리, 출입제어, 혹은 알람 모니터를 수행하는 완성된 상품만을 원할지도 모른다.

■ 배포 모델: 공용(개방형) 클라우드 VS 사설(폐쇄형) 클라우드

물리적 보안 솔루션과 관련된 미국표준기술연구소(NIST) 클라우드 컴퓨팅 모델의 최종 버전은 전개 모델에 관한 것이다. 이것은 개인이나 조직이 어떤 환경에서 특정한 소프트웨어나 인프라스트럭처 서비스를 사용할 수 있는지 설명한다.

이름에서 알 수 있듯이 공용 클라우드는 일반적으로 공공으로 제공되는 서비스이다. 전화 시스템과 무선 모바일 서비스, 케이블 TV와 같은 서비스를 생각해보라. 고객들이 계정을 만들고 계약 및 서비스 이용약관에 동의하면 클라우드 서비스가 실행되기 시작한다. 고객들은 특정 집단의 회원이 되거나 어떤 대상으로부터 사전 허가를 받을 필요가 없다. 서비스 제공업체는 가능한 많은 사람들을 가입시킬 목적으로 서비스를 설계하고 인터넷 접속이 가능한 누구든지 이용 가능하도록 한다.

다른 한편으로 사설 클라우드는 그 이름이 의미하는 바와 같다. 사전 승인을 받은 사람이나 기관에서만 사용 가능하다. 대부분의 경우 사설 클라우드는 기업들에 의해 만들어지며, 예전의 데이터센터에 보관되었던 응용프로그램이나 데이터를 보관하는데 사용된다. 그들은 사설 클라우드로 옮겨져 클라우드 서비스가 제공하는 경제적 이익과 유연성을 활용하지만 일반 대중에게 노출되지는 않는다. 제공업체는 사설 클라우드에 접근하기 위하여 공용 클라우드와 동일하게 웹 브라우저, 모바일 어플리케이션 등과 같은 동일한 기술을 사용한다. 하지만 해당 서비스는 기업의 방화벽, VPN 접근 또는 권한이 부여된 개인으로 제한하는 다른 사이버 보안 기술에 의해 숨겨져 있다.

당신은 아마 다음과 같은 질문을 할 것이다. 사설 클라우드가 물리적 보안 응용프로그램을 위해 이상적이지 않을까? 몇몇 사용자들은 그들 기관만이 기업 보안 데이터를 보관하는 컴퓨터 시스템에 접근할 수 있는 것을 익숙하게 생각한다. 당신은 그들 자신의 사설 클라우드를 전개하고 관리할 수 있는 규모와 기술 자본을 가진 대기업들의 이러한 사례를 봤을 것이다. 하지만 이 모델은 IT 직원이 거의 없는 대부분의 기업에서는 실용적이지 않다. 더 나아가 공용 클라우드의 비용과 관리 이점까지 버리는 것이다.

이 책에서는 물리적 보안산업을 변화시키는 비즈니스 현상으로서 공용 클라우드 모델이 상정될 것이다. 사설 클라우드는 그들만의 영역이 있으나 이것이 비즈니스 또는 컴퓨팅 모델을 근본적으로 변화시킬 수는 없으므로, 이번 논의와는 관련성이 적다.

첫째로, 말 그대로 공용 클라우드는 공개적으로 사용 가능한 서비스에 가장 많이 사용되는 적용 모델이다. 대형 시스템 통합자들은 특히 대기업 고객을 위한 비즈니스를 효율적으로 운영하기 위해 이러한 유형의 적용 모델이 필요하다. 또한 소규모 설치 기업들은 대형 업체와 비용 면에서 경쟁하기 위해 이 모델이 필요하다.

둘째, 클라우드 서비스에 대한 모바일 접근 수요는 공용 클라우드 서비스에 유리하게 작용한다. 공용 클라우드를 사용하면 고객의 전화에 설치된 모든 모바일 응용프로그램을 다운로드할 때 동일한 서비스 지점(URLs)에 연결할 수 있다. 반면에 사설 클라우드를 사용하면 모든 모바일 상황 구성에 대한 부담이 가중된다.

마지막으로 가장 중요한 것은 오직 공용 클라우드 전개만이 클라우드 컴퓨팅이 가져오는 경제적 이익의 범위를 조정하는 것이 가능하다.

제3장
티핑 포인트

2015년은 보안 업계가 물리적 보안 어플리케이션을 위한 클라우드 컴퓨팅을 주제로 한 컨퍼런스를 처음으로 개최한 해이다. Security Systems News는 실리콘밸리의 심장부에서 상징적으로 개최된 Cloud+ 컨퍼런스를 계획하고 주최하였다. 이 회의에서 그들은 새로운 세대의 기술에 대한 역사를 되짚어보았다. 이 분야의 첫 컨퍼런스에 대한 관심이 많은 다수 참석자들은 물리적 보안에 대한 클라우드 컴퓨팅이 티핑 포인트(어떠한 현상이 서서히 진행되다가 작은 요인으로 한순간 폭발하는 것을 말한다)에 도달했다는 점을 시사했다.

업계가 오랜 세월 망설이고 대중의 의구심을 받으며 심지어 클라우드 컴퓨팅에 대한 공개적인 비난을 받았던 것을 고려하면, 보안업계는 어떻게 여기까지 왔을까? 2015년까지 대부분의 설문 조사에서 클라우드가 업계 솔루션의 근간으로 여겨지게 된 이유는 무엇일까?

■ 채택의 원동력

고객들은 개인 용도로서의 클라우드 컴퓨팅의 편의성과 이점에 익숙해졌으며 이젠 전문 보안 시스템에서도 클라우드 컴퓨팅을 원하고 있다. 이러한 개인 영역에서 대부분의 고객은 기업용 클라우드 기반 컴퓨팅의 적용 가능성을 평가할 때 어떠한 문제가 있는지 물었다. 반면에 그들은 은행, 인터넷 쇼핑, 가족 사진, 심지어는 소셜 생활과 백업 파일 보관소까지도 클라우드를 통해 수행되고, 그래야만 한다는 사실을 받아들였다.

고객은 기존 솔루션이 제공할 수 있는 것보다 더 많은 편리함, 사용 편의성 및 IT비용 절감을 원했다. 그들은 HR, 금융 및 고객 관리의 사례를 통해 어플리케이션이 언제 어디서나 모든 브라우저에서 작동해야 한다는 것을 알게 되었다. 그 또한 특별한 소프트웨어를 설치하거나 한대의 PC에만 설치하도록 제한되는 라이선스 구입이 필요 없을 것이라고 전망하였다. 마지막으로 모바일 컴퓨팅 시대를 맞이하여 모든 사람들이 스마트폰으로 필요한 어플리케이션을 사용하기를 바랐다.

그러나 극복해야 할 과제가 있었다.

■ 사이버 위험의 균형적 관점

클라우드 컴퓨팅의 가장 큰 장애물은 사이버 보안에 대한 의심이었다. 이것은 보안산업에만 국한되지 않는다. 실제로 사이버 보안은 기업이 클라우드로 이동하는 것을 주저하는 주된 이유로 남아있다. 물리적 보안 전문가가 이러한 우려를 IT 관련자들과 공유했다면, 이 문제는 거의 눈에 띄지 않았을 것이다. 다른 시장에서 변화가 일어난다고 해도 자신이 속한 동종 업체에서 얼리어답터가 되기는 쉽지 않다.

그러나 2010년부터 2015년 사이에 소프트웨어 산업 전체가 클라우드 컴퓨팅으로 전환하는 장족의 발전이 있었다. 점점 더 많은 언론 기사들이 어떠한 식으로 대기업이 비즈니스 운영의 주요 부분을 클라우드로 전환하고 있는지 지속적으로 설명하고 있다. 포춘 500은 새로운 클라우드 이니셔티브를 발표했고 이것을 새로운 광고 캠페인의 중심으로 만들었다. 가장 큰 투자 성공 사례는 모두 클라우드 관련기업에 관한 것들에 집중되었다. 이 이야기의 공통점은 클라우드 컴퓨팅이 기업의 가장 핵심 데이터를 안전하게 보호하는 것이 가능해졌다는 점이다. 미국 정부의 옹호 또한 업계를 설득하는데 큰 역할을 했다. 행정관리팀(GSA)의 최고정보관리자(CIO)인 케이시 콜맨이 2010년 12월에 모든 이메일 시스템을 클라우드로 이전한다고 발표한 때였다. 비 효율성을 줄이고 비용을 절반으로 절감하겠다고 주장한 이 변화는 이제 정부 계약자와 시스템 통합 업체에게 클라우드가 입증된 기술이라는 것을 말해준다. 오바마 행정부의 첫 번째 최고정보관리자인 비벡 쿤드라가 주도하던 시기에 미국 정부는 2011년 2월, 클라우드 컴퓨팅 전략으로서 모든 연방 컴퓨팅에서 클라우드 컴퓨팅을 의무화하는 "클라우드 우선" 정책을 제시하였다. 미국 정부가 이전에 연방 정보 보안 관리법(FISMA)의 복잡한 요구사항에 따라 운영되었다는 점을 감안할 때, 새롭게 등장한 전략은 "연방 규정을 지키기에 충분하다면 우리에게 좋은 것이다"일 것이다. 이 프로클라우드(Pro-Cloud) 정책을 포용함으로서, 의구심을 가진 사람들로부터 의문의 여지를 없앴다.

■ STACK-A-BOX를 넘어서

클라우드 채택 초기에는 많은 기업들이 클라우드 서비스를 통합하기 위해 취한 조치를 과소평가했었다. 이 기술에 익숙하지 않은 기업 경영진은 기존 제품을 외부 데이터 센터에서 운영하지 못하고 왜 이 기술이 클라우드 솔루션으로 명명되었는지 이해하는데 어려움을 겪었다. 결국 그들은 오랫동안 수십억 달러를 투자해 사내 클라이언트 서버 솔루션 기능을 개발했다. 당연히 그것은 쓸모 없을리가 없다.

단 한 명의 고객을 위해 완벽한 환경을 갖춘 가상 머신과 모든 고객을 단일 플랫폼에서 동시에 지원할 수 있는 진정한 멀티테넌스 소프트웨어 아키텍처를 운영하는 것 사이의 미묘한 차이점을 이해하는 경영진은 거의 없었다.

그들은 어쨌든 시도하였다.

개별 가상 머신을 사용하여 클라우드 컴퓨팅의 형태로 만들어진 초기 시도는 브라우저 뒤에서 일어나는 모든 실제 작업을 무시했다. 따라서 그들은 "stack-a-box"라고 알려지게 되었다. 경제 및 운영상의 요구 사항이 서버 더미 또는 "박스"를 쌓아 올리는 것과 별반 다르지 않았기 때문이다. 하드웨어 수준에서 규모의 경제를 달성하지 못하였고, IT 관리 계층과 개발 및 배포 계층에서도 마찬가지였다. 고객은 자신의 데이터 센터에 솔루션이 없었음에도 여전히 동일한 가격(혹은 그 이상)을 지불해야 했다.

이러한 유사 클라우드 모델은 여러 가지 이유로 실패하였다. 첫째, 소프트웨어 공급 업체는 채널 파트너와 최종 사용자 모두의 근본적인 복잡성을 해결하는 것에 실패하였다. 구매자가 탄력적으로 원하는 것을 수천 개의 독립적인 서버를 통해 전달될 수 없었다. 클라우드의 비용 이점 또한 실현될 수 없었다. 고객은 더 많은 비용을 지불해야 했거나, 서비스 제공자가 적은 이윤을 취해야 했다. 둘 중 어느 것도 계속 될 수 없었다. 클라우드의 본질적인 경제문제를 피하려고 했지만 실패하였다. 단위 비용을 효율성 향상이 실현되는 수준까지 끌어 내리는 데에는 대규모의 경제가 필요했다.

마지막으로 모바일 및 API에 제공되는 클라우드 서비스의 활용으로 복제될 수 없다. "stack-a-box"방식은 이러한 서비스를 제공하기 위해 다양한 엔드포인트와 네트워크 관리가 필요했기 때문에 엄청난 부담을 안겨주었다.

■ 우리는 고객들보다 보수적인가?

통합 채널 자체가 세 번째 큰 장애물이 되었다. 몇몇 주요 국가 통합자들이 2003년에 클라우드 솔루션을 사용하기 시작하였지만, 다른 사람들은 이를 보안 비즈니스에서 부차적인 일로 간주했다. 대부분의 업체들은 자체 건물에 구입, 설치하여 장기간 사용 중인 시스템에 대해 반복되는 수익 창출이나 시스템에 대해 보증 또는 지불하지 않을 것이라고 믿었다.

기대와는 달리 고객들은 다양한 이종의 비즈니스 어플리케이션을 위해 클라우드를 사용하게 되었다. 2000년대 중반에는 Salesforce.com과 같은 주요 클라우드 기업이 클라우드의 단순성 및 가격결정모델을 선호하는 많은 고객을 확보했다. 좋은 실적 덕분에 고객들은 클라우드 기업이 데이터를 관리하고 보호하는 것이 자신보다 더 낫다는 사실을 알게 되었다.

2010년까지 애널리스트들은 다수의 기관들이 SaaS를 사용할 것으로 예상한다는 것에 동의했다. 그러나 업계의 많은 사람들은 이런 동일 고객이 클라우드 솔루션을 구매하지 않을 것이라고 예상했다. 서비스 기반 제품에 대한 채택률은 낮은 한 자리 숫자로 나타났다.

많은 관측자들이 이 느린 채택률에 대해 세대효과를 지적하였다. 클라우드가 고객에게 받아 들여지지 않을 것이라는 가정하에 운영하는 많은 산업계 숙련자들은 옵션으로 제시하지 않았고 아무도 구매하지 않을 것이라는 말은 현실이 되어버렸다. 그 사이 새로운 성공 사례는 대학에서 신규 영업 인력을 모집하던 통합 업체에서 나타났다. 클라우드를 사용하며 성장한 밀레니엄 세대인 가장 젊은 영업 인력은 클라우드의 가치를 제안 하고, 고객에게 설득력 있게 제시하는데 어려움이 없었다. 아이러니하게도 이로 인해 클라우드에 의구심이 있는 하나의 영업소에서 젊은 영업사원이 클라우드 수수료를 계산하는 일까지 생겨나게 되었다.

■ 클라우드를 향한 발판

이 모든 과정에서 오직 소수의 제조업체 및 통합 업체만이 앞으로 나아가고 있었다. 초기의 많은 사용자들은 클라우드를 표준 솔루션이 실패했을 때 사용하는 틈새 솔루션으로 생각했다. 제한된 접근 제어 및 영상 요구사항과 같은 소형 또는 원격 사이트는 클라우드 기반 보안 시스템을 갖춘 장비 중 일부였다. 이와 같은 경우 전체 온 사이트 서버의 비용과 복잡성을 지원할 수 없었다. 클라우드 솔루션은 저렴한 가격으로 제공되었으며 기업의 본사에 연결 기능을 제공하여 모든 사람을 만족시켰다. 불행히도 클라우드를 확대하는 이러한 방식은 작은 시스템 위주로 사용되었다. 소규모 비즈니스에는 좋았지만, 대규모 엔터프라이즈 보안에는 좋지 않았다.

그러나 이러한 계기를 발판으로 클라우드 솔루션은 소규모 사이트를 넘어 엔터프라이즈로 가기 시작했다. 종합적으로 볼 때, 클라우드 솔루션은 이제 기존 시스템만큼 대형 엔터프라이즈 시스템을 처리할 수 있을 정도로 성장했다. 현장의 소매점이 클라우드에 접목되기 가장 쉬웠다. 전국규모의 소매업체, 은행, 약국 및 기타 체인 운영 업체는 소매점이 엄청나게 많으며 지역도 넓다. 그러나 각 위치에는 일반적으로 보안이 필요한 도어나 입구가 몇 개밖에 없었다. 이러한 위치 중 한 곳에서 일하는 현지 기술자에게는 각지에 설치된 다른 설치물은 똑같게 보일 것이다. 그들 중 누구도 전체 시스템이 기업 차원에서 어떻게 결합되어 있는지 고려할 필요가 없다. 클라우드가 그것을 관리했다. 통합업체의 경우 설치 복잡성은 시스템의 크기와 관계없이 유지되었다. 고객의 경우 복잡한 네트워크 엔지니어링 및 시스템 크기 조정(비용이 많이 드는 소프트웨어 라이선스가 함께 제공됨)에 비용을 지불하는 대신 클라우드의 강점을 활용할 수 있었다.

이러한 틈새시장 어플리케이션에서 얻은 가시성은 전반적인 클라우드의 사용률을 증대시켰다. 보안 관리자에게 동일한 시스템이 수백 개의 지점을 관리할 수 있다는 개념은 큰 어려움 없이 받아들여졌다. 또한 통합 업체에게 지점당 5개 또는 10개의 진입점이 있는 시스템에서 50에서 100개로 늘어나는 것은 큰일이 아니었다. 최첨단을 추구하는 사람들에게 경계가 무너졌다.

클라우드가 휴식을 주었다.

■ 선행지표

현재의 모든 데이터는 클라우드 컴퓨팅이 엔터프라이즈 어플리케이션의 정점을 넘어 기업 소프트웨어 구매에 대한 제공 모델을 불가역적으로 바꾸었음을 보여준다. 클라우드를 기반으로 한 소프트웨어의 보급률이 새로운 엔터프라이즈 소프트웨어 판매의 50%이상을 차지한다고 수많은 자료에서 밝혀졌다.

보안산업은 비록 느린 속도일지라도 마침내 같은 방향으로 움직이는 것으로 보인다. Security System News의 최근 설문 조사에 따르면 응답자의 52% 이상이 클라우드는 보안 어플리케이션으로 계속 사용될 것이라고 응답했다.[1] 한 통합자는 "클라우드는 피할 수 없으며, 이젠 클라우드를 사용하는 자가 승리할 것"이라고 말했다.

■ 장벽이 무너지다

클라우드 컴퓨팅의 초기 10년간 나타났던 많은 장애물이 이제 사라졌다. 기업의 데이터센터 내부에 어플리케이션을 보관하는 경우에도 클라우드 어플리케이션에 대한 정보 보안은 자주 빈번히 언급되는 주제이다. 데이터 보존 및 감사 컴플라이언스에 대한 우려로 더 많은 클라우드 제공 업체가 자발적으로 외부 검토 및 증명하는데 제출하기 때문에 일상적인 체크리스트 항목이 되었다. 케이블 및 통신 기업이 고품질 연결성을 가진 미국의 거의 모든 사업장을 포괄하기 때문에 대역폭과 보편적인 접근의 초기 단점은 거의 사라졌다. 가장 중요한 것은 많은 고객들이 이제 모든 응용 프로그램을 클라우드 서비스로 사용할 수 있을 것이라는 기대를 하고 있다.

혹시 정말로 보안 시스템이 데이터 센터 내부의 마지막 서버가 되리라고 생각하는 사람이 있는가?

---

1) http://securitysystemsnews.com/article/news-poll-cloud-security-s-future.

■ 새로운 진입자에게 더 쉬운

클라우드 채택과 관련된 이러한 사회적 환경 변화와 함께 기술발전은 비즈니스의 계획과 자금을 갖춘 사업자가 이 영역에서 새로운 사업을 훨씬 쉽게 접할 수 있도록 만들었다. 2000년 SaaS기업은 여전히 자체 서버를 구입하고 데이터베이스 및 운영체제를 설치한 다음 다시 그것을 전용 데이터 센터 또는 코로케이션(사업자가 직접 서버를 관리하지 않고, 서비스를 제공하는 업체가 관리 해주는 사업형태) 설비로 운영해야 했다. 이 과정에서 소요된 엄청난 근무 시간은, 굳이 막대한 자금이나 엄청난 융자를 언급하지 않더라도, 오늘날 기업가들의 투자를 망설이게 만들었다.

현재는 신용 카드를 소지한 사람은 아마존웹서비스(AWS)에서 계정을 만들거나 또는 다른 많은 IaaS를 통해서 SaaS서비스를 받을 수 있다. IaaS환경을 구입하고 권한 설정을 하면 스타트업이 자체 어플리케이션을 실행할 수 있으므로 이것은 결제전에 쇼핑카트에 넣을 항목을 클릭하는 것처럼 어렵지 않다.

물론 사용자의 요구와 기대에 부합하는 어플리케이션 소프트웨어를 만드는 것은 여전히 어려운 과제이다. IaaS 환경은 시장 조사 및 제품 전략 변경에 거의 영향을 주지 않았다. 즉 SaaS 어플리케이션이 십여년 전 처음 등장한 후로 웹 어플리케이션의 개발 도구는 진화해왔다는 것을 의미한다. 수십개의 새로운 언어, 프레임워크, 협력 툴, 진화된 HTML 및 API 표준은 모두 물리적 보안(및 모든 다른 수직 시장) 소프트웨어 개발자에게 높은 편의성을 제공해 주었다.

이러한 모든 발전과 무관하게 업계로 진입하려는 사람들에게 거대한 장벽은 여전히 남아있다. 그것은 더 이상 어찌 할 수 없는 물리적 존재들이다. 즉 전자 하드웨어를 물리적 보안의 목적으로 만들거나 채택한다는 것을 의미한다. 클라우드 컴퓨팅 개발을 간소화하고 구현하는데 큰 진전이 있었던 것은 하드웨어 개발에 아무런 영향이 없었기 때문이다. 하드웨어 개발은 엔지니어링 오류원인의 파악을 위한 비용 때문에 여전히 개발은 더욱 느리고, 까다로우며, 전문화되어 있고 더 큰 위험부담을 갖게 한다. 재작성하고 컴파일 하는 것과는 다른 것이다.

■ 게임업계에 등장한 스타트업

클라우드는 마치 우버가 탑승자와 운전자 간에, 그리고 페이스북이 그 친구들 간에 그러하듯이, 건물과 그 건물의 소유주들 간에 경로를 만들었다. 이러한 경향은 다양한 스마트 잠금장치, 스마트 초인종과 스타트업에서 출시한 최신 스마트 기기 등 주거 공간에서 가장 두드러진다. 당연히 이러한 소비자 보안 서비스는 모두 클라우드 기업의 관건이다. 아이러니하게도 그들은 그것을 누구에게도 설명할 필요가 없다. 심지어 광고 카피의 일부분도 아니다. 아무도 신경 쓰지 않는다. 우리가 본 모든 스타트업은 클라우드 기업이라 추정된다.

상업적 보안 분야에서 클라우드 솔루션, 영상감시, 출입통제를 만드는 스타트업이 많아졌다. 기술 및 품질에서 크게 차이가 나기는 했지만, 30~40개 이상의 기업에서 만드는 VSaaS 또는 MVaaS 제품이 있었다.

영상 쪽이 출입통제보다 더 많은 성장을 보인 데는 몇 가지 이유가 있다. 첫째, 거의 모든 기업이 자체 카메라 제품을 개발하지 않기 때문에 시장에 있는 모든 제품에 대해 영향력을 행사할 수 있다. 둘째, 공통기술 표준, 특히 오픈네트워크 영상 인터페이스(ONVIF)를 채택함으로써 많은 카메라 및 스토리지 서비스에 대한 상호 호환성을 보장한다. 마지막으로 영상감시는 경보 또는 출입통제 서비스보다 더 적은 규제 적용을 받는다. 즉 각 제품은 특정 버전을 만들지 않고도 여러 곳에서 제품을 사용할 수 있으며, 기간이 길고 비용이 많이 드는 규제 승인 프로세스를 거치지 않고 제품을 사용할 수 있다.

■ 혁신자의 딜레마

많은 사람들은 보안 소프트웨어 제공 업체 중 일부가 클라우드로 뛰어든 이유가 무엇인지 궁금해 했다. 다르게 표현하자면 당신이 업계에서 좋은 평판을 가지고 있고 고객 요구 사항도 잘 이해하며 이미 입증된 출시 시장 전략이 있다면 클라우드 기반 서비스를 제공하기 위해 귀사의 위상을 활용하는 것은 어떠한가?

컨설팅 기업에 있는 동안 똑같은 질문에 직면한 다른 업계의 기업들과 일한 적이 있었다. 기업 경영에 대한 난제는 대개 서로 얽혀있는 도전의 상호

작용으로 이어진다. 첫 번째는 기존 제품 라인의 자기 잠식이다. 기업 내부의 보수적인 사람은 황금알을 낳는 거위 같은 제품이 잠식당하는 것을 원하지 않는다. 예를 들어 여객 철도 기업은 항공사 산업을 가까이 하지 않았으며, 이러한 움직임이 기존 비즈니스 모델에서 이익을 가져올 것이라고 판단했었다.

이것이 현 시점에서 좋은 전략일까? 만약 지금 당신이 황금알을 낳는 거위를 가지고 있다면, 어떻게 할 것인가?

새로운 것과 기존의 것, 대립의 역학은 동일한 고객을 겨냥하는 두 제품에서도 발생할 수 있지만, 클라우드 제품을 지지하는 사람들이 이전 세대의 기술에 반대했을 때에도 똑같이 나타났었다. 물론 다른 기업들이 고객에게 원하는 것을 제공하는 새로운 (클라우드) 제품을 개발하는데 주력하는 경우에는 외인적인 자기 잠식이 불가피하다. 항상 다른 누군가가 당신을 잠식시키기 전에 선수를 쳐야 한다.

시장에 안착한 제품을 둘러싼 두 번째 역학은 하버드 경영학 교수인 클레이튼 크리스텐슨의 유명한 "혁신자의 딜레마" 이다. 그는 기업이 기존 제품 라인에서 고객의 요구에 너무 많이 집중하면 결국 고객의 요구를 잘 충족시킬 수 있는 새롭고 잠재적으로, 파괴적인 기술을 채택하지 못한다고 설명한다. 제품에 개발되는 시간과 돈이 많이 소요됨에 따라 새로운 것을 시도하기에 거부감이 따르는 것은 당연하다. 하지만 성공하려면, 기업의 임원에게 수년간 돈 버는 것을 포기하고 새롭고 위험한 것을 시도해야 한다고 설득해야 한다.

당신의 보스에게 그것을 잘 설득할 수 있기를.

■ 붕괴

클라우드 컴퓨팅은 디지털 다이얼이 1970년대에 처음 도입된 이래로 보안 업계를 강타한 가장 파괴적인 동력이다. 앞으로 10년이 지나면 우리는 업계를 클라우드를 가진 자와 가지지 못한 자로 나뉘어 있음을 목격하게 될 것이다. 가진 자는 자신과 제품을 재발견하는 좋은 감각을 가진 기존의 업계인이 될 것이다. 가지지 못한 자는 미래의 솔루션에 대한 부담으로 인해 혁신 기술의 딜레마에 희생되거나, 레거시 기술에 대한 압박감을 해소하거나 미래에 투자하기에 소극적인 사람이 될 것이다. 이것은 변화를 일으키는 사람들과 그렇지 않은 사람들의 전형적인 사례일 것이다.

가장 큰 영향은 제조업체와 소프트웨어 공급업체에 있을 것이다. 결국 다운스트림에 있는 모든 사람은 다른 솔루션으로 전환할 것이다. 그러나 전환하지 않는 소프트웨어 제공 업체는 시장 점유율 하락, 매출 및 엔지니어링 분야의 주요 직원 손실, 고객 이탈 등의 사태에 직면할 것이다.

시스템 통합자는 고객이 선택한 소프트웨어 구성 요소를 단편적으로 클라우드로 이동시키기 시작하면서 발생한 클라우드 컴퓨팅의 위험성에 대해 우려하고 있다. 이러한 전환은 로비에 있는 아이패드에서 실행되는 클라우드 기반 방문자 관리 시스템을 사용하려는 기업 사례로 살펴볼 수 있다. 다음으로 조직을 확장할 시 클라우드 기반의 출입통제와 영상감시를 이용하고 싶겠지만, 이는 새로운 인수합병시에만 활용할 수 있다. 이 과정이 계속됨에 따라 처음에는 예외적인 것 같으나 점차 티핑 포인트에 도달하게 되며 결국 평범한 일이 되어버린다. 지난 수년간 많은 통합 업체와의 대화에서 많은 사람들이 실존적 질문이라고 생각하는 것을 배웠다. 모든 것을 클라우드에 통합하면 무엇이 남는가?

다행스럽게도 들리는 것처럼 나쁜 이야기는 아니다. 물리적 보안은 환원 불가능한 특성을 가지고 있다. 전기정(electric strikes), 무선 도어락, 카메라, 엘리베이터 제어, 게이트, 개찰구 및 트럭 하중 센서 등 항상 전제 조건으로 설치해야 하는 장비가 있음을 의미한다. 또한 모든 기업 보안 환경이 각자의 고유한 특성을 가지고 있기 때문에 시스템 통합 작업이 추가적으로 필요하다. 그러나 이러한 나머지 IT구성 요소에 대한 작업은 천문학적인 비용이 소모되지는 않는다.

보안분야의 시스템 통합자는 다른 분야의 시스템 통합자와 공통점을 찾게 될 것이다. 새로운 전문 지식은 갈수록 복잡해지는 미국 정부의 요구 사항에 따라 점차 클라우드 기반 솔루션을 구성하고 관리하는 것이 될 것이다.

클라우드 세계에 있는 보안 기업은 여전히 사용하려는 시스템 및 서비스 유형에 대해 다양한 옵션을 가지게 될 것이다. 사실 중소기업 소유주부터 대기업에 이르는 고객은 이러한 변화의 주요 수혜자가 될 것이다.

■ 나의 클라우드 전략은 무엇인가?

사람들은 언제 물리적 보안 시스템을 클라우드로 전환해야 좋은지 묻는다. 그에 대한 답은 오래된 격언으로 요약할 수 있다. 나무를 심어야 할 가장 좋은 시기는 20년 전이었다. 그 다음으로 좋은 시기는 바로 지금이다.

사내 소프트웨어 시스템의 이점이 축소되고, 클라우드 기반 시스템의 가치가 증가하는 시대에 하루의 지연은 곧 그만큼의 손실을 의미한다. 이 원리의 한 예는 보안 데이터를 향상시키기 위해 빅 데이터 툴 사용을 계획하는 것이다. 나중에 자세히 설명하겠지만, 사내 시스템이 아닌 클라우드 기반 시스템에서의 빅 데이터 툴이 등장할 것이다. 현재 선정된 클라우드 제공자와 데이터를 축적하기 시작한 경우 보안분야의 특화된 빅 데이터 어플리케이션이 몇 년내 등장함에 있어 과거 데이터에 적용시키고 즉각적으로 학습할 수 있다. 반면에 늦게 수용할 경우 기다린 시간만큼 해당 도구의 이점을 누릴 수 있는 기회를 잃게 된다.

이 시나리오는 실제로 일반적인 기술 채택의 난제에 대한 구체적인 예이다. 컴퓨터를 사려고 기다리는 구매자는 지금 구매하는 것이 옳은지 혹은 내년의 더 빠르고 강력한 모델을 기다려야 하는지 의문을 가진다. 작년의 모델이 되는 것이 1년 뒤라는 것을 생각해본다면, 1년의 기다림은 어느 정도의 매력을 가지고 있다. 그러나 당해 연도에 업그레이드를 했다면 모든 일을 더 빨리 끝냈을 수 있었을 것이다. 그게 현명한 결정이었을까? 낭비된 생산성을 생각해보라.

첨단 물리적 보안 인프라에 대한 클라우드의 채택을 오늘날 구매하는 것에 주저하는 많은 구매자들에게도 이것은 PC 구매와 같은 형태의 어려운 문제이다. 이 옵션은 좋지만, 내년 모델을 기다리는 많은 사람들은 더 좋은 모델이 나올 것이라는 생각 때문에 구매를 망설인다. 이 결정 알고리즘의 결점은 내년의 모델이 더 나을 것이라는 것이 항상 사실이라는 점이다. 그것이 기술 분야의 인생이다. 항상 감질나게 하지만 손이 닿지 않는 영역이다. 어쩔 수 없는 사실이다. 그러나 이 딜레마에 대한 선택권은 당신에게 달려있다.

모바일

제4장
모바일

최근 조사에 따르면 놀랍게도 대부분의 사람들이 하루에 85번 정도 스마트폰을 확인하고 2,617번을 만진다. 이러한 강박적인 습관은 모바일 사용량을 우리가 온라인상에서 보내는 시간의 대부분을 차지하도록 증가시켰으며, 이는 인터넷 트래픽의 절반 이상을 차지한다. 우리가 소비하는 대부분의 이유는 개인적인 것이지만, 업무적인 것과 상업적인 것을 위한 부분도 증가하고 있다. 개인적인 것과 상업적인 것 사이의 경계가 모호해 짐에 따라 화면을 켤 때마다 이 두 가지 작업을 모두 수행할 것이다.

그러나 최근 5년 전만 해도 이러한 상업적인 수행 사례는 물리적 보안과 관련이 거의 없었다. 대부분의 보안 조직은 여전히 서버에 연결된 데스크탑 형식의 컴퓨터로 인해 제 기능을 못하고 있다. 가장 초기의 모바일 보안 관리 어플리케이션은 화면을 만들고 전체 데스크탑 또는 웹 어플리케이션에서 사용할 수 있는 기능의 극히 일부만 제공했다. 영상 보안 감시 어플리케이션은 초기에 가장 인기 있었는데, 유튜브 뿐만 아니라 모든 사용자들의 마음을 사로잡았으며 확실히 데이터가 정적으로 할 수 있는 기능보다 훨씬 더 나았다. 그 다음으로는 접근제어 및 정보시스템 구축을 위한 관리 어플리케이션이 나왔으며, 수십 개의 독립형 사물인터넷 대시 보드가 빠르게 출시되었다. 마지막으로는 역사상 처음으로 입주자, 직원, 손님, 그리고 다른 사람들이 스마트폰으로 도어를 열 수 있게 해 주는 모바일 출입인증 어플리케이션이 출시되었다.

이러한 모바일 어플리케이션은 몇 차례의 진화 주기를 거치면서 몇 개의 서로 다른 사용자 그룹으로 구성되기 시작했다. 첫째, 보안 조직 구성원을 위해 설계된 관리형 어플리케이션. 둘째, 매우 광범위하게 적용하여 입주자, 직원, 거주자, 고객 및 보안 조직의 권한 내의 다른 모든 사람을 포함하는 사용자형 어플리케이션. 셋째, 소프트웨어 유형처럼 "백그라운드에서" 양방향 정보와 서비스를 제공하는 작지만 성장하고 있는 어플리케이션이 바로 그것이다.

그리고 넷째, 스마트폰은 물리적 보안 분야에서 수동적인 보안 감시의 역할을 할 것이다. 이것은 이전의 세 가지와 달리 어플리케이션이나 사용자 측의 협조가 필요 없다. 휴대폰은 어디에서나 설치된 무선 수신기를 사용하여 수동적으로 추적될 수 있는 무선 송신기다. 예를 들어 상점 및 경기장 환경의 실내 위치 어플리케이션은 이미 이 기술을 사용하여 군중의 흐름과 관심 지점, 병목 현상 및 장애 지점을 보여 주는 히트맵를 만든다. 이미 일반적인 WAP(wireless access point)보다 비싸지 않다. 이러한 수신기는 비용이 낮아지고 보안 감시 인프라의 중요한 부분이 되어 분석 및 포렌식을 위한 풍부한 데이터 흐름을 제공할 것이다.

■ 주머니 속의 책상

우리가 매일 사용하는 대부분의 모바일 어플리케이션은 데스크탑 어플리케이션으로는 존재하지 않았다. 처음부터 모바일 어플리케이션으로 태어났으며 고유한 모바일 경험을 제공한다. 실시간 맵핑 어플리케이션이나 소셜 또는 메시징 어플리케이션을 생각해 보자. 데스크탑 어플리케이션으로는 그다지 흥미로운 점은 없지만 중요한 것은 언제 어디서나 실시간으로 사용할 수 있다는 것이다. 그들의 매력은 지워지지 않고 이동 가능하다는 것이다. 반면에 보안에서의 1세대 모바일 어플리케이션 대부분은 새로운 병에 오래된 와인을 채우듯 데스크탑 어플리케이션을 (더 휴대성이 뛰어나게) 재탄생시킨 것이다. 그것에 어떤 문제가 있다는 것은 아니다. 낡은 책상 위에 낙서가 남아 있더라도 그 책상으로 수업을 계속할 수 있다. 완성도 높은 어플리케이션은 사용자의 요구사항과 가치 있는 분야의 전문지식을 10년에 걸쳐 담아낸 것이다. 이러한 유래로 대부분의 모바일 버전은 훨씬 앞서 출시되어 대부분의 사람들이 원하는 것을 제공할 수 있게 되었다. 모바일은 필요할 때 언제 어디서나 필요한 정보를 제공한다. “모바일 우선”이라는 설계 철학이 보안산업에 계속해서 침투하면서 이러한 관리 어플리케이션은 고유한 모바일 분야로 진화할 것이다.

점점 더 많은 새로운 보안 어플리케이션이 모바일에서 기본으로 실행되고 있으며, 이전의 어플리케이션들 보다 훨씬 더 많은 것을 제공하고 있다. 모바일 인증은 플랫폼의 강력한 영향력을 지닌 새로운 어플리케이션의 동향을 보여주는 명쾌한 사례이다. 이는 점진적인 개선뿐만 아니라 보안 에코시스템에 있는 모든 사용자를 위해 질적으로 향상된 사용자 환경과 편의성을 도입한다. 모바일 인증은 접근 제어 인증을 현대화하고 모든 이해 관계자가 정보(intelligence)와 대응(response) 모두에서 역할을 하는 참여형 보안을 위한 상황을 조성한다. 많은 기술 분석가들은 혁신을 중단하려면 혁신을 대체하는 것보다 10배 더 힘들다고 말한다. 이는 모바일 출입인증을 사용하라는 신호이다.

모바일은 개인의 안전에 도움이 될 수 있다. 예를 들어 캠퍼스 안전 어플리케이션은 학생들이 도서관, 기숙사, 주차장 사이의 어두운 길을 걸을 때 가상의 보안에스코트를 동반한다. 소비자 공간에 대한 흥미로운 예로는 필요에 따라 개인의 보호를 제공하는 서비스(사용자가 어디를 가든 따라가는 디지털 경호원)가 있다는 것이다. 기업에서 본다면 관리되는 어플리케이션은 전 세계를 여행하는 최고 경영진들과 직원들에게 글로벌 차원에서의 보호를 제공한다.

■ 모바일 우선주의

이러한 모든 사례를 통해 “모바일 우선” 설계 전략은 거의 다른 모든 수직 시장과 마찬가지로 보안 제품의 개발 우선순위를 바꾸고 있음을 알 수 있다. 모바일 우선 접근 방식은 이전 버전의 소프트웨어 개발 우선순위를 뒤집었다. 과거에는 어플리케이션의 데스크탑 버전이 주요 설계 고려 사항이었으며 모바일 플랫폼에 대한 이후의 적응은 일반적인 고려사항이 아니었다. 대신 모바일 우선 방식은 먼저 작은 화면에서 새로운 기능이 구현된 다음 더 큰 기기로 옮아가야 한다고 말한다. 주거용 보안 어플리케이션은 이미 몇 년 전부터 모바일 방식으로 사용되어 왔으며 상업용 보안 어플리케이션도 얼마 남지 않았다.

모바일이 왜 그렇게 중요한지 알아보려면 새로운 기능이 전통적으로 개발되고 출시된 방식을 고려해 보아야 한다. 기본적인 설계 의도는 데스크탑 브라우저 환경에 중점을 두고 있었다. 그런 다음 모바일 어플리케이션은 반응형 디자인 기법을 사용하여 사용자 경험을 줄이기 위한 시도로 시작되었다. 이 과정은 항상 타협(compromises)과 특정 기능의 제거로 이어졌다. 모바일 어플리케이션의 기술 성숙도가 향상되면서 다양한 기능을 담아 모든 기능이 가능한 버전이 되었지만 결코 좋다는 느낌은 들지 않았다. 이 전략은 결국 더 작은 화면에 데스크탑을 재연했지만 모바일 플랫폼의 고유한 이점을 담아내지는 못했다.

모바일 플랫폼은 데스크탑이 제공할 수 없는 많은 기능을 구현할 수 있으며, 사용자 환경과 유틸리티가 제공할 수 있는 것들을 극적으로 변화시킨다. 결론적으로 모바일은 데스크탑 기준의 프레임과는 완전히 다른 관점에서 운용된다. 위치는 지리적 좌표를 결정하기 위한 GPS 및 기타 위치 추적 기술을 사용하기 때문에 이는 아마도 모바일과 고정된 레퍼런스 프레임간의 가장 큰 차별화 요소일 것이다. 위치는 일반적으로 지오펜싱(geofencing, 위치정보 솔루션에 바탕을 두고 반경을 설정하는 기술, 측정대상이 범위 안에 있고 없음을 분석함)이나 스마트폰이 특정 지리의 경계 내에 있는지 여부를 탐지하는 기능에 활용되는 보안 어플리케이션과 매우 연관된 정보이다. 예를 들어 대부분의 주거용 어플리케이션은 알람 시스템을 자동으로 작동하거나 해제하기 위해서 지오펜싱 옵션을 제공한다. 상업용 보안에서 모바일 출입인증은 위치 인식이 가능하므로 근처에 있는 경우에만 활성화되는 보안단계를 추가로 제공한다.

모바일기기에서 절반이상의 시간을 소비한다고 가정할 때, 모바일 우선전략은 사용자들에게 어디에 살고 있는지를 알려준다. 데스크탑 사용은 지난 몇 년간 매년 약 10%씩 감소해 왔기 때문에 강력한 모바일 전략에 비해 관련성이 떨어진다. 모바일 우선전략의 상당 부분이 이전부터 존재하는 클라우드 컴퓨팅에 의존한다는 사실을 주시하지 않고 간과하고 있었다. 주문형 유비쿼터스 퍼블릭 클라우드 서비스를 이용할 수 없다면 우리가 알고 있는 모바일 어플리케이션으로 온라인 상점, 디지털 미디어, 영상 클라우드에 연결할 수 없을 것이다.

■ 상호작용 패러다임

웹의 1세대에서 우리는 가상 드라이브를 실행할 때마다 동일한 메시지가 뜨는 디지털 광고판보다 많은 콘텐츠를 담은 고정된 웹페이지를 볼 수 있었다. 일반적으로 이러한 기업 웹 사이트들은 제품, 솔루션 및 기업 프로필, 심지어 전자 상거래가 근본적으로 일방적인 교환 방식이었던 것까지 기술했다. (헨리 포드가 "검정색을 원한다면 어떤 고객이든 차에 원하는 어떤 색을 칠할 수 있다" 말한 것처럼 말이다.) 지금 우리가 석기 시대로 간주함에도 불구하고, 이 새롭고 흥미로운 일방적 방식의 정보 흐름은 새로운 경제가 시작되기에 충분한 추진력을 제공했다.

그러나 인터넷은 두 번째 진화 단계가 시작되었을 때 훨씬 더 흥미로워졌다. 2004년에는 웹 2.0이라는 용어가 등장해 사용자 생성 콘텐츠와 상호 작용적인 소셜 네트워크로의 진화를 설명했다. 유튜브, 사운드클라우드 그리고 사용자가 만든 콘텐츠로 가득찬 수백만 개의 블로그 사이트와 옐프(Yelp), 트립어드바이저(TripAdvisor)와 같은 리뷰사이트 또는 Match.com 과 인스타그램과 같은 개인과 개인간의 연결 사이트들을 생각해 보자. 그 사이트들은 사람들이 그들 삶의 모든 세부사항들을 기꺼이 업로드 할 의향이 있기 때문에 존재하는 것이다. 건강관리, 제품, 정치 그리고 인류에 대한 다른 모든 관심 주제에 관한 포럼 또한 같다. 이것 모두 다 사용자가 생성한 것이고 모두 사회적이다.

웹 사이트는 더 이상 수익을 위한 광고판이 아니었다. 그것은 모두를 위한 상호 작용의 매개체가 되었다. 갑자기 우리는 이미 만들어진 콘텐츠를 수동적으로 소비하는 대신에 서로 이야기할 수 있게 된 것이다. 웹 2.0의 이러한 성장은 우리가 인터넷에서 시간을 보내는 방식, 우리가 이룰 수 있는 것 그리고 우리가 상호 작용하는 방식을 완전히 바꾸어 놓았다.

이러한 동향 중 일부는 보안 어플리케이션으로 유입되기 시작했다. 몇 번의 손가락의 움직임만으로 텍스트, 전자 메일 또는 소셜 미디어를 통해 보안 영상을 공유할 수 있게 되었다. 온라인 포럼에 참여하여 우리의 경험, 의견 및 모범 사례들을 공유하고 제품, 기업 및 이벤트에 대해 리뷰도 할 수 있다. 하지만 아직까지는 일상적인 보안관행에 이러한 모든 기능을 도입하지 않았다. 왜 그랬는가?

최근까지도 업계의 어플리케이션은 다른 모든 이해관계자들이 아닌 우리 생태계 내에 작은 규모인 핵심 그룹의 보안관리자들을 대상으로 하고 있다. 그들은 직원, 세입자, 손님, 방문객, 계약자, 고객, 거주자, 회원, 관리인 및 보안 경계를 통과하는 사람들에 대한 수십 가지 분류를 의도치 않게 제외시켰다. 다른 말로 하면 우리 기술 대부분은 우리가 보호하는 사람들을 포함하지 않았고 그들에게 파트너십을 요청하지도 않았다. 하지만 우리가 해야 할 일은 그들이 어플리케이션을 설치하도록 하는 것이다. 일단 그렇게 되면 상업용 보안 어플리케이션은 웹2.0을 만들었던 것 같이 상호 작용 혁명의 혜택을 받을 것이다. 이미 수십가지의 다른 제품들과 개념들에서 이 용어가 수용되었기 때문에 나는 그 사용을 주저하지만, 우리는 그것을 Security2.0으로 생각할 수도 있다.

대신, “양방향 보안(Interactive Security)”이라고 부르자.

■ 상용화 테스트

양방향 보안은 모바일 어플리케이션을 중심으로 이루어진다. 사용자가 제작한 콘텐츠의 증가로 인해 모바일 어플리케이션은 우리가 소비한 시간의 상당 부분을 차지했다. 그렇기 때문에 데스크탑이 아닌 모바일에서 양방향 보안이 등장하게 될 것이다. 양방향 보안은 보안을 나머지 다른 어플리케이션들처럼 역동적이고 상호 작용적으로 만들 것이다. 이를 확인하려면 지난 5년간 주거보안 및 자동화 분야에 종사해 온 많은 스타트업 중 하나만 살펴보면 된다. 그들의 광고는 항상 모바일 어플리케이션을 보여 준다. 만약 전달 매체가 메시지라면 모바일은 메신저다.

그러나 예상한대로 상업용 보안 제품은 아직도 주거용에 비해 낙후되어 있다. 지금까지 이러한 일을 가능하게 해 줄 매개체는 즉 사람들이 보안 어플리케이션을 매일 사용하도록 원하게 하는 것이다.

모바일 출입인증에 대해 시작해보자

사람들은 모바일 출입인증을 좋아했고, 래리 페이지가 “상업화 테스트”라고 부르는 것을 통과했다. 사람들은 적어도 하루에 두 번은 어플리케이션을 사용해야 한다. 그렇지 않으면 그것은 습관이 될 만큼 익숙해지지 않을 것이다. 상업화 테스트에 실패한 사람들은 몇 번 사용한 후에 버려진 다운로드 된 84%의 어플리케이션에 합류한다. 반복적인 수익 기업에게 그것은 감소를 의미한다. 고객에게 더 이상의 개발 자금을 받지 못하고 더 나아 지지 못하는 어플리케이션의 미래가 예측된다.

모바일 출입인증 어플리케이션은 사람들이 자주 방문하는 건물에 들어가기 위한 필수적인 요소로 상업화 테스트를 통과한다. 그 밖에 모바일 인증은 출입카드와 전자열쇠보다 분실위험이 적은 모바일 출입인증을 더 좋아하기 때문에 성공할 수 있다. 모바일 출입인증은 선의의 트로이목마라고 할 수 있다. 일단 사람들이 모바일 인증을 사용하다 보면, 그들은 절대로 모바일 인증을 삭제하지 않는다. 나중에서야 그들이 어플리케이션에서 더 많은 것을 할 수 있다는 것을 알게 된다.

■ 유지의 문제

데스크탑과 모바일 어플리케이션의 사용자 비율에 대해 활발한 논쟁이 벌어지고 있다. 이미 언급했듯이 데스크탑은 매년 두 자릿수로 감소하고 있다. 모든 모바일 어플리케이션에 대한 설문 조사에 따르면 다운로드 후 첫 주 내에 모바일 어플리케이션의 일일 평균 사용자(DAU)가 80%이상 줄어드는 것으로 나타났다. 이 수치에는 모바일 환경을 방해하고 혼란을 주는 많은 수의 무료제공 어플리케이션과 별 기능 없는 어플리케이션이 포함되어 있다. 그럼에도 불구하고, 동일한 점유율을 유지하는데 90일이 걸리는 모바일 비즈니스 어플리케이션의 유지율은 거의 비슷하다. 만약 우리 기업들 중 어떤 기업이라도 이와 같은 유지율에 의존한다면, 우리 모두는 무료 급식소에서 줄을 서게 될 것이다.

그러나 잘 설계된 모바일 어플리케이션은 데스크탑 어플리케이션이 할 수 없는 방식으로 우리의 삶에 정착한다. 하루에 2,617번 데스크탑을 확인할 수는 없다. 스마트폰은 현대 생활의 그 어떠한 물건보다 우리의 정체성에 더 많은 영향을 미치는 동반자이고 또 다른 두뇌이며 디지털 저장장치이다. 보안은 부분적으로는 생활방식의 문제이기 때문에 스마트폰은 우리 생활방식의 일부가 되었다.

편리함과 예방책 사이의 끊임없는 줄다리기에서 바람직한 보안 대책을 강화할 수 있는 것은 사람들이 평소와 다르게 행동하는 패턴을 관리한다면 가장 효과적이다. 사람들이 항상 신분증을 소지하길 원하는가? 그렇다면 그것을 스마트폰에 넣어라. 사람들이 무언가를 보면서 뭔가 말하기를 원하는가? 그렇다면 그것을 스마트폰에 넣어라. 사람들이 보안 프로그램에 참여하길 원하는가? 그렇다면 그것 또한 스마트폰에 넣어라.

이러한 맥락으로 볼 때, 상업화 테스트를 통과하는 보안 어플리케이션을 만드는 것은 단순히 채택 · 미채택의 난관을 해결하는 것보다 훨씬 더 중요하다. 또한 그 숫자는 고객이탈 또는 그 반대로, 고객 유지 등 업계 내 모든 구독 서비스 중 하나의 비즈니스 지표 역할을 한다. 이런 상황에서 구매를 하는 사람들은 이러한 지표가 공급 업체에게만 중요하다는 생각을 피해야한다. 대신 유지율 통계를 제품이 사용자의 요구를 얼마나 잘 충족하는지를 나타내는 척도로 보아라. 그것은 고객의 만족도를 대신하는 것이다. 공급 업체의 유지율이 높다는 것은 공급 업체가 합리적인 가격에 고객에게 서비스를 잘 제공하고 있다는 뜻이다.

유지는 우리의 주요 테마 중 하나인 상업적 보안의 소비자화와 보안 투자를 위한 선택에 대한 역할이라는 주요 주제 중 하나에 속한다. 현재 80%이상의 기업이 직원을 위해 모바일 기술에 투자했다. 고객 만족도 및 유지율을 높이기 위한 방법으로 모바일에 대한 투자가 거의 절반을 차지한다. 이것은 우리에게 무엇을 말해 주는가? 모바일에 대한 선호가 비록 주거 공간의 이점에 힘입은 것이지만, 소비된 제품에 대한 상업적 보안을 촉진할 것이다. 이 책에서 우리가 조사한 다른 어떤 기술들보다도 모바일은 보안 조직의 대표가 될 것이다.

또한 어플리케이션 라이선스도 모바일 플랫폼에서 무료로 제공되는 방향으로 기울고 있다. 버전 업데이트 주기는 연간에서 분기별, 월별 및 주간별로 점차 줄어들었다. 여러 운영 체제에서 플랫폼간 호환성에 있어 PC 세계를 뒤엎었다. 비용 면에서 보안 구조에 도움이 될 뿐만 아니라 보안 의제에 보다 폭넓게 참여할 수 있는 길을 모색하고 있다.

■ 채택

모바일 기술은 이 책에서 검토된 다른 어떤 5가지 기술 동향보다 보안산업의 채택 곡선을 따라 더욱 발전해 왔다. 현재 거의 모든 제조업체가 자사 제품과 호환되는 모바일 어플리케이션을 보유하고 있다. 이점은 다른 신기술, 특히 클라우드에 대해 노골적으로 반대하고 훨씬 더 늦게 기술을 채택한 점에 비추어 보았을 때 매우 중요한 사실이다. 다른 것들은 뒤로 처지는데 왜 모바일은 번영해 왔는가?

한 가지 주장은 모바일 어플리케이션을 사용할 때 항상 다른 기술이 적용되는 것은 아니라는 것이다. 예를 들어 한 설문 조사에 따르면 브라우저를 사용하여 온라인 서비스에 접근 하는 사용자 중 상당수가 클라우드 어플리케이셔 접속을 인식하지 못하는 것으로 나타났다. 페이스북 클라우드, 이베이 클라우드, 아마존 클라우드, 이것은 단지 이름만의 문제일 수도 있다. 인터넷을 사용할 때는 알지만 그 외에는 클라우드를 완전히 다른 무언가로 본다. 아마도 지극히 정상적이지만 마케팅의 관점에서는 문제가 된다. 최근까지 사람들은 인터넷 그 자체보다 클라우드라는 단어에 더 많은 두려움을 가지고 있었다.

모바일이 다른 어떤 기술보다 더 많은 가치를 제공하기 때문에 사람들이 더 많이 지불하더라도 기꺼이 그 의구심을 극복할거라고 주장할 수 있다. 우리는 이 점이 BYOD(Bring Your Own Device)운동을 발생시켰음을 알았다. 스마트폰이 처음 직장에서 사용되었을때 IT부서는 그 흐름을 저지하거나 아예 막으려고 했다. 기업의 이메일이 보호되지 않은 기기에 저장되고 바이러스가 개인 스마트폰에서 기업 네트워크로 이동하며, 민감한 데이터가 플래시 메모리로 다운로드되어 직원과 함께 외부로 나가는 것 등을 합법적으로 정당화시켰다. 결국 CIO(최고기술경영자)들은 이를 묵인하고 받아들여야 했다. 모바일은 너무 거대하기에 그 흐름을 멈출 수가 없다.

제5장
보안 생태계

생물학에서 생태계는 상호 작용하는 유기체와 환경을 포함한다. 수십 년에 걸친 TV의 자연 관련 프로그램(많은 위대한 생물학자들 또한)은 개구리, 식물 그리고 수로를 전체적으로 생각하도록 가르쳐 왔다. 기술 생태계도 이와 비슷하다. 소프트웨어가 포함된 물리적 장치의 모음, 이를 연결하는 통신 경로 그리고 지금까지는 상호 작용의 대부분을 제공하는 인간이 그렇다.

보안 어플리케이션을 위한 모바일 생태계에는 이러한 모든 요소가 포함되어 있다. 이 소우주의 물리적인 "종"에는 스마트폰, 태블릿 및 모바일 핸드셋과 상호작용할 수 있는 자율적 사물인터넷장치가 포함된다. "유기체"라는 소프트웨어는 호스트 운영체제와 그 안에 살고 있는 모든 응용프로그램이다. 처음 "신경계"는 단지 음성 채널을 통해서만 기지국과 전화 통신망에 연결되었지만 이제는 무선 데이터 채널과 인터넷 전체와의 상호 작용을 위한 와이파이, 그리고 인접 장치를 위한 블루투스를 포함하고 있다. 머지 않아 우리는 적은 전력 소비로 장거리에 걸쳐 낮은 대역 폭을 제공하는 저전력 광역 통신망(LPWAN)으로 다양성을 더할 것이다.

모바일 보안 어플리케이션에 대한 모든 논의는 이 전체 생태계에 대한 논의라 할 수 있다. 우리의 보안 어플리케이션은 스마트폰과 야생에서 사용자가 가지고 온 길들지 않은 어플리케이션을 연결시킨다. 무선 환경은 어떤 장치가 알 수 없는 다른 어떤 -혹은 한번에 수십 가지 효과로 연결될 수 있는 기회로 가득하다. 어떤 복잡한 시스템에서도 그렇듯이 확장은 끝이 없다.

더 나아가 Google Authenticator와 같은 어플리케이션은 (우리와 우리의 개발자에게) 비용없이 안전한 2단계 인증을 제공한다. 소셜 네트워킹 어플리케이션은 보안조직이 몇 년을 거쳐야만 (드물게) 사용할 수 있는 통신 및 알림 채널을 제공하며, 소규모 이해관계자 커뮤니티에서도 마찬가지이다. 또한 블루투스를 통해 물리적 보안 장치에 직접 연결할 수 있으므로 인터넷을 통한 연결로 사용할 수 없는 신속성과 복원력을 제공한다.

반면 모바일 플랫폼에 있는 많은 어플리케이션들은 보안 문제를 가지고 있다. 일부는 스마트폰 소유자와 스마트폰이 접속한 모든 것들에 대한 개인 정보를 누출하고 공개한다. 그 중 일부는 멀웨어(악성 소프트웨어)가 금융 시스템, 접근 제어 구조 또는 영상 피드에 대한 데이터에 접근 할 수 있도록 하는 보안 취약성을 가지고 있다. 예를 들어 인기가 높은 포켓몬GO 어플리케이션은 많은 기업들이 전자 메일을 보관하고 파일 저장소로 사용하고 있는 사용자의 구글 계정에 가까이 접근할 수 있다.

포켓몬이 당신의 보안에 모든 종류의 구멍을 낼 수도 있다.

■ 데스크탑의 재탄생

모바일 이전의 암흑기를 기억하는가? 주식 포트폴리오를 보고, 온라인 쇼핑을 하거나 이메일을 확인하기 위해 인터넷 익스플로어를 사용하여 풀사이즈 모니터를 보며 책상에 앉아 있어야 했다. 나는 그때로 돌아가는 것을 상상조차 할 수 없다. 그러나 보안 시스템 관리 어플리케이션의 많은 부분이 여전히 그런 식으로 작동한다. 다행히도 그들은 모바일로 이전되는 추세이다. 이러한 변화로 인해 보안조직, 비즈니스 소유자 및 시스템 통합자(보안생태계에 해당하는 모든 것들)들은 언제 어디서나 업무를 수행할 수 있는 자유를 얻을 수 있다. 그렇게 되면 우리는 데스크탑이 모바일 기기에서 재탄생하는 것을 볼 수 있을 것이다.

관리 어플리케이션은 점차 통합되고 있지만 전자 보안의 세 가지 기본 원칙인 접근 제어, 영상감시, 침입 탐지와 대부분 부합한다. 일반적으로 이러한 어플리케이션은 보안 데이터로의 창을 제공하고 보안생태계의 여러 부분을 제어하는 수단을 제공한다. 예를 들어 출입통제 어플리케이션을 사용하면 원격으로 출입도어를 열 수 있는 권한을 얻을 수 있으며, 영상감시 어플리케이션은 실시간 영상을 보여주는 것은 물론, 팬 틸트 및 줌 컨트롤을 제공하여 초점을 재조정할 수 있다.

모바일 플랫폼에서 처음으로 재창조된 기능들은 사람들이 어떤 데이터와 제어의 유형들을 가장 중요하게 여기는지에 관하여 시사하는 바가 크다. 개인적으로 나는 이것이 우리를 기초적인 보안으로 되돌아가게 해주기 때문에 신선한 전환이라고 생각한다.

사용자의 권한 내에서 발생한 모든 이벤트의 목록인 클래식 활동 로그는 많은 보안 어플리케이션에서 기준이 된다. 이것은 보안 관리 시스템에 로그인하는 모든 사람들에게 오랫동안 기준점이였으며 또한 모바일 버전에서도 마찬가지였다. 활동 로그는 원시 데이터의 처리되지 않은 덤프와 비슷하다. 데스크탑은 모든 화면을 제공함에도 불구하고 좋은 사용자 경험을 제공하지 못했다. 모바일 플랫폼에서는 작은 화면의 능력을 한계점까지 끌어낸다. 모바일 플랫폼에서는 의미 있는 활동만 찾아서 보여주는 실행 빅 데이터들이 클라우드보다 높은 수준의 요약이 필요하다.

사용자 수를 관리하는 기능, 즉 접근 권한을 부여하고 취소하는 기능은 대부분의 모바일 어플리케이션의 핵심 기능이다. 우리 기업이 어플리케이션 성능을 개선하기 위해 수집한 데이터는 사용자 관리가 보안기술의 가장 많이 사용하는 방법 중에 하나이며 모든 로그인 세션의 40%를 차지하는 것으로 나타났다.

물론 모바일을 통해 영상감시 상황을 볼 수 있다. 시스템 내에서 발생한 알람이나 걸려온 전화 등 모든 이벤트의 심각성을 영상을 통해 실제로 무슨 일이 일어났는지 조사할 수 있다. 정말 누군가가 침입한 것인지? 아니면 누군가가 늦게 퇴근을 하면서 떠나기 전에 시스템 알람 작동을 정지하는 것을 잊은 것은 아닌지? 셀룰러 네트워크가 더 많은 대역폭을 추가하고 영상 압축 표준이 모바일 플랫폼 전반에 걸쳐 광범위하게 구현됨에 따라 원격 영상 사용은 지난 5년 동안 극적으로 향상되었다.

알림 설정, 일정 설정 및 휴일 관리와 같은 사소한 관리작업, 영상 저장 기간, 이벤트 보존 정책 및 드물게 일어나는 수백가지의 작업이 아직 데스크탑에서 스마트폰으로 옮겨가지 못했다.

하지만 곧 가능하게 될 것이다.

■ 어플리케이션의 시대

물리적 보안은 숙련된 현장 기술자 없이는 작동하지 않는다. 이들은 장비를 이용해 카메라, 도어 컨트롤러, 스위치, 잠금장치, 센서, 배선 및 기타 수많은 구성 요소를 설치한다. 그들의 설치 절차는 일상적으로 사용하지 않는 방식으로 시스템의 유용성과 효율성을 테스트한다. DIY 보안 시스템의 느린 수용이 입증되었듯이, 그것은 어려운 일이다.

설치 비즈니스의 경제성은 작업당 필요한 노동력을 최소화하는데 크게 좌우한다. 장비를 설치하고 작동시키는데 노동의 상당 부분을 차지한다. 이 사실만으로도 자신이 일하는 기업과 고객 모두에게 효율성은 중요하다. 비효율성은 시스템 통합자의 낮은 이윤 마진이나 보안조직의 높은 비용문제로 나타난다 다른 방법으로는 계산을 할 수 없다.

1세대 모바일 어플리케이션은 비즈니스 프로세스 개선을 통해 이러한 경제적 문제를 해결했다.

워크플로 어플리케이션은 많은 지루한 일상 작업을 능률화하고 고객 주문 및 작업 완료에서 스케줄링, 시간 관리 및 부품 관리에 이르기까지 전체 프로세스에서 오류를 줄였다. 이러한 어플리케이션은 데이터베이스와 같은 원격 비즈니스 시스템들과 상호작용했지만 기술자가 실제로 설치 및 구성한 장비와는 상호작용 되지 않았다. 이 어플리케이션은 환영 받을 만한 비용절감을 가져왔지만 기술자의 작업량을 크게 바꾸지는 못했다. 대부분의 사내 구성 작업은 여전히 노트북 에서 수행되거나 작업 사이트의 클라이언트-서버 시스템에서 수행된다.

이것이 바로 새로운 모바일 생태계가 시작되는 이유이다. 현장 기술자를 위한 2세대 어플리케이션은 스마트폰이 동일한 IP네트워크에 연결된 보안 장비와 상호 작용하는 능력을 활용한다. 그들은 모바일 장치에서 장비를 직접 구성할 수 있으므로 사다리 위에 불안정하게 놓여 있는 노트북에서의 작업을 더 이상 하지 않아도 된다. 설치 응용 프로그램을 사용하면 기술자가 반복적인 장애로 여러 사다리를 오르내리는 수고를 방지한다.

이 어플리케이션은 보안 가치 사슬에 있는 사람들에게 경제성을 가져다준다. 통합자를 위한 더 나은 도구는 기술 지원 요청 건수가 적고, 공급 업체의 관련 비용이 적음을 의미한다. 보다 빠르고 정확하게 설치하면 통합 업체의 비용을 절감하고 고객의 비즈니스 중단을 줄일 수 있다. 또한 우려되는 콜백설치(처음부터 예방할 수 있었던 문제를 해결하기 위해 수리방문)도 줄일 수 있다. 모바일 어플리케이션은 상황을 올바른 방향으로 인도한다.

■ 모바일 출입인증

모바일 출입인증은 전자 보안이 시작된 이후 거주자, 입주자, 직원, 계약자 및 고객이 사용해 온 익숙한 출입 카드와 전자열쇠에 해당하는 것이다. 점차 헬스클럽, 공유 업무 공간, 그리고 공동 주거 지역과 같은 회원 기반 서비스에 그것이 사용되고 있다.

모바일 출입은 매우 초기의 기술이지만 모든 사용자가 이것을 좋아한다는 것은 분명하다. 판매원들이 스마트폰으로 도어를 열 수 있는 가능성을 보여주자마자 계약 체결에 대한 이야기를 한다. 통합 업체는 고객에게 새로운 것을 제공하는 것을 좋아하기 때문에 모바일 출입인증에 관심 있어 한다. 건물 관리인들은 그것을 현대적인 건물들을 위한 첨단 기술의 편의라 여긴다. 보안 조직은 카드, 전자열쇠에 비해 관리가 간소화된 점을 높이 평가한다. 사용자들은 편리함에 대해 리뷰를 작성하고 다시는 카드를 잃어버릴 걱정을 하지 않아도 된다. 모바일 출입인증은 세 가지 주요 기술 종류로 나뉘며 각각 사용자 및 관리자 측면에서의 장단점이 있다. 널리 사용되나 표준이 없는 경우 대부분 독점적인 것으로, 각 모바일 어플리케이션은 단일 공급 업체의 잠금장치, 판독기 또는 소프트웨어 시스템에서만 작동한다.

근거리 무선 통신(NFC)이 스마트폰 플랫폼에 추가되어 시장에 최초로 등장한 시기는 2010년경 이다. NFC는 스마트 카드 리더와 동일한 무선 프로토콜을 사용하기 때문에 접근 제어 어플리케이션에 적합하다. 익숙한 기술을 구현함으로서 기존 스마트 카드 지원 시스템에 추가할 수 있다. 짧은 활성화 범위(약 1인치)를 제공하는 비접촉식 스마트카드에 익숙한 사용자들에게는 동일한 방식으로 쉽게 사용할 수 있었다. 안타깝게도 애플이 아이폰의 근거리 무선 통신기능에 대한 API 접속을 아직 제공하지 않았기 때문에 이것은 안드로이드 사용자들에만 있어서 사용이 가능하다. 따라서 이 솔루션은 시장의 상당 부분, 특히 미국에서서는 잘 다루어지지 않는다.

오늘날 시장에서 두 번째로 인기를 끌고 있는 모바일 출입인증인 블루투스는 스마트폰 제조사와 스마트웨어와 같은 많은 웨어러블에 대한 보편성으로 인해 NFC를 대체하고 있다. NFC와 마찬가지로 블루투스 모바일 장치는 일반적으로 벽에 장착된 리더기에 디지털 인증 정보를 전송 하고, 뒤에서 출입제어 시스템은 도어를 통해 사용자를 들여보내는 것에 대한 인증 및 권한을 결정한다. 블루투스는 몇 인치가 아닌 수천 피트의 통신 범위를 측정한다는 점에서 다르다. 이 큰 범위는 기술이 어떻게 사용될 수 있는지에 대한 장단점을 제시하는데 장점은 범위가 넓어지면 사용자가 핸드폰을 리더기에 대지 않아도 된다는 점으로 차에 장착된 신형 키 리스 시스템처럼 그것을 주머니에 넣고 다닐 수 있다. 반면에 이 넓은 범위는 시스템이 열기 원하는 도어를 이해하기 어렵기 때문에 도어가 서로 가까이 있을 때 문제가 된다. 어느 쪽이든 블루투스는 모바일 출입인증을 크게 발전시켜 왔으며 아마도 주요 솔루션이 될 것이다.

마지막으로 API기반 모바일 출입인증 솔루션이 있다. 이 모델에서는 스마트폰이 클라우드 기반 접근 제어 시스템과 직접 통신하고 클라우드 시스템이 도어의 잠금을 해제한다. 이 방법은 클라우드 기반 시스템의 기존 기능을 활용하여 해당 시스템을 관리하는 제어판에 대한 지속적인 연결을 통해 원격으로 도어를 열 수 있으며 브라우저 기반 시스템의 경우 최소 10년 이상 기능을 수행할 수 있으며, 이제는 모바일 플랫폼에 연결된다. 이 아키텍처의 주요 이점 중 하나는 벽에 장착된 로컬 리더의 필요성을 없앤다는 것이다. 또한 새로운 하드웨어가 필요하지 않고 어플리케이션 및 출입인증을 통해 기존 사용자에게 원격으로 지원할 수 있으므로 기존 설치를 업그레이드 시키는데 적합하다.

■ 양방향 보안

양방향 보안은 상업용 건물을 사용하는 모든 사람들이 모바일 보안 어플리케이션을 사용하는 결과를 가져올 것이다. 상상하기 어렵더라도 상상해야 한다. 왜냐하면 이미 일어나고 있기 때문이다. 평범한 시민들이 우연히 목격한 범죄 동영상을 쉽게 녹화하고 그에 따라 시민들에 의한 보안 참여가 매일 이루어지고 있다. 이 현상은 공공 안전에 참여하고 기여하려는 자연스러운 의지를 보여준다. 모바일 보안 어플리케이션의 기능으로 직접 양방향 기능을 사용하여 이러한 자원 봉사 활동을 도울 수 있으며 도구들은 다 마련되어 있다.

하지만 최근까지는 거주자, 직원 및 주민이 보안 관련 어플리케이션을 스마트폰에 다운로드 할 확실한 이유가 없었다. 보안 어플리케이션의 1세대가 관리 업무를 지원했지만 건물 사용자는 배제되었다. 당시에는 보안 조직이나 건물 관리 팀 이외에 사람들에게 어플리케이션을 맡길 이유가 분명하지 않았다. 그러나 모바일 출입인증이 이러한 이유를 제공했다. 모바일 출입인증이 기존의 출입카드와 전자열쇠를 대체함에 따라 양방향 보안이 모바일 보안 환경의 중요한 부분이 될 수 있는 기회가 생겼기 때문이다.

빌딩 사용자를 위한 양방향 보안 어플리케이션은 보안 조직 간의 격차를 그들이 원하는 만큼 좁힐 수 있는 잠재력을 가지고 있다. 보안은 종종 디자인에 의해 보이지 않지만, 제기능을 하는 측면이 있다. 통상적인 상업 환경에서 보안 조직은 전체적인 보안 프로그램을 수립하고 직원 사원증을 발급하며, 출입카드 및 직원 경비실을 관리하고 방문객 관리를 감독할 수 있다. 소매업에서는 모든 유형의 손실을 우려하며 직원 절도가 목록의 상단을 차지한다. 대규모 공공장소에서는 관람객, 서성거리는 사람, 그리고 그 사이에 모든 것들이다.

건물 거주자를 위한 모바일 어플리케이션은 상업적 환경에서 보안의 "고객 경험"을 개선할 수도 있다. 예를 들어 헬스클럽과 기타 회원 기반 조직에서는 출입제어 기능을 관리 시스템에 포함시키면 별도의 두 시스템을 동기화하는데 따른 복잡성과 불편을 줄일 수 있다는 사실을 발견했다. 건물 관리 기업들은 보안 기능을 입주자 커뮤니티 어플리케이션에 포함시키면 부담이 아니라 편의성으로 전환된다는 사실을 발견했다.

경험상 이런 어플리케이션은 고객들로부터 높은 평가를 받았다. 업계 전반에 걸쳐 모바일 출입인증 및 관련 어플리케이션에 대한 관심이 높아 사람들이 이미 사용법을 알고 있는 이전 기술의 대안이 되었다. 이러한 새로운 어플리케이션은 몇 년이 아닌 몇 개월로 측정되는 ROI를 통해 저렴한 비용으로 훨씬 뛰어난 성능을 제공한다.

■ 현실세계를 위한 미들웨어

현실세계를 위한 미들웨어"라고 생각할 수 있는 클라우드 기반 보안 시스템의 새로운 역할이 있다. 일반적인 소프트웨어 용어에서 미들웨어는 함께 작동하기 위해 추가 서비스가 필요한 다른 소프트웨어 시스템 사이의 다리 역할을 하는 소프트웨어를 의미한다. 시스템을 함께 묶는데 사용되기 때문에 "소프트웨어 접착제"로도 자주 불리어 진다. 정보 시스템을 실제 세계에 연결하는데 대한 관심이 높아지면서 이러한 유형의 시스템에 대한 수요가 증가하고 있다. API기반 미들웨어가 제공한 모든 가치로 모바일은 한 단계 높은 수준으로 끌어올렸다.

앞서 논의한 바와 같이 보안 서비스용 클라우드 API의 등장으로 업계 외부의 기업 파트너와의 관련성이 높아졌다. 실제로 많은 엔터프라이즈 어플리케이션에는 가상 및 실제에 걸쳐 워크플로우가 있으며 두 워크플로우를 쉽게 연결 할 수 있는 방법이 없다. 일부 기업에서는 실제 비즈니스계층과 연결하기 위해 물리적 보안 계층이 필요하지만 자체적으로 구축할 기술이 없을 수도 있다. 그들이 부족한 것은 비트와 바이트의 순수한 디지털 세계에서부터 유리와 강철의 물리적 세계에 연결되는 것이다.

웹 API를 사용한 클라우드 기반 보안 서비스가 획기적인 솔루션임을 입증했다. 이종 시스템 간의 새로운 데이터 교환 방식은 프리 클라우드 시대에 범용 솔루션을 찾으려는 노력에 부응했다. 새로운 종류의 API, 예를 들어 출입제어 시스템과 직접 신원 정보를 교환할 수 있는 방법을 속성 관리 소프트웨어에 제공했다. 이 간단한 단일 연결을 통해 보안 온보드 프로세스를 눈에 보이지 않게 입주자 온보딩 프로세스에 통합하고 전체 중복 워크플로우 및 오류 소스를 제거할 수 있다. 이와 같은 동적 링크는 기업 HR 및 주차 예약 시스템에서 캠퍼스 기숙사, 방문객 관리, 헬스 클럽 회원권 및 공동 작업 공간에 이르기까지 다양한 시나리오에 걸쳐 프로세스를 간소화 한다.

모바일 이전의 환경에서는 통합을 통해 보안 시스템으로 전환되는 비보안 비즈니스 기능이 거의 없었다. 모바일 어플리케이션은 많은 흥미와 노동력 절감 및 전에는 전혀 관련이 없었던 시스템간의 연결을 통해 부가가치를 제공한다.

예를 들어 임대 건물에서 입주자가 감소한 경우를 가정해 보자. 사람들이 같은 땅에 사는 다른 사람들과 사회적으로 강한 유대감이 조금이라도 있다면 아파트 단지 밖으로 나갈 가능성이 훨씬 적다는 것이 밝혀졌다. 이 사실로 임대료 지불 인프라, 건물단지에 대한 뉴스 그리고 문화, 공연과 같은 다가오는 새로운 소식을 제공하는 입주자 커뮤니티 어플리케이션이 생겨났다. 이러한 어플리케이션은 모두 물리적 인프라에 연결하지 않고도 작동할 수 있지만, 일단 건물 관리자가 입주자를 위해 이러한 어플리케이션을 배포하면 사용률과 편의성을 높일 수 있다. (칫솔 테스트를 기억하는가?) 이러한 커뮤니티 어플리케이션에 API기반 모바일 출입인증을 추가하면 사용률을 높일 뿐만 아니라 출입카드 배포 문제를 한 번에 해결할 수 있다.

■ 하나의 열쇠로 모든 것을 제어하다

지난 5년간 주거용 및 상업용 사용자 모두가 스마트폰으로 도어를 열거나 스마트 잠금장치를 정확하게 열 수 있는 수많은 모바일 어플리케이션이 성공했다. 소비자 환경에서는 스마트폰 어플리케이션이 추가 비용과 학습 곡선을 능가할 정도로 편리해지기 전까지 스마트 잠금장치는 전혀 자리를 잡지 못했다. 우리는 스마트폰 이전 전자 잠금장치를 사용한다면 VCR 시대의 무서운 프로그램 사기를 되살려 낼 수 있다. 사용자가 오직 RainMan만이 좋아할 수 있는 손가락타법으로 해독불가능한 키패드를 마스트 한다면 말이다.

스마트폰은 모든 것을 바꾸어 놓았다. 집안에 처음으로 스마트 잠금 장치를 조심스럽게 설치했을 때, 불길해 보이는 유리로 만들어진 외관과 기계음이 가득 차 있었기 때문에 아내가 원하지 않는다고 말할까봐 걱정했다. 놀랍게도 그녀는 빠르게 그것의 기능을 인정했고 집 주인들, 개를 대신 산책해주는 사람, 숙박객, 그리고 길에서 나가는 아이들과 키를 나누는 것과 같은 어려움에 직면한 사람들에게 스마트 잠금 장치를 전도하게 되었다.

이 잠금 장치의 어플리케이션은 전파를 통해 보이지 않게 이동하고 대개 소유자에게 중요하지 않은 일부 알 수 없는 통신 프로토콜 세트를 통해 통신한다. 적어도 두 번째 스마트 잠금장치를 그녀가 알기 전까지는 말이다. 그녀의 새로운 자물쇠가 동일한 제조업체에서 제공하고 동일한 백엔드 클라우드 관리 시스템에 연결되지 않는다면 그녀의 현재 모바일 어플리케이션은 작동하지 않는다. 그래서 그녀는 그 새로운 자물쇠를 위해 두 번째 잠금해

제 응용 어플리케이션을 다운로드 받는다. 그리고 그녀가 일하는 사무실에도 이 기술적 놀라움을 적용하면, 그녀는 세 번째 어플리케이션을 추가할 것이고 그녀의 전화기에서 어플리케이션이 폭발을 일으키기 전까지 그녀를 인식하고 그녀를 위해 도어를 열어주는 똑 같은 일을 하는 수십 개의 유사하지 않은 어플리케이션이 추가된다.

아무도 자신의 전화기에 수십 개의 어플리케이션이나 "열쇠"가 있는 것을 원하지 않는다. 그것은 거대한 열쇠 체인의 문제를 디지털 형태로 반복하는 것이다. 곧 어떤 어플리케이션이 어떤 기능과 함께 작동되는지 잊어버리고, 귀찮음을 느끼게 될 것이다.

이것이 우리 기업이 전자 열쇠를 이전에 상상했던 것보다 더 큰 규모로 도입할 수 있는 방법에 대해 생각하기 시작하면서 직면했던 문제이다. SIA 표준 위원회의 의장으로서, 나는 또한 이러한 새로운 출입인증을 업계 전반에 걸쳐 보다 효율적으로 만들기 위해 고려해야 할 또 다른 이유가 있었다. 나는 수백만 명 혹은 심지어 수십억 명의 사람들이 사용할 수 있는 것을 원했다. 그들 각자가 어떤 어플리케이션을 사용해야 하는지 생각해 볼 필요가 없었다. 나는 우리가 매일 사용하는 신용카드와 ATM카드 뒤에 있는 결제 시스템처럼 명확하게 작동하는 글로벌 시스템을 상상해 보았다. 우리는 어떤 카드가 어느 가게에서 사용되는지, 우리의 카드가 특정 은행에서 온 것인지 생각할 필요가 없다. 그것은 어디에서나 작동한다. 고민할 필요가 없다.

그러나 신용카드의 업무와 전자적 접속의 세계 사이에는 몇 가지 중요한 차이점이 있었다. 첫째, 신용카드 업계는 신용카드 판독기가 모든 신용카드와 함께 작동하도록 오래 전에 기술 표준에 동의했다. 이 상호 운용성은 은행, 가맹점, 제조업체 및 지불 프로세서 간의 많은 계약을 의미한다. 예를 들자면 물리적으로 동일한 카드, 표준화 된 데이터 인코딩, 상호 연결된 네트워크, 그리고 아마 가장 중요한 것은 당신이 누구인지에 대한 것일 것이다.

주거용과 상업용 모두 전자 접근 제어의 세계에서 이러한 수준의 표준화가 부족하다. 사용자는 다양한 어플리케이션이 필요하고 사용자 경험이 서로 다르며 만나는 모든 장비 브랜드에 대해 서로 다른 프로그래밍 절차를 익힐 필요가 있었다. 포드가 쉐보레와 다른 주유소에 가야 한다고 상상해보라(테슬라에 대해선 언급하지 말자). 어떤 차가 어느 정거장에서 연료를 공급받아야 하는지 모두 기억해야 한다. 미칠 노릇이다. 사실 우리는 전기 자동차와 마찰을 겪고 있다. 제조업체, 소비자, 인프라 제공 업체간에 서로 닭이 먼저인지, 달걀이 먼저인지를 두고 격렬하게 춤추고 있는 것이다. 스마트 락에 대한 기술도 닭이나 달걀이 거의 보이지 않는다는 점을 제외하면 같은 입장이다.

경쟁 기업들 사이에서 기술적인 기준을 수립하는 것은 진흙탕 속에서의 레슬링 대회 같다. 모든 사람들이 자신의 기술이 승리하기를 바라며 링에 들어가고, 그들은 모두 더러워지고 불만을 갖는다. 그러나 기술 표준은 사실이 문제의 쉬운 부분이다. 더 큰 문제는 신원 확인이다.

산업 분석가들이 "새로운 경계" 라고 부르는 것과 같은 신원 확인이 나타났다. 당신의 신원이 이제 당신의 자산 (물리적 및 디지털) 둘레에 경계를 형성하기 때문에 은유가 적절하다. 예를들어 누군가가 당신의 신분을 도용하지 않는 한 신원 확인을 통해 당신은 은행 계좌에 접근이 가능하다. 만약 다른 사람이 접근이 가능하다면, 그들은 당신의 개인적인 경계를 벗어나 당신의 세계에 접근할 수 있다.

출입통제 또는 스마트 잠금 장치가 있는 건물의 경우 ID를 통해 건물 소유주에게 당신이 그곳에 있었다고 말할 수 있다. 그들이 당신의 전자 신분증을 훔쳐서 그들이 원하는 대로 당신 아파트에 드나들 수 있다면, 발생할 수 있는 피해와 혼란을 상상해보라. 그렇기 때문에 각 기관은 시설을 사용하는 사람들에게 토큰을 발행하고, 열쇠 체인을 장식품과 함께 무겁게 만들며 지갑을 플라스틱으로 두껍게 만든다. 곧 스마트폰 어플리케이션도 복잡해질 것이다.

■ 자유를 위한 Apple Pay

자유를 위한 Apple Pay와 같은 기능이 있다면 어떨까? Apple Pay 또는 Android Pay가 모든 신용카드 단말기에서 사용되는 것과 동일한 방식으로 어디에서나 접근 제어 시스템에 출입인증을 제시할 수 있는 단일 프로그램일 것이다.

그러한 어플리케이션이 있다면 사용자 경험은 어디를 가든 거의 동일할 수 있다. 오늘날 모든 모바일 어플리케이션은 특정 도어나 시설에서 작동하도록 제스처 집합이 다르기 때문에 큰 문제가 된다. 어떤 이들에게는 카드리더에서의 의미이고, 다른 이들에게는 스마트폰을 비틀고 돌려보는 것이고, 또 다른 이들에게는 마치 스타트랙에서 나왔던 것과 같이 마법처럼 도어가 열리는 것과 같은 마찰 없는 경험이다. 다양한 제스처 속에서의 목표는 당신의 디지털 지갑에 신용카드를 넣는 것처럼 확인된 하나(또는 최소한)의 ID를 사용하는 것이다. 사용자는 모든 접합 지점에 자신을 나타내고 자신의 존재와 함께 제공되는 고유한 권한을 갖게 된다.

이러한 비전의 가장 큰 장애가 되는 것은 우선 신용카드 전체가 제대로 작동하기 위해 신용 카드와 결제 업계가 채택해야 했던 기술 표준이 물리적 보안 업계에 없다는 것이다. Apple Pay와 Android Pay는 기존 신용 카드 업계의 인프라 전체를 활용하는 사치를 누릴 수 있다. 가장 분명한 것은 그들은 전 세계 소매점에 설치된 모든 신용카드 단말기에 접근할 수 있다는 것이다. 하지만 그것은 거기서 끝나지 않는다. 아마도 물리적 단말기 그 자체보다 훨씬 더 중요한 것은 비자나 마스터카드 같은 거대한 금융 결제 네트워크의 백엔드 프로세싱(관리용)도 활용 가능하다는 점이다.

내 경험상, 걸림돌은 물리적 보안은 사치를 즐기지 않는다는 것이다.

■ 이 상황에서 어떤 표준도 만들 수 없나?

보안 제조업체와 시스템 통합 업체의 협동조합인 보안산업 협회의 표준위원장으로서, 나의 동료들과 나는 이 열차가 완전히 떠나기 전에 필사적으로 이 열차를 잡으려고 노력하고 있다. SIA표준 위원회의 클라우드, 모바일 및 사물인터넷 소위원회는 물리적 접근 제어를 위해 블루투스 및 기타 모바일 출입인증 교환을 표준화하는 프로젝트를 진행 중이다. 이 단체는 많은 개별 회원사들이 이미 모바일 기기와 고정된 카드리더 간의 출입인증 교환을 위한 특별 표준을 개발한 후에 결성되었다. 안타깝게도 일단 민간 기업들이 자신들의 독점 솔루션에 투자하게 되면, 그들은 표준을 준수하기 위해 더 많은 투자를 하고 싶어 하지 않는다.

표준은 항상 "구축하면 실현될" 문제였다. 표준은 모든 사람이 산업, 고객 및 전 세계를 위해 올바른 일을 하고 이익을 볼 것이라는 믿음을 요구한다. 오늘날 모바일 출입인증은 여전히 제 할 일을 하고 있다. 그러나 나는 상황이 완전히 통제 불능 상태가 되기 전에 표준을 만드는 것에 대해 공급자들이 관심을 가지고 있다는 초기 징후를 보고 있다. 바라건대 이런 맥락에서 그들은 같은 일을 하는 수십 개의 어플리케이션의 필요성을 줄이고, 그것들 모두를 지배하기 위한 하나의 열쇠로 우리를 안내해 줄 것이다.

제6장

변화된 위치정보

1979년 저지 코신키의 동명 소설을 각색한 영화 'Being There'에서 집 밖을 나와 본적이 없어 세상 물정을 전혀 모르는 아둔한 정원사 초운시 가디너가 국제 금융 및 세계 정치와 같은 복잡한 주제에 대한 통찰력을 갖춘 명인으로 오인 받는다. 그를 둘러싼 부유한 궤변가들은 그의 모든 말에 매달렸고, 역설적이게도 그의 어눌한 말에서 의도치 않은 큰 가치를 이끌어냈다. 초운시 가디너가 주변 사람들을 계몽하기 위해 해야 할 일은 그저 거기 있는 것이었다.

스마트폰은 휴대하는 모든 사람들에게 빌딩, 공공장소 또는 개방된 도로를 배회하는 것만으로도 소중한 보안 데이터와 서비스를 충분히 제공할 수 있다. 이는 또한 사생활 보호, 부속적인 감시 및 전 세계의 디지털 상호작용에 대한 대대적인 수익화에 광범위한 우려의 기초가 되기도 한다. 우리가 모바일 기기를 휴대하는 동안 모바일 기기는 보안 기술에서부터 파생된 정보를 수집하고 생성한다. 초운시 가디너가 말했듯, "이것은 마치 텔레비전과 같다. 오직 당신만이 더 멀리 볼 수 있다."

그러나 전적으로 절망적인 것은 아니다.

■ 위치정보

우리 생태계의 첫 번째 요소 중 하나는 내가 "위치정보(presence)"라고 부르는 것이다. 이것은 우리가 단순히 스마트폰이나 웨어러블 기기를 가지고 있는 덕분에 발생하는 모든 상호작용의 총합이다. 오늘날 사람들이 사용하는 모바일 기기의 수가 지구상의 인간의 수를 능가하고 있다. 물론, 일부는 하나 이상의 기기(스마트폰, 스마트워치)를 사용하기 때문에 평균이 높여졌을 수도 있으나, 그 수는 계속해서 증가한다.

허버트 후버가 오늘날 살아있다면, 그는 잘 먹고 잘 사는 풍요나 경제 번영에 대해 이야기하지 않았을 것이다. 그는 주머니에 넣는 스마트폰에 대한 아이디어를 판매했을 것이다. 하지만 이제 그럴 필요가 없다. 왜냐하면 우리는 그 수준에 거의 도달했기 때문이다. 2017년 현재 휴대전화 가입자는 전 세계 인구인 70억 명에 육박했고, 그 중 절반이 스마트폰 이다. 만약 스마트폰이 없어진다고 생각한다면, 다시 생각해보라. 미래 학자들은 스마트폰이 인간과 통합될 것이라고 소름끼치는 예측을 한다.

위치정보의 개념은 보안 생태계에 우리가 어디에 있고, 어떤 보안 서비스가 적합한지 감지하는 것부터 시작된다. 이것은 단순히 몰래 감시하는 것만의 문제가 아니다. 예를 들어 입구에 접근하면 에코시스템이 자동으로 건물의 도어를 열거나 간단하게 우리의 존재를 알릴 수 있다. 위치정보 서비스는 우리가 엘리베이터 로비에 있을 때도 계속되며, 지능형 디스패치 알고리즘이 우리가 자주 이용하는 층으로 이동하도록 이미 프로그램된 엘리베이터를 자동으로 호출한다. 우리가 사무실에 들어갈 때 위치정보는 또 한번 감지하고 동료의 편의를 위해(스티브는 아직 여기에 있는가?) 안전을 위해(가스가 누출되고 있음, 모두 건물 밖으로 대피했는가?) 탑승 알고리즘을 위해(어떤 엘리베이터가 어떤 유동인구 처리하는가?) 우리를 "IN"으로 표시한다.

위치정보 어플리케이션은 자동으로 제공되거나 우리가 가진 상호작용 환경에 맞게 제공한다. 사용자는 어플리케이션을 다운로드하고 할당된 ID로 등록하며 해당 서비스에 따라 하나 이상의 인증을 해야 한다. 접근 시스템을 예로 들면 위치정보는 아마 도어나 엘리베이터, 그리고 당신의 다른 생활환경에 대한 서비스 포인트를 활성화시키고 잠금을 해제하는 의미를 가질 것이다. 위치정보에 대한 서비스는 사용자가 명확한 조치를 취하지 않아도 됨으로써 다른 보안 및 모바일 인증 어플리케이션과 대조된다. 항상 스마트폰의 백그라운드에서 실행되며 언제나 활성화 되어있다. 가장 중요한 것은 당신의 신원이 모든 상황에 등록되었기 때문에 당신의 움직임과 상호 작용은 이 환경 내에서 당신의 존재에 대한 식별 가능한 개별 이력을 생성한다.

위치정보는 단지 거기에 있는 것의 문제이다. 우리는 단순히 존재하는 것만으로도 가치를 창출하고 상호작용을 한다.

■ 수동형 감시체계

위치정보의 이면은 수동적인 감시로 종종 우리의 전화기가 이동성 무선 비콘과 함께 제공되는 모든 긍정적인 서비스들을 에빌 트윈(사용자도 모르게 개인적인 정보를 수집하기 위해 합법으로 가장한 무선접근 노드)으로 인식한다. 공용 공간을 이용하는 모든 사람들에게 편리함을 제공하는 무선 센서 네트워크 또한 우리가 그곳에서 하는 모든 일을 추적할 수 있다. 현실에서는 온라인같이 사용자의 경험의 대가로 서비스가 이루어진다. 웹 서핑을 하는 동안 콘텐츠가 적절하기를 원하는가? 브라우저에 추적 쿠키를 설치하라. 개인적으로 당신에게 반응하는 물리적 에코시스템을 원하는가? 당신이 누구인지 알려 주는 모바일 식별자를 설치하라. 누가 건물 안에 있고 어디에 있는지 알고 싶은가? 그들에게 매혹적인 어플리케이션의 혜택을 알려라. 우리는 모두 대가를 지불해야 한다.

이름에서 알 수 있듯이 수동적인 감시는 사용자의 지식이나 참여가 필요 없다. 어플리케이션 다운로드나 사용자 등록 또한 필요하지 않다. 대신 우리가 일상적인 일을 하는 동안 스마트폰의 디지털 활동 정보를 수집함으로써 작동된다. 웹 서핑, 전자메일 읽기 또는 블루투스를 단순히 켜놓는 것과 같은 일상적인 작업은 와이파이 출입 포인트, 블루투스 수신기 및 유사한 수신 장치, 수집할 수 있는 모든 전파 시그니쳐 무선 신호를 전송하며 대부분의 물리적인 공간에 분별력 있게 설치할 수 있다. 이러한 기술을 통해 보안 조직은 스마트폰 사용자가 어디에 있는지, 얼마나 오래 있었는지, 그리고 이전에 그 곳에 있었는지 여부를 보다 명확하게 파악할 수 있다. 사용자 동의가 필요한 기존의 어플리케이션과 달리 수동형 감시 시스템은 그렇지 않다.

피실험자와 보안 기관 모두에게 이익이 되도록 설계된 수동형 감시는 (아마 덜 불길하면서 더 정확한 용어는 "수동 감지" 일 것이다) 억지력, 법의학 및 실시간 정보로 우리를 안전하게 만들며 관찰자와의 상호 이익을 제공한다. 대부분의 수동형 전자 감시는 익명의 데이터 수집이 포함되었지만, 유비쿼터스 및 퍼베이시브 컴퓨팅으로 인해 방정식이 바뀌고 있다. 이러한 용어를 들어본 적이 없다면, 이 용어는 컴퓨팅 어느 기기나 어떤 형태, 어떤 장소에서도 일어날 수 있다라고 이해하면 된다.

당신의 커피메이커나 자동차, 칫솔 속의 스카이넷과 같은 것이다.

퍼베이시브 컴퓨팅은 카메라 및 관련된 보안 시스템에서 우수한 분석 능력을 제공하기 전에 타임스탬프 외에 식별 가능한 메타 데이터가 거의 없는 영상감시 캡쳐 이미지를 제공했다. 다른 것을 파악하기 위해서는 육안으로 확인해야 했다. 얼굴과 다른 세부 정보가 테이프에 표시될 수 있지만, 엄청난 시간과 노동력으로 공들여 확인할 수 있었다. 2005년 런던 지하철 폭탄 테러범들의 정체를 밝히거나 2013년 보스턴 마라톤 폭파범의 신원 확인을 위해 분석가들은 프레임 별로 그 장면을 검토해야 했다. 만약 공격 몇 분 후 경찰이 모든 위험물의 목록을 가지고 있고, 즉시 용의자들의 명단을 가지고 있었다고 생각해보라. 하지만 그 당시 보스턴 폭탄 테러범 2명의 신원을 확인하는데 3일이 걸렸고, 이틀간의 집중 수색 끝에 결국 총격전이 벌어졌다. 수동적인 감시는 그 모든 것을 완화하거나 방지했을 것이다.

■ 알려진 것을 앎, 모르는 것이 있음을 앎, 모르는 것이 있는 것조차 모름

도널드 럼즈펠드 미국 국방 장관이 말했듯 우리는 알려진 것들을 알아 왔고, 모르는 것들이 존재함도 알아 왔으며, 모르는 것이 존재한다는 것조차 모르기도 했다. 이 같은 카테고리는 모바일 기술이 수동형 감시를 제공할 수 있는 다양한 지식의 수준과 쉽게 맞아 떨어진다.

알려진 사실을 아는 것은 자발적이거나 의무적으로 모바일 에코시스템에 자신을 식별하는 보안 또는 ID 어플리케이션을 접속하는 협력 주체들이 무선 감시에 가장 쉽게 달성할 수 있는 방법이다. 그들은 감시와 가까우며 그들이 프로그램의 일부이기 때문에 가장 다양한 데이터를 제공한다. 각각의 어플리케이션을 사용하는 건물, 컴퓨터, 네트워크 또는 다른 기업 자산에 접근하는 직원, 입주민, 계약자 및 방문자와 같은 그룹을 생각해보라. 그들이 우리의 ID 어플리케이션으로 물리적 공간을 이동한다면, 우리는 이름으로 그 ID를 추적할 수 있다. 그들이 도어, 엘리베이터 및 회의실을 여는데 사용하는 어플리케이션과 동일한 어플리케이션에서도 비콘 ID 신호를 연결한다. 와이파이 또는 블루투스 접근 포인트와 같은 주변 센서가 신호를 수신하고 공중의 ID 태그를 캡쳐 하여 중앙 데이터베이스로 보고한다. 이것들이 우리가 알려진 사실을 아는 것이다.

모른다는 사실을 알고 있는 것은 길 아래 새로운 이웃들과 같다. 우리는 그들을 보고, 들을 수 있지만 아직 그들의 이름은 모른다. 그들에게 우리의 ID 어플리케이션 사용을 권장할 수 없는 이유를 설명할 수 있다. 쇼핑객, 스포츠 경기장 및 영화관에 줄을 서 있거나 피자 한 조각을 기다리는 사람을 생각해보라. 그들은 직원이나 입주민 같은 “억압된” 사람들이 아니다.

그들은 우리의 물리적 공간을 익명으로 돌아다닌다. 우리는 그들의 스마트폰을 감지할 수 있지만, 그 신원은 모바일 에코시스템에서 확인되지 않는다. 그러나 비교적 자료 제한이 있는 시나리오에서 조차 그들의 모바일은 정기적인 무선 시그니쳐를 전송하지만 이름으로가 아닌 모바일 플랫폼 ID로 구별할 수 있다. ID 링크가 없어도 이 신호는 비상 상황 또는 일상적인 건물 사용 패턴을 이해하기 위해 사용할 수 있는 중요한 보안 및 이용 정보를 제공한다. 종종 이 신호는 사람들이 모이는 곳, 복도와 내부를 통과하는 흐름, 하루 중 가장 붐비는 입구를 보여주는 히트맵으로 처리된다.

모르고 있다는 사실조차 모르는 것은 감시 세계의 암흑물질과 같다. 여러 측면의 보이지 않는 곳에서, 우리는 그들이 에코시스템의 나머지 부분에 미치는 영향을 통해 그것들이 존재하는 것을 알고 있다. 우리가 모르는 것들은 다양한 이유로 암흑이 될 수 있다. 모바일 기기가 전혀 없는 독특한 사람이 그 중 하나일 수 있다. 매우 희귀한 현상이지만 가능성이 없는 것은 아니다. 또는 스마트폰에서 와이파이나 블루투스를 비활성화하거나 비행기 모드로 전환했을 수 있다. 보통 이런 사람은 거의 없지만, 해킹과 도청에 대한 이야기는 일부 사람들을 신원 도용에 대한 두려움으로 그들을 스텔스 모드(아니면 그보다 더한 상태)로 들어가도록 만들었다.

모르고 있다는 사실조차 모르는 것을 제외하고, 위치정보의 수동적인 수집은 모든 그룹에 문제 해결의 실마리를 던져주었다. 우리는 여전히 영상 이미지, 얼굴 인식, 목격자, 그리고 노하우에 의지할 필요가 있다. 하지만 블루투스와 와이파이로 수집할 수 있는 물리적 보안 시스템의 데이터는 수년간 IT 전문가들이 즐겨 사용해 온 분석 방식에 한 발 더 다가서게 한다. 분석 결과를 어깨 너머로 확인해 본 적이 있다면 큰 발전이라는 것을 알게 될 것이다.

■ ANTHROMETRICS : 웹 메트릭스 IRL

그리스어 anthropos("man" 또는 "mankind")와 라틴어 metricus("measure")에서 파생된 단어인 Anthropometrics은 특정한 맥락에서 큰 인간 집단의 행동을 측정하는 과학으로서, 문자그대로 "인체측정학"이라고 한다.

인체 측정학은 현대 사회 구조의 일부가 되었다. 닐슨 등급, 포커스 그룹, 설문 조사, 광고 추적 및 국내 총생산 측정을 통해 소비자 경제를 주도한다. 여론 조사, 의견 조사, 정치적 기여 및 투표 자체를 통해 현대 민주주의를 이해하는 중심에 있다. 또한 일일 방문자 수와 클릭 수 및 웹 페이지 방문 시간으로 온라인 행동의 세부 사항에 대한 상세한 분석을 통해 인터넷 경제의 토대가 된다.

웹 분석은 물리적 보안 도메인에서 유용한 통찰력을 제공하는 적응형 모델을 제공한다. 이러한 유형의 분석 접근 방식은 보안 데이터를 전사적으로 사용할 수 있는 운영 데이터로 전환할 수 있다. 예를 들어 방문객의 트래픽 패턴은 건물 서비스 및 에너지 소비와 직접적인 관련이 있다. 소매 업체는 구매자 행동을 알 수 있는 충분한 데이터를 얻을 수 있으며, 보안은 분석을 통해 필터링되고 강화된 수동 감시 데이터를 통해 가치를 제공할 수 있다.

웹 트래픽 분석과 물리적 사이트 분석간의 유사점은 주목할만하다. 트래픽 통계에서 특별한 방문자, 첫 방문자, 반복적인 방문자는 온라인 분석의 모든 핵심 요소로 가상 환경에서 물리적 환경에 이르기까지 모두 일치한다. 위치정보 데이터는 이 매핑을 가능하게 한다. 특별한 방문객의 수는 우리가 계획해야 할 사람들의 수와 같은 많은 것들을 말해준다. 이는 보안 조직에 유용한 정보이며, 많은 사람들은 종종 더 큰 리스크를 나타내기 때문이다. 새로운 패턴을 더 빨리 파악하기 위해서는 리소스를 재할당하거나, 직원을 재배치하거나, 관리부서에 통보하여 응답할 시간을 확보하는 것이다. 시간의 흐름에 따라 트래픽 분석은 주기적 또는 계절별 패턴을 인식하고 예측할 수 있는 기회를 제공한다. 이러한 패턴을 파악하는 것은 보안 조직에서 향후에 일어날 패턴을 다르게 처리할 계획을 세울 수 있음을 의미한다. 최소 이러한 트래픽 패턴에 대한 지식은 비즈니스의 다른 모든 부분에 대해 운영의 가치를 갖는다.

물리적 환경에 적용할 수 있는 두 번째 주요 웹 분석은 처음 방문하는 방문객의 수이다. 이 측정 지표는 전에 관찰된 적이 없는 모집단의 비율을 알려준다. 이는 대중에게 공개된 거의 모든 종류의 기관에 대해 보안 데이터를 운영 데이터로 전환하는 또 다른 예로서 고객의 행동 방식에 대한 유용한 정보가 된다. 예를 들어 첫 방문객은 통제된 시설에서 로비의 방문객 등록 수와 연관되어야 한다. 그렇지 않은 경우 데이터는 수정이 필요한 프로세스 문제를 노출시킨다.

반복된 방문자를 추적할 수 있다는 것은 다양한 유형의 문제 해결에 유용한 포렌식을 제공할 수도 있다. 예를 들어 위치정보 데이터를 사용하여 소매상에서 수집한 여러 도난 사건을 통해 반복적으로 존재하는 ID와 손실의 상관관계를 쉽게 연관시킬 수 있다. 수집된 데이터가 많을수록 상관관계 계산이 향상된다. 이 정보의 예방 가치는 정보 수집 후 동일한 ID가 다음 번에 도어를 통해 들어올 때 경고하는 것이다.

드웰 타임은 물리적 영역으로 이어지는 웹 분석의 또 다른 주요 요소이다. 이것은 온라인 세계에서 누군가가 웹 페이지나 전체 사이트에서 보내는 시간의 양을 뜻한다. 물리적 세계에서는 방문객이 건물이나 캠퍼스에서 보내는 시간에 대해 동일한 의미를 갖는다. 여기서 보안 데이터는 조직의 나머지 부분에 대한 운영 데이터가 될 수 있다. 사람들이 건물이나 공항, 상점을 방문하여 얼마나 오랫동안 머무는가? 왜 어떤 사람들은 12시간 이상 이곳에 머무는가? 왜 어떤 사람들은 10분 후 떠나는가? 오늘날 우리는 이러한 질문에 답하는 것은 고사하고, 리스크와 보안이 미치는 영향을 이해할 정보조차 가지고 있지 않다.

사용자가 웹 사이트를 통해 링크를 클릭하는 동안 취하는 경로인 경로 분석은 웹디자이너 및 마케팅팀에 가장 중요한 관심사항이다. 이들은 만족스러운 사용자 환경을 제공하면서 기업에 최대 이익을 창출하고자 한다. 여기서도 우리는 물리적 공간을 통한 경로가 웹사이트와 같은 가상공간을 통해 경로를 직접 매핑하는 물리적 환경과 유사한 위치정보 데이터를 찾을 수 있다.

보안 조직은 매우 제한되어 있을 때를 제외하고 일반 사람들이 보안 구역을 지나가는 경로에 물리적 장애물을 갖추고 있지 않는다. 그러나 대부분의 상업 시설과 공공장소에서는 보안과 운영 지식을 강화할 필요가 있다.

■ 명품샵에 관한 사례

내가 처음으로 위치정보와 웹 분석의 개념을 제시한 것은 포춘지 선정 500대 기업의 최고 보안 책임자와 보안 책임자 그룹이었다. 말할 필요도 없이 이 그룹은 리스크와 범죄성에 대해 잘 알고 있었다. 그들은 항상 보안 사건의 발생률을 낮추거나, 검찰에 도움을 줄 새로운 기술을 찾고 있다.

연설이 끝난 후 나는 현재 자신의 브랜드를 취급하고 있는 소매점에서 발생한 일련의 절도 사건을 추적하는 일에 관여하고 있는 한 명품 시계 기업의 보안 책임자와 이야기했다. 절도범의 기본적인 범행 수법은 상점에 들어가 진열장을 깨서 시계를 훔치고 도망치는 것이다. 하지만 그들은 단지 시계만 가져가고 다른 보석은 훔치지 않았는데, 독특한 범행 표식이라고 여겼다. 그것이 그들의 문제가 되었다.

법 집행 기관에 일하는 그들의 가설은 이 브랜드의 시계가 팔린 곳마다 도시에서 도시로 이동하여 같은 수법으로 절도하는 동일 절도 집단이라는 것이었다. 보안 책임자가 알고 싶었던 것은 범인이 매번 같은 사람이라는 것을 확인할 수 있는 방법이 있는가 하는 것이었다.

위치정보의 능력을 보고 많은 도둑들이 강도질을 하기 전 휴대전화를 끌 만큼 충분히 깊게 생각하지 못한다는 점을 알게 된 그는 이 데이터가 여러 장소에서 수집될 수 있는지, 동일한 미지의 데이터가 각 위치에 표시되는지 비교하고 싶어 했다.

왜, 그렇지!

마지막으로 그들과 이야기를 나누었고, 여러 시설에서 이 기술을 사용하는 방법을 알아냈다. 이것은 전자 보안분야에서 진일보할 수 있는 계기가 되었다. 또 다른 많은 예산이 필요한 것처럼 들릴 수도 있지만, 차세대 출입 제어 및 건물 관리 시스템의 부수적인 보너스가 될 것이다. 이 시스템은 구형 RFID 근접카드나 단거리 스마트 카드 프로토콜보다 블루투스 모바일 기술을 사용한다.

■ 그림자정보의 호흡

위치정보 감지는 블루투스로 전환하는 보안 및 센서 네트워크의 무료 데이터 부산물이 된다. 따라서 우리는 그것을 요구할 필요도 없다. 그것은 우리가 다른 목적을 위해 설치하는 시스템의 기본 제공 부분, 즉 본래 의도에 필적하고 심지어 능가할 수 있는 이차적인 효과이다. 기계 학습 알고리즘이 정상과 비정상의 차이를 구분하고, 이에 대해 설명하는 것을 학습함에 따라 심층 분석이 여러 클라우드에서 실행된다. 차세대 대시보드에 결과를 그래픽으로 표현하거나, 인간-기계 인터페이스가 시각과 제스처에서 청각 및 구어로 발전을 지속함에 따라 우리에게 명백히 읽혀진다.

이러한 데이터 부산물은 "그림자정보의 호흡"이다. 즉 다른 작업을 수행하는 과정에서 의도치 않게 생성되는 정보 스트림이다. 그림자정보의 호흡의 개념은 쿠키, 로그, 타임 스탬프, 임시 파일, 다운로드 조각, 그리고 우리가 남기는 모든 디지털 거품과 같은 온라인 활동에 부수적으로 생성되어 버려지는 것에 대한 관찰에서 비롯되었다. 이 개념은 전 세계를 이동하며 남겨지는 모든 정보의 부산물을 포함하도록 일반화 되었다. 예를 들어 연결된 자동차는 시간당 25Gb의 정보를 클라우드로 스트림할 것으로 추정된다. 항공기는 비행할 때마다 0.5Tb의 데이터를 생성한다. 글로벌 스마트 빌딩의 데이터 생산량은 이미 제타바이트(1Zb=1조 1,000억Gb)로 측정되었다.

진입구에 있는 블루투스 리더기의 그림자정보는 보안 기기가 도어에 대한 접근을 허용하려는 본래 의도를 넘어 보조 목적으로 사용할 수 있는 데이터 스트림을 생성하는 방법의 한 예다. 스마트폰이 블루투스 리더기(혹은 블루투스 수신기)의 범위 내에 있을 경우 언제든지 데이터 스트림이 생성된다.

스마트폰 그림자정보의 호흡의 이차적인 사용은 모바일 출입인증 교환을 지원하는 블루투스 리더의 가치를 두 배 이상 높여준다. 경제학을 생각해보라. 블루투스 리더기는 기존의 근접 리더기보다 비싸지 않으며, 가격도 더 저렴해지고 있다. 블루투스 칩셋은 도어 컨트롤러 같은 다른 전자 제품에 약 5달러만 추가하면 독립형 리더기로 대체 가능하다. 거의 무료에 가깝다.

사람 수를 세는 것은 이차적인 가치를 위한 그림자정보의 호흡의 주요 사례이다. 모든 소매업자는 매일 도어를 통해 들어오는 사람들의 수에 관심이 있다. 과거에는 광선 센서와 같은 단순한 기술이나 영상 분석과 같은 값비싼 기술로 다루었다. 둘 다 정확도가 제한되어 있으며, 데이터를 수집하고 분석하기 위해 추가 구성 요소, 설치 및 소프트웨어 시스템을 필요로 한다. 반면에 각 진입 지점에서 블루투스 리더기의 사용 비용은 이미 출입제어 시스템에서 고려되고 있으며 (거의 동일한 정확도로) 일일 방문자 고유의 데이터를 무료로 생성한다.

수집된 그림자정보의 호흡의 또 다른 예는 간단한 영상 모션 감지에 의해 생성되는 메타 데이터에서 가치를 추출하는 것이다. 모든 현대식 보안 감시 카메라는 이러한 정보를 생산하지만 데이터 스트림은 너무 방대하고 모호하여 보통 무시된다. 대신 전 세계 데이터베이스에 분당 수십억 행이 축적된다. 그러나 이러한 낮은 등급의 정보는 건물 활용도 및 이상 패턴 감지에 대한 히트맵을 생성하는데 총체적인 가치를 가진다. 머신 러닝은 "정상"이 무엇인지 파악하고 즉시 정상에서 출발하는 지점을 지정할 수 있다. 이 모든 과정은 영상 콘텐츠 분석(VCA)의 한 예이며, 머신 러닝이 알고리즘적으로 인간이 처음으로 만든 원칙을 수학적으로 구현함에 따라 더욱 유용하게 될 것이다.

속담에도 있듯이 어떤 사람에게 쓸모없는 것일지라도 다른 사람에게는 가치가 있다.

제7장

모바일로 무엇을 할 수 있는가?

스마트폰은 매년 전 세계에서 수많은 생명을 구한다. 그들은 위기의 시기, 의료 비상사태, 자연 재해, 그리고 심지어 테러리즘이 일어나는 동안 중요한 통신을 제공할 수 있다. 그러나 물리적 보안 응용프로그램에서는 이러한 성능을 충분히 활용하지 못했다. 전화는 항상 법 집행 기관이나 기업 통신 센터의 측면 통로 역할을 할 수 있지만, 모바일 어플리케이션 기능을 완전히 활용하기 위한 전체적인 접근 방식은 없었다.

아직까지도 1세대의 모바일 보안 어플리케이션은 성숙도가 떨어지고 자신이 원하는 성능을 충분히 실현하지 못하고 있다. 이것은 고발이 아니라, 앞으로 일어날 일들에 대한 징조이다.

■ 모바일의 이점

모바일이 전체 보안 환경에 어떤 역할을 하는지 살펴보았지만, 아직도 "무엇을 위한 기능이 있는가?"라는 질문을 하고 있을 수도 있다. 물론 보안 가치 사슬에서 당신의 기업과 당신의 역할에 따라 다르다. 공급 업체는 고객 만족도와 제품 유틸리티에 초점을 맞춘다. 통합 업체는 구축, 사용 편의성 및 지원 비용과 관련이 있다. 보안조직과 비즈니스 소유자는 전반적인 효율성의 실제 문제와 직원이 제공하는 툴을 실제로 사용할지 여부에 관심을 둔다. 하지만 우리 모두는 협력하고 있다. 그래서 우리는 전체 스펙트럼에 걸쳐 유사한 대답이 일치하기를 바란다.

항상 사용자에서부터 시작해야 한다. 우리의 첫 번째 목표는 항상 그 사용자를 완전히 참여시키고 그들이 필요로 하는 것을 정확히 제공하는 것이어야 한다. 지금은 누군가가 두 번째로 어플리케이션을 사용할지 세 번째로 사용할지에 대한 결정의 순간이다. 앞서 칫솔 테스트를 소개했다. 누군가 어플리케이션을 사용할 때마다 어플리케이션이 하루에 몇 번 실행되느냐에 따라 어플리케이션이 삶의 일부가 되는지의 여부를 결정한다.

모바일 보안 어플리케이션의 많은 이점은 쉽게 알 수 있다. 언제 어디서나 접속하고, 위기 시 즉시 대응할 수 있는 기능과 중요한 시스템을 원격 제어하고, 참여 기능이 있는 모바일 출입인증, 그리고 마지막으로 공간과 시간에 걸쳐 팀을 조정할 수 있는 능력이 있다.

이러한 기능은 보안 조직과 비즈니스 소유자에게 어떤 이점을 제공하는가? 통합 업체와 서비스 공급 업체의 경쟁력은 어떻게 변화하는가? 이러한 어플리케이션이 지속적으로 진화할 때 기대해야 할 것은 무엇인가? 이러한 질문 중 많은 것들은 모바일 어플리케이션의 출시가 상업적인 보안산업 전반에 퍼지면서 해답을 찾기 시작했다.

이 장의 나머지 부분에서는 앞에서 논의한 모바일 기술 동향을 살펴보고, 이들이 어떤 사용자에게 무엇을 제공하는지를 이론적인 관점이 아니라 모바일 보안 어플리케이션의 실용성과 이점에 대한 현장 테스트라는 관점으로 바라볼 것이다.

■ 실시간 상황 인식

많은 사람들이 상황 인식을 모바일 보안 어플리케이션의 주요 이점 중 하나로 꼽는다. 이것은 크게 놀랄 만한 일이 아니다. 상황 인식은 우리의 핵심 임무 중 하나이며, 모바일 어플리케이션이 잘 할 수 있는 일이다. 아마도 당신은 그런 조건으로 어플리케이션에 대해 생각해 본 적이 없을 것이다. 예를 들어 우리는 쇼핑 어플리케이션을 판매 중인 것에 대한 실시간 상황 인식 기능을 제공하는 것으로 생각하지 않는다. 우리는 인스턴트 메시징 어플리케이션의 이점을 그러한 관점에서 제시하지 않는다. 하지만 그게 바로 그들이 하는 일이다. 따라서 보안 어플리케이션도 마찬가지이다. 그것들은 사용자들에게 그들이 어디에 있든지 그들 주변의 세계에 대한 실시간 정보를 제공한다.

이러한 정보를 작성하여 상황에 맞는 정보를 제공하는 기능은 보안 관련 어플리케이션을 일상 사용자에게 배포하는 중요한 이유이다. 그것은 그들을 보안 문제로 끌어들인다. 모바일 출입인증과 같은 단일 목적의 어플리케이션은 편의를 위해 처음 채택된 경우에도 추가 상호 작용 모드에 대한 전체적인 전략을 제공한다.

1세대 상업 물리적 보안 어플리케이션은 다른 수직적 비즈니스 시장에 비해 일상적인 사용 증가 속도가 느렸다. 백엔드 정보 시스템이 클라우드로 이동하는 속도가 느렸기 때문에 이들은 힘든 여정을 거쳤다. 하지만 주거 담당자들은 이러한 문제를 겪지 않았다. 대신 홈 오토메이션 분야의 얼리어답터들은 하루에도 수십 번씩 어플리케이션을 사용하는 일상적 습관이 생겼다.

그들은 또한 문화적, 제도적인 이유로 인해 쓰임이 느린 것을 보았다. 모바일 출입인증을 통해 보안 조직이 모바일 어플리케이션을 광범위하게 구축할 수 있는 이유를 제시할 때까지 이들은 소수의 인증된 직원만이 사용자 그룹으로 다룰 수 있었다. 그것이 바로 그들이 만들어진 방법이다. 이제 클라우드가 상업 시스템 사이에서 주목을 받고 있기 때문에 보안 시스템과 보안 담당자와의 관계를 바꿀 수 있음을 알 수 있다.

이러한 실시간 상황 인식과 사용자 참여의 조합은 보안조직을 위해 정확히 무엇을 성취하게 하는가? 그 답은 규모에 따라 어느 정도 달라질 수 있으므로 몇 가지 부류의 조직을 살펴보도록 하자.

■ 소규모 비즈니스

소규모로 시작하여 이 기능이 개별 비즈니스 소유자에게 어떤 역할을 하는지 고려해 보자. 그것은 주거보안 시장에서의 유사한 변화와 가장 잘 비교될 수 있다. 집주인으로서 집의 기반 시설 시스템이 무엇을 하고 있는지, 원격으로 그것들을 제어할 수 있는 능력이 없는지에 대해서는 거의 알지 못했다. 모바일 어플리케이션의 개선과 주거용 사물인터넷기기의 동시 개발은 자연스럽게 시너지 효과를 가져와 가족들에게 현재 우리가 즐기고 있는 가시성과 통제력을 주었다. 거의 하룻밤 사이에 우리는 주거용 보안과 환경

관리의 수십 가지 측면을 보고 통제할 수 있었다. 우리의 상황 인식은 누가 왔다 갔다 하는지, 도어가 잠겨 있는지, 온도 조절기가 어떻게 설정되어 있는지를 포함한다. 게다가 우리는 원할 때 언제든지 애완견도 볼 수 있다.

주거용 어플리케이션이 주거 소유자의 요구와 그리 멀지 않은 중소기업 범주로 넘어감에 따라 중소기업 소유주들도 마찬가지로 극적인 변화를 누려왔다. 홈 오토메이션 도구와 상업보안 응용 프로그램 사이에는 많은 중복이 있지만, 후자는 주거에서 필요하지 않은 추가적인 유형의 제어 장치와 기능을 제공한다. 이러한 툴의 합계는 비즈니스 소유자가 비즈니스 활동에서 벗어나 있는 동안 자신의 업무 상태를 파악할 수 있다.

보안 고려 사항은 일반적으로 이러한 시스템을 설치하는 이유를 제공하지만 대부분의 비즈니스 소유자는 운영상의 이점도 누릴 수 있다. 예를 들어 소매 사용자들은 영상 보안 감시 시스템을 통해 직원들이 매장에서 고객에게 얼마나 잘 대응하는지 알 수 있다고 이야기 한다. 이것은 그들의 훈련 프로그램이 얼마나 잘 작동하고 그들이 누구를 좀 더 잘 코칭 해야 하는지를 말해 준다. 또한 그것은 그들의 가게에 얼마나 많은 사람들이 있는지 그리고 직원들이 그들의 요구를 얼마나 충족시키는지에 대해 실시간 피드백을 준다.

■ 다지역 비즈니스

다지역 비즈니스를 운영하는 사람이라면 누구나 당신이 동시에 어디에나 있을 수 없다는 것을 안다. 프랜차이즈 소유주, 체인 소매업, 건물 관리, 지방 정부 및 기타 다수의 분산 운영 부서는 보안 관리자들이 한 번에 한 곳 이상에서 무슨 일이 일어나고 있는지 알아야 한다. 모바일 보안 어플리케이션은 이러한 과제를 해결하는데 도움이 된다.

우리 기업의 클라우드 기반 서비스를 가장 먼저 이용한 고객 중 한 명은 5개 지점을 가진 맥도널드의 프랜차이즈 고객이었다. 그는 매일 아침 4시 30분까지 그의 매니저들이 각각의 가게를 열고 커피 한잔을 들고 그의 브라우저 앞에 앉아 활동 일지를 보기를 원했다. 만약 가게에 제 시간에 출근하지 못했다면, 그는 왜 그런지 알아내고 문제를 해결하기 위해 전화를 한다. 프랜차이즈 소유자는 자신의 작업에 대해 이와 같은 수준의 통찰력을 가질 수 있지만, 이와 동일한 프랜차이즈 소유주는 아직 자고 있거나 심지어 휴가 중에도 이제 그의 스마트폰에서 이러한 것을 누릴 수 있다.

다중시설 기업의 당면 과제는 여러 보안 시스템 간에 데이터를 동기화하는 것이다. 클라우드 기반 시스템을 도입하기 전에는 많은 기업이 각 물리적 위치에 독립적인 보안 시스템을 설치해야 했다. 그 시스템들은 서로 정보를 공유하지 않았다.

실제로 한 시설에서 허가를 받은 사람이라도, 다른 시설에서 허가를 받지 못할 수도 있다.(그들의 데이터가 수고스럽게도 각각의 사이트에 계속하여 반복적으로 입력되지 않는 한) 업무 외에도 특히 사람들이 조직을 떠나고 데이터가 모든 시스템에서 삭제되지 않을 때 이러한 데이터 중복 오류가 발생하기 쉽다 여기서 모바일 및 클라우드 시스템이 이러한 일반적인 문제를 해결한다. 보안 관리자나 인사 조직을 보안 시스템에 관심가게 만드는 가장 쉬운 방법 중 하나는 직원들의 퇴근, 특히 불만을 품은 것을 해결하는 방법이다. 모든 현장, 특히 수백 마일 떨어져 있는 현장에서 접속 권한을 제거하는 악몽을 누가 원하겠는가? 클라우드 기반 보안 시스템의 지원을 받는 모바일 어플리케이션을 사용하면 한 번에 관리할 수 있다.

■ 건물 관리

여러 위치에 있는 건물 관리자의 경우에는 이점이 더욱 뚜렷하다. 그들은 많은 광범위하게 분포된 재산에 대한 감독 책임을 가진 대규모의 직원으로 구성된 팀을 가지고 있기 때문이다. 임대 에이전트, 건축 엔지니어, 고객 담당 직원 및 기타 많은 역할은 작업을 수행하기 위해 접속 및 운영 데이터가 필요하다. 모바일 보안 및 빌딩 자동화 어플리케이션은 이러한 직원들에게 새로운 차원의 자유를 제공한다. 관리 기업이 각 건물에 유사한 보안 시스템을 설치한 경우 모든 관련 속성에 걸쳐 모바일 어플리케이션을 단일 터넨트(Single Sign-On, SSO)으로 구성할 수 있다. 암호 관리가 어려운 현재의 사이버 환경에서는 최소한 여러 물리적 자산에 걸친 직원 ID의 균일성이나 통합은 중요한 사이버 정보 보안 관행이다.

■ 주거용 모바일 서비스

주거 시장은 항상 업계가 보안 및 자동화 시스템을 위한 혁신적인 어플리케이션을 개발하는데 앞장 서 왔다. 이 시장의 선두 주자들은 아이폰의 출시 직후인 2000년대 후반부터 강력한 모바일 서비스를 제공해 왔다. 이러한 주거 시스템은 전체 분야를 개척했으며 여전히 많은 상업적 제품의 모델이다. 그들은 아이들이 학교에서 집으로 돌아왔을 때 부모들에게 알려 주는 원격 영상과 알림 경보 같은 새로운 능력을 자랑했다. 이 혁신의 일부는 필연적으로 일어났다. 소비자제품 으로서 주거보안은 상업적 사용자가 요구하는 것보다 편리함과 참여에 대한 더 큰 기대에 직면했다.

즉, 주거용 어플리케이션은 상업용 어플리케이션과 상당부분 다르다. 주거용 어플리케이션은 상업용 어플리케이션과는 다른 요구 사항 및 설계 문제에 직면해 있으며 이러한 차이점의 대부분은 표면 아래에 있다. 예를 들어 각 거주 계정에는 로그인할 수 있는 사용자 수가 훨씬 적다. 이러한 축소된 규모는 사용자 인터페이스 설계와 역할 기반 권한 및 인증과 같은 복잡한 주제에 광범위한 영향을 미친다. 또한 주거용 계정은 기업 수준의 시스템과 비교했을 때 위치, 카메라, 도어 또는 센서의 수를 자연스럽게 제한 한다. 수백 개의 지붕 아래에 살고 있는 수천 개의 보안 자산을 설계하는 것은 한 지붕 아래에 수십 개 또는 수백 개를 설계하는 것과는 다르다.

상업 시스템은 주거 시스템보다 훨씬 더 다양한 타사 제품을 지원해야 하는데, 일부 측면에서는 "벽이 있는 정원" 접근 방식의 고급스러움을 누릴 수 있다. 이 말은 상업적인 시스템의 경우 수천 대의 고품질 비디오카메라를 지원하는 것보다 더 확실한 것은 없다는 것이다. 반면에 대부분의 주거 소유자에게는 상대적으로 작지만 충분한 웹캠이 있다. 고해상도, 높은 프레임 속도, 저조도 성능이 요구되는 영상 품질이라는 것이 비슷하지만, 상업용 사용자는 규정 준수를 위해 영상 보관 기간이 1년 이상 필요한 반면, 주거 소유자는 일반적으로 몇 가지 상업적 용도를 제외하고는 주거 시스템의 시장 가격 및 주거 소유자 예산에 맞춰 대부분의 요구 사항을 완화해야 한다.

우리는 출입통제 기능에서도 동일한 차이점을 발견했다. 예를 들어 상업용 속성을 위한 모바일 어플리케이션은 복잡한 규칙과 사용자 계층 구조를 지원해야 하지만, 주거 시스템은 집 잠금을 해제 할 권한이 있는 소수의 사용자만 관리하면 된다. 그 차이점은 매우 크다. 예를 들어 상업용 잠금 장치는 하드와이어 방식의 마그네틱 잠금 장치가 있는 건축용 유리부터 UL 규격의 크래시바(crash bar)가 있는 비상구까지 수십 가지 유형의 도어와 통합해야 한다. 그러나 주거 시스템은 배터리가 장착된 무선 도어락을 지원하므로 편리하게 표준 장치에 장착 할 수 있다.

■ 생체인식과 다중인증

모바일 플랫폼은 수년 간 업계에 이슈가 되어 온 문제를 해결해 왔는데, 어떻게 하면 사용자들이 고품질 생체 인식을 도입할 수 있도록 할 것인가 하는 점이다. 내가 업계에 종사하는 동안에 전문가들은 생체인식이 "막 도입되려 한다"라고 예측해 왔다. 그 주장은 활주로에서 꼼짝하지 않는 비행기 내 항공사 방송처럼 들린다. 우리가 장시간 기다리는 동안 그들은 15분마다 비행기가 곧 이륙할 거라고 말한다.

지문인식과 홍채인식 같은 기술이 작은 전자 제품 패키지에 효과적이고 실용적으로 된 이후부터 그것은 고객들의 관심을 끌었다. 표면적으로 그것은 첨단 기술이고, 편리하고 신뢰할 수 있어 보인다. 그것은 출입카드의 분실문제를 해결한다. 고객들이 TV에서 본 것과 동일한 생체인식 기술을 문의한 횟수는 셀 수 없으며, 가격을 듣기 전까지 은행, 콘도 협회, 사무실 건물, 심지어 휴게실의 음료 냉장고에서도 사용하고 싶어 한다. 가격을 들은 그 시점에 그들의 얼굴에서 미소는 떠나고 그들은 전통적인 카드 접근에 만족하기로 결정하게 된다.

생체 인식의 큰 증가는 2010년대 초에 스마트폰 기반의 지문 인식이 도입되었을 때 일어났다. 이러한 플랫폼은 업계에서 기대했던 전용 지문인식기가 아닌 광범위한 생체 인식기 사용에 대한 분명한 경로를 제공했다.

스마트폰 생체인식은 보안관리 응용프로그램에 로그인하고 모바일 출입 인증을 사용하여 제한된 영역에 들어가는 두 가지 중요한 인증 사용 사례를 다루고 있다. 생체 인식이 모바일 플랫폼의 일부가 되기 전까지는 보안 관리 응용 프로그램에 로그인하면 다른 온라인 로그인과 동일한 암호 관리 및 사이버 보안 고려 사항에 모두 충족해야 했다. 분실, 도난 또는 지나치게 단순한 암호로 인해 자산에 피해가 생겼다. 이 문제는 대부분의 접근 제어 설정에서 볼 수 있는 사용 빈도가 높기 때문에 모바일 출입인증의 경우 더욱 두드러진다. 어플리케이션 개발자를 위한 선택은 출입인증을 로그인 상태로 유지하는 것이었다. 이 경우 카드보다 안전하지 않았으며, 제한된 지역에 들어갈 때마다 인증 요청으로 사용자를 적대화 한다.

우리의 사이버 보안 방어 시스템을 드러내는 것 외에도 전화 기반 생체 인식은 사용자 채택에 영향을 미치는 중요한 사용자 경험 고려 사항 인 빅브라더에 대한 두려움을 해결한다. 일반 사람들조차도 자신의 지문으로 제3자가 자신의 통제 범위를 벗어난 장소에 저장하는 것에 대해 기분 상해하는 경향이 있다. 생체 인식이 실제로 지문이나 망막 또는 얼굴의 이미지나 복제본을 저장하지 않는다는 것을 사람들에게 설명할 수 있다. 실제로 저장하고 있는 것은 생체 인식 템플릿이라고 하는 것이다. 이 템플릿은 생체 인식 샘플의 중요한 부분을 수학적으로 표현한 것이다. 그러나 그건 중요하지 않다. 우리 중 많은 사람들이 사진을 찍는 것이 당신의 영혼을 훔치는 것으로 믿는 과학 이전의 문화 이상으로 발전하지 못했다. 지문이 기업 서버에 저장되는 것을 원하지 않지만 주머니에 "서버"를 가지고 다닐 수 있는 것처럼 지문을 우리 휴대폰에 저장하면 문제가 되지 않는다.

■ 변화

지금까지 모바일 기술은 혼란이라기보다는 혁신이었다. 혼란과 혁신 사이의 격차는 혁신적인 변화를 가져올 관리 어플리케이션과 혼란을 일으키는 사용자 기반 어플리케이션의 격차를 말한다.

지난 5년간 상업보안을 위해 도입된 관리용 모바일 어플리케이션은 주로 데스크탑 제품과 동일한 기능을 수행하며 동일한 공급 업체에서 제공된다. 그들은 많은 관리 기능을 대부분의 인터넷 사용자들이 기본으로 취급하는 휴대용 플랫폼으로 옮겼다. 지금까지 그것은 새로운 병에 들어있는 오래된 와인이다.

모바일 어플리케이션의 운영 중단 효과는 이른바 탑승자 관리 어플리케이션에서 비롯된다. 오늘날 가장 일반적으로 사용되는 어플리케이션은 모바일 인증이다. 탑승자의 주요 특징은 사용자가 정보를 교환하는 상호 작용 보안 기능을 갖추고 있다.

첫째, 그들은 평범한 정보원 역할을 수행할 수 있다. 그것은 들리는 것만큼 나쁘지 않다. 이 경우 정보 제공자가 된다는 것은 단순히 특정 장소에서 일어나고 있는 일에 대한 주변 정보를 제공한다는 것을 의미한다. 이러한 응용 프로그램의 "보기, 말하기" 측면은 또한 적절한 사람들에게 가치가 있거나 우려할 만한 정보를 전달할 수 있는 적절한 방법을 제공한다.

둘째, 동일한 모집단을 통해 보안 임무와 관련된 사건이나 상황에 대해 알 수 있다. 지역 사회의 전반적인 기능을 향상시키기 위해 경고, 주의, 불리한 상황 및 일상적인 유지 보수의 불편함을 기업 또는 사회단체와 공유할 수 있다. 오늘날 건물에서 효율적으로 전달되지 않는 화재 경보 시험에 대한 일상적인 실수를 생각해 보자. 먼저 누군가가 이 정보를 전달하려고 할 때는 건물 관리자는 개별 사무실 관리자에게 보내고 이는 전자 메일을 통해 개별 직원에게 보내진다. 양방향 보안의 미래에는 주어진 상업용 건물을 사용하는 모든 사람들은 건물을 위한 모바일 출입인증 어플리케이션을 갖게 될 것이며, 그러한 알림과 메시지가 기본으로 제공된다.

더 이상의 깜짝 소방훈련은 없다.

관리 어플리케이션과 사용자 어플리케이션은 모두 클라우드 및 구축 기반 시스템에서 등장했다. 하지만 클라우드 기반 솔루션은 클라우드 자체의 기능을 훨씬 더 많이 활용하기 때문에 클라우드가 아닌 다른 접근 방식에서 점점 멀어지고 있다. 이러한 어플리케이션은 다른 클라우드 서비스가 API 친환경시스템의 일부로 제공할 수 있는 기능을 가져온다. 매핑이 필요한가? 구글 지도가 있다. 소셜 데이터가 필요한가? 소셜 네트워크를 통해 구할 수 있다. 비상 대응 정보가 필요한가? 여러 RSS피드에서 찾을 수 있다. 이러한 모든 서비스에 걸쳐 원활한 사용자 환경을 지원하는 클라우드 기반의 ID연합 및 단일 테넌트 링크는 기존의 노후화 된 단일 테넌트 어플리케이션 모델을 영원히 피해 갈 것이다.

앞에서 전체 사용자 환경의 단일 클라우드 기반 모바일 서비스를 제공하는 상대적인 효율성을 언급했다. 이는 모바일 및 서비스 업데이트를 동시에 릴리즈 할 수 있는 클라우드 기반 모바일 솔루션을 선호한다. 혼합 버전의 모바일 어플리케이션과 서버 소프트웨어를 사용하는 클라이언트 집단은 일관되게 업데이트될 수 없으며, 새로운 기능이 제공하는 모든 이점을 누릴 수 없다.

■ 모바일 전략

모바일 전략의 경우에는 보안 인프라 뒤에 클라우드 기반 아키텍처를 배려한다는 것을 의미한다. 통합 서비스 공급 업체에서 제공하는 클라우드 통합 및 지원 기능을 찾고, 해당 공급 업체가 이미 클라우드에서 작업하고 있거나, 목표를 달성하기 위한 로드맵을 가지고 있는지 확인해야 한다. 탑승자 어플리케이션의 파괴적인 영향은 클라우드 기반 어플리케이션에 큰 도움이 된다. 우리는 모두 점증하는 노후화가 곧 공급자의 지원이 사라지고 늙은 공룡을 기꺼이 돌볼 인적 자원이 줄어든다는 것을 의미하는 IT 플랫폼에 발이 묶여 왔다. 보안 소프트웨어 플랫폼에서도 마찬가지다.

이러한 변화는 현재의 소프트웨어 개발자 세대가 클라우드, 사물인터넷, 모바일 및 유사한 관련 기술에만 의존하고 있기 때문에 일어나고 있다. 그들은 시스템 구조가 이력서나 미래의 취업 전망에 아무런 도움이 되지 않는 제품은 피한다. 귀사에서 이러한 레거시 플랫폼 중 하나를 바꿀 때가 온 것이다.

혁신가와 얼리어답터들은 모바일 우선 원칙에 주목하고 직원 모두가 가지고 다니는 표준 툴 세트의 일부로 모바일 어플리케이션을 만들기 시작했다. 보안 리더는 모바일 장치에 표시되는 기본 어플리케이션 세트에 영향을 줄 수 있다. 귀사의 팀부터 시작하여 강력한 모바일 제품을 제공하고, 모바일 제품을 개발하는데 전념하는 보안 공급 업체를 요구해야 한다. 그것은 그들의 제품 관리의 "me to" 또는 "체크박스"가 되어서는 안 된다. 그것은 중심 전략이 되어야 한다.

그렇다면 보안 어플리케이션을 위한 모바일 전략은 무엇일까?

■ 클라우드를 통한 모바일 시작

모바일 전략의 기반은 모바일 전략이 아니라 클라우드 전략이다. 장기적으로 모바일 어플리케이션은 클라우드 서비스로만 제공될 수 있다.

로컬 서버에서 광범위하게 사용 가능한 모바일 서비스를 제공하려고 하면 문제가 발생한다. 첫째로 타협안은 방화벽에 구멍을 뚫어야 한다. 그에 따라 모바일 어플리케이션과 성가신 해커들이 기업의 IT경계를 뚫고 데이터를 공급하고 명령을 실행하는 백엔드 서버에 도달할 수 있다. 일반적으로 널리 사용되는 모바일 서비스의 경우와 같이 모바일 어플리케이션이 단일 URL로 이동할 수 없기 때문에 이러한 아키텍처 손상과 그에 따른 취약성이 발생한다. 사용자의 서비스는 어플리케이션을 사용하는 다른 모든 기업과 다른 웹 주소에서 시작된다. 실제로 최종 사용자 조직은 자체 웹 서비스 설정이 필요하다.

설치자가 이 작업을 수행할 때마다 모든 사이버 규정이 올바르게 수행되기를 기대한다. 클라이언트에서 다음 설치 관리자에 이르기까지 네트워크 인프라의 큰 차이와 개별 설치 관리자의 제한된 네트워크 전문 지식을 고려할 때 매번 이 문제를 해결할 확률은 100% 미만이다. 회사 네트워크 내부에서 모바일 사용자에게 모바일 어플리케이션 서비스를 제공하면 IT인프라에 긴밀하게 연결된다. 변경되는 경우 모바일 솔루션이 작동을 중지하거나 모든 어플리케이션과 함께 재구성해야 될 수도 있다.

누가 골치 아픈 것을 원하는가?

둘째, 로컬 컴퓨터에서 모바일 서비스를 제공하는 보안 시스템을 사용하려고 하면 모바일 응용 프로그램 구성 문제가 발생한다. 클라우드 서비스를 통해 제공되는 광범위하게 사용되는 모든 모바일 어플리케이션에 대해 각 사용자가 어플리케이션을 실행할 수 있으며, 서비스 접속을 시작하기 위해 사용할 URL을 알고 있다. 사무실이나 네트워크 캐비닛에서 일회성 서버를 사용하는 어플리케이션을 구입할 때는 해당 정보를 모든 어플리케이션에 구성해야 한다. 이것은 피할 수 있는 설정이며 그렇지 않으면 사용자 입장에서 출발이 좋지 않게 된다. 직원과 같은 경우에는 문제가 되겠지만, 대규모 테넌트 집단에게 사용을 시작하도록 요청하는 대신에 "보안 환경을 개선"하는 어플리케이션을 사용해 보는 것이 좋다.

세 번째 주요 고려 사항은 사이버보안 이다. 인터넷에 노출된 로컬 서버를 사용하면 하루 24시간, 일주일 내내 이용할 수 있으며, 방문자들에게 네트워크를 통해 보안 서비스를 제공하는 동안 공격을 받을 수 있다. 그것이 당신에게 이상적인 상황처럼 들리는가? 말 그대로 눈에 보이는 IP주소로부터 매일 수백만 건의 공격을 막는 것은 나중에 생각해 볼 일이 아니라 자신의 주요 비즈니스로 웹 서비스를 방어하는 전문가들에게 남겨지는 것이다.

이와는 대조적으로 클라우드 서비스는 지금까지 들어 본 적이 없는 유명한 모바일 어플리케이션의 속에 있다. 로컬 어플리케이션과 달리 모두 모바일 API서비스의 잘 알려진 단일 URL에서 제공된다. 즉 페이스북이나 뱅킹 어플리케이션이 작동하기 위해서는 긴 웹 주소와 포트 번호를 입력해야 하므로 개별 응용 프로그램을 고유한 웹 주소로 구성할 필요가 없다. 그냥 클릭하는 것이다. 타사 웹 서비스 공급자는 이러한 모바일 클라우드 서비스를 제공하므로 IT부서의 방화벽에 구멍이 생기지 않도록, 특수 SSL또는 TLS인증서를 제공하지 않고 라우팅 가능한 IP포트나 IP주소를 할당한다. 이는 서비스 설정을 크게 단순화할 뿐만 아니라 기업 네트워크에 대한 내부 변경 사항으로부터 모바일 솔루션을 분리하게 된다. 대신 어플리케이션 서비스 공급자가 서비스 연속성과 사이버 방어를 책임지고 있어 모바일용 클라우드 기반 솔루션의 최종적인 이점을 제공한다.

공격으로부터 방어하는 것은 파트너의 기본 업무이다. 그것이 그들이 하는 일이고, 그들은 아마도 당신의 기업에서 직접하는 것보다 전문화된 팀으로 구성된 직원들과 함께 일하는 것이 훨씬 나을 것이다.

■ 인력효율을 위한 모바일 관리

모바일 전략에는 인력관리 역할을 할 어플리케이션을 포함해야 한다. 대기업에서는 책상에 앉아 고정된 컴퓨터 화면이나 영상 모니터에서만 이용 가능한 정보를 모니터 하기 위해 경비원에게 돈을 지불하곤 했다. 모바일 어플리케이션을 사용하면 직원들이 한번에 여러가지 일을 할 수 있다. 그들은 당신과 떨어져 있을지라도 여전히 당신의 안전 시스템의 신경 중추와 연결되어 있다. 전담 보안 인력이 없는 소규모 비즈니스 환경에서는 보안 솔루션이 항상 주머니(모바일)에 들어 있으므로 가상 직원을 효과적으로 확보할 수 있다.

인력 관리의 두 번째 측면은 어플리케이션이 저렴하고(또는 그래야만 한다.) 클라이언트-서버 시대에 보유하고 있는 훨씬 더 많은 수의 사람들에게 어플리케이션을 제공할 수 있다는 것이다. 따라서 공급 업체의 모바일 어플리케이션 라이선스 또는 사용 모델에 대한 검토가 전략에 포함되어야 한다. 원하는 만큼 많은 사용자를 등록할 수 있는 것이 이상적이다. 이는 보안 문제에 집중하거나 관리를 지원할 수 있는 눈이 더 많다는 것을 의미한다. 모바일 플랫폼에서 가장 중요한 것은 멀티 태스킹이 가능하다는 것이다. 이것은 표면상으로는 다른 작업을 하면서도 보안 작업에 참여할 수 있음을 의미한다. 이는 많은 보안 작업에 1분이 소요되거나 오랜 시간에 걸쳐 신속한 체크인이 필요하지 않기 때문에 효과적이다.

■ 서비스 가속화를 위한 모바일 인증

모바일 전략에는 모바일 출입인증이 반드시 포함되어야 한다. 앞서 살펴본 바와 같이 모바일 출입인증은 보안 프로세스에 인력을 투입하기 위한 체제를 제공한다. 모바일 출입인증은 조직 전체에서 출입인증을 관리하는 출입카드보다 더 나은 방법이다. 하지만 그 이면에는 보안 및 기타 시설 관련 정보 배포 및 문제 보고 기능을 사용자에게 제공할 수 있는 양방향 플랫폼이 있어야 한다.

■ 일과 생활에서의 통합적 활용

마지막으로 모바일 전략은 모바일 비즈니스 어플리케이션이 보안 조직의 업무 수명 통합을 활용한다는 사실을 이용해야 한다. 업무-생활 통합은 인터넷 연결로 인해 긴 업무 시간 동안 어디서든 작업할 수 있게 되었기 때문에 근무 시간과 개인 시간 사이의 경계가 약화되었다.

이는 많은 다른 기업 어플리케이션, 특히 영업 인력 관리, 재무 및 협업 플랫폼에서 일반적인 현상이다. Salesforce.com이나 이와 동등한 것에 접속하여 하루 종일 새 주문이 도착했는지, 고객에 대한 지원 대응이 있었는지 또는 할당량이 아직 있는지 여부를 확인하기 위해 해당 주문의 항목을 확인한다. 슬랙(slack)과 같은 협업 플랫폼도 24시간 내내 사용자를 참여시킨다. 예를 들어 슬랙 채널을 살펴보면, 24시간 내내 정보 교환이 이루어지는 경우를 예로 들 수 있다. 특히 상시용량으로 작업해야 하는 클라우드 운영팀의 경우에는 더욱 그렇다.

이와 동일한 작업 수명 주기 참여는 적절한 모바일 어플리케이션에 대한 보안 관리 경험의 일부일 수 있다. 보안은 항상 연중무휴 직업이었으며, 모바일 시대에는 보안 관련 이벤트에 대한 문서를 입수하고 필요한지 확인하는 등 이미 이와 같은 일과 삶의 통합을 고려하지 않고 있다. 아침을 먹거나 조깅을 하거나 결과를 내기 위한 회의에 앉아 있는, 우리 직원이 업무에 관여하지 않는 동안 모든 영상 동작 감지 또는 도어 열림 경보는 적절한 시간에 적절한 작업으로 적절한 주의를 기울여야 한다.

그것보다 더 나은게 있는가?

사물인터넷

제8장 사물인터넷이 보안에 중요한 이유

소가 건강하고 올바르게 지낼 때, 소는 정상적으로 행동한다. 소는 정해진 방식으로 농장 주위를 배회하고 정해진 시간에 먹이를 먹으며 하루 종일 다른 소들과 지낸다. 그러나 소가 아프거나, 다리를 절거나 어딘가 덤불에 걸리게 되면 행동이 달라진다. 더 이상 농장 주위를 도는 것이 아니라 영영 농장으로 돌아오지 않을지도 모른다. 그리고 무리와 함께 하는 것 대신 떨어져 있을 수도 있다. 문제는 어떻게 하면 이것을 알 수 있을까 이다.

영국 에섹스 마을의 한 농장에서는 각각의 소들에게 GPS 장치와 RFID 태그를 붙여서 소들을 식별하고 움직임을 추적한다. 소들의 일상에 변화가 있다면 그것을 찾아서 볼 수 있다. 농부들은 어떤 질병의 조기 발견과 치료를 통해 1 건당 약 300 파운드의 비용을 절약할 수 있다고 계산한다. 이것은 장비 구입비용보다 더 많은 금액이다.

위의 내용이 보안과 어떤 관련이 있을까?

농장과 소떼 대신 현대적인 빌딩과 사람들을 생각해보자. 중요한 점은 대부분의 사람들이 이미 휴대폰을 사용하기 때문에 태그가 있다는 것이다(이것은 RFID 칩을 잡아 태그 하는 고생을 줄여준다). 결국 휴대폰은 누군가가 어디에 있는지, 누구인지를 우리에게 알려 줄 수 있다. 우리가 필요로 하는 것은 그 데이터를 포착하기 위한 센서 시스템뿐이다. 고용주, 건물 관리자, 보안 관리자로서, 우리는 "농장" 사람들을 위한 정상적인 행동의 기준을 설정하고, 기준선에서 큰 변화가 있을 때 시스템을 통해 알림을 받을 수 있다.

사물인터넷은 거의 모든 물체와 생태계에 정보가 내장되어 있기 때문에 탁월한 수준의 편리성, 선택성 및 과제를 제시한다. 사물인터넷은 상황을 분석하고 예측하며 대응하는 능력을 향상시킨다. 사물인터넷은 우리를 더 안전하게 만든다. 그들은 맞춤 서비스를 제공하고 개인 프라이버시를 위해 조금은 불안하지만 안정된 영역에 도전한다. 이들은 우리의 기술 경험을 강화하고 모두가 경험한 적이 없는 더 큰 규모의 사이버 보안 문제에 대한 도전을 만들어낸다.

이전 인터넷 혁명과 마찬가지로 사물인터넷은 향후 수십 년 동안 보안업계를 재편성할 것이다. 지금부터 2025년까지 GE[1], Cisco[2], McKinsey[3], Gartner[4]에서는 사물인터넷의 영향이 수십 조 달러의 경제적 영향을 미칠 것으로 예측하고 있다. 이러한 예측은 PC, 인터넷, 스마트폰과 같은 지난 50년간의 초기 기술 변화보다 적다.

최근 조사결과에 따르면 그 수는 2015년에 이미 30억을 능가하고 2020년에는 200억 개 이상으로 급증할 것이다. 이러한 연결된 모든 장치와의 상호작용에는 80억 개의 개인 플랫폼인 스마트폰, 태블릿, 시계, PC 등이 추가될 것이다.

■ 보안: 사물인터넷 비즈니스가 되다

나는 우리 산업이 1970년대의 전자 보안 이래 초기부터 선구자였다고 주장한 최초의 사람은 아닐 것이다. 그때는 물론 용어가 만들어지기 훨씬 전이었고, 사물인터넷이 기술 산업에서 모든 성장예측의 정점에 도달하기 전이였다. 일반적으로 보안은 사물인터넷 기술의 3대 적용 분야 중 하나로, 특히 주거환경에서 확인된다. 분석가들은 보안 기능이 없다면 홈 오토메이션이 지금처럼 빠르게 진행되지 않을 것이라는 결론을 내렸다.

보안 시스템 공급 업체들은 오늘날 우리가 알고 있는 사물인터넷 이라는 용어와 인터넷이 수십 년 전에 존재했다면, 사물인터넷라고 불렸을 스마트 연결 기기들의 소유권을 주장할 수 있을 것이다. 네트워크로 연결된 디지털

1) http://www.ge.com/docs/chapters/Industrial_Internet.pdf.
2) http://www.cisco.com/c/dam/en_us/about/ac79/docs/innov/IoE_Economy.pdf.
3) http://www.mckinsey.com/insights/business_technology/the_internet_of_things_the_value_of_digitizing_the_physical_world.
4) http://www.ironpaper.com/webintel/articles/internet-things-market-statistics-2015/#.Vrn3w5MrIUE.

카메라가 대표적인 예다. 그들은 항상 사물인터넷 제품의 특성을 가지고 있으며, 미디어와 분석가의 보도는 가전제품 네트워크 카메라를 나머지 홈 오토메이션과 함께 사물인터넷 버킷으로 휩쓸고 있는 것이다.

두 번째 사물인터넷 선구자는 무선으로 연결된 잠금 장치이다. 그것들은 사물인터넷 초창기부터 적어도 10년간 상업적으로 사용되어 왔다. 이 카테고리는 현재 여러 스타트업이 차세대 스마트 잠금 장치를 선보이는 등, 여러 곳에서 사랑 받고 있다.

사물인터넷의 큰 부분은 의사 결정을 위한 많은 데이터를 제공할 센서가 점점 더 많아지는 것과 관련이 있다. 이러한 센서 데이터는 2종류에서 얻을 수 있다. 하나는 보안 데이터를 생성하기 위한 보안 장치이다. 물론 이것은 새로운 것은 아니지만, 좋은 도구가 될 것이다. 두 번째는 외계 센서라고 불리는 다른 것으로 구성되며, 보안 이외의 주요 임무를 수행하고 있지만 그림자정보 분석을 위한 중요한 하나의 도구로 구성된다. SaaS 초창기에 IT 부서가 악성 클라우드 서비스를 생성했던 것처럼 보안 조직 외부의 기업 부서도 이러한 안전하지 않은 비 보안 사물인터넷 서비스를 생성한다. 보안 관리자의 과제는 이러한 외부 사물인터넷 디바이스가 새로운 리스크를 초래하지 않도록 하는 것이다.

새로운 것이 오래 되고 오래된 것이 새로운 것임을 확신하기 위해서는 홈 오토메이션 광고를 생각하면 된다. 주된 취지는 알람 산업이 계속해서 소유해 온 용어인 "마음의 평화"라는 문구이다. 홈 오토메이션은 다른 많은 사물인터넷 보조 시스템을 추가하고 설치와 사용을 단순화시켰지만, 여전히 안전이 최우선 고려 사항이다. 그것이 알람 기업과 보안 기업들이 주거 설치 업체 목록에서 1위를 차지하는 이유이다.

산업 사물인터넷(IIOT, Industry Internet of Things)의 경우 시스템 통합이 우리에게 큰 도움이 된다. 하지만 그것은 또한 새로운 도전을 제시하고 우리를 더 많은 경쟁자들이 있는 무대로 이끌어 간다. IT와 통신 기업들은 특히 사물인터넷을 중소기업에서 대기업으로 전환하는 큰 기회로 보고 있으며, 서비스를 확대할 기회로 잡고 있다. 이러한 모든 기기가 원활하게 상호작용하는 것이 목표라면 IT의 기존 강점에 어느 정도 부합하는 것이다.

■ 시작점

보안 산업은 이러한 격변의 시작점에 놓여 있다. 가장 세분화된 것과 상징적인 표현을 전환하기 위해 주거용과 상업용 모두에서 많은 선행 장치를 제작, 판매 및 설치한 경험을 토대로 사물인터넷 채택을 위한 중요한 시점에 서 있다.

우리가 지고 있는 것이 아니라, 아직도 모두가 첫 번째 바퀴에 있고 앞으로 더 많은 것들이 남아있다. 우리의 강점을 보여 주는, 지금까지 보급된 소비자용 사물인터넷기기 중 가장 큰 것은 홈 오토메이션과 주거보안이다. 시장 조사에 따르면 구매자에게는 주거 내 사물인터넷기능보다 보안이 더 중요한 것으로 나타났다.

사물인터넷은 주거용 및 상업용 보안 시설 모두에 적용되며, 주거나 소비자보다 훨씬 많은 수의 상업과 산업적인 환경에서 더 번창할 것으로 예상된다. 비즈니스 정보 연구[5]에 따르면, 지금부터 2019년까지 인터넷에 연결된 수십억 개의 사물인터넷기기 중 다섯 개는 놀랍게도 25%가 주거에 설치될 것으로 예상된다. 대부분은 기업 환경(39%)과 정부 또는 시설(36%)에 설치된다. 이 중 많은 부분이 건물 자동화, 에너지 관리, 상태 감시 및 기존 접근 제어, 감시 및 알림 어플리케이션을 포함한 물리적 보안 서비스로 제공된다.

내가 가끔 생각하듯이, 다음 세 가지 근본적인 방법으로 사물인터넷은 상업보안 산업을 변화시킬 것이다.

- 신규 업체의 신제품
- 더 저렴하고 더 우수한 제품들
- 엄청난 수의 기기 및 사이버 보안 관리 문제

■ 도대체, 사물인터넷란 무엇인가?

그동안 '사물인터넷'라는 용어 때문에 혼란을 겪은 적은 없는가?

그것에는 정당한 이유가 있다고 생각한다. 상황에 따라 이 용어는 개인 건강 추적기, 스마트 온도 조절기, 스마트 시계 등의 소비자 제품군을 지칭하는 매우 좁은 의미로 사용되고 있다. 다른 방면에서는 대부분의 소형 컴

5) http://www.businessintelligence.com, "The 사물인터넷 is Rising."

퓨팅 장치를 설명하기 위해 광범위하게 사용되고 있다. 산업용 사물인터넷은 스마트 공장, 도시 및 에너지 시스템을 가능하게 하는 장치, 또 다른 부류에서는 일반적으로 다른 건물 운영을 위해 연결된 센서와 작동 장치를 말한다.

사람들이 혼란스러워 하는 것은 당연하다. 이것은 내가 클라우드를 초기 단계부터 설명하려고 노력한다는 것을 상기시켜준다. 적어도 사물인터넷에서는 당신이 만질 수 있는 기능이 있다. 만약 당신이 이 책을 읽고 있다면, 당신은 아마도 반에서 상위권을 차지하고 있을 것이다. 미국의 절반 이상이 이 용어를 들어보지도 못했을 것이다. 그것을 이해하기 위해서는 먼저 그것이 무엇인지, 또 무엇이 중요한지 이해할 필요가 있다.

사물인터넷은 한 가지가 아니며 하나의 유형도 아니다. 클라우드 컴퓨팅은 하나의 어플리케이션이거나 한 종류의 어플리케이션에 불과하다. 사물인터넷 이라는 용어는 대부분의 경우 수많은 소비자와 상업 시장에 걸쳐 등장하고 있는 제품을 그룹화 하기 위한 편리한 명칭이다. 물론 그들은 작고 연결되어 있으며, 데이터가 다양하고 통제가 가능하며, 사물에 통합된 많은 기본적인 특징을 가지고 있지만 그것들은 종종 유사성으로 끝나는 경우가 있다.

사물인터넷은 전자장치, 소프트웨어, 센서가 내장되어 있고 인터넷에 연결된 물리적 객체의 네트워크를 의미하는 것으로 정의된다. 사물인터넷 생태계에는 게이트웨이, 클라우드 컴퓨팅, 분석정보, 대시보드, 모바일 어플리케이션 등의 장치를 사용할 수 있는 다른 시스템이 모두 포함되어 있다.

사물인터넷 디바이스와 생태계를 구축하면 원격으로 대용량의 데이터를 수집하고 전 세계 어느 곳에서도 원격 제어가 가능하다. 사물인터넷은 스마트 홈, 스마트 그리드, 자동차, 도시, 보안 등 대규모 사회 과제를 가능하게 한다. 가장 중요한 것은 사물인터넷기기가 물리적 환경과 디지털 환경을 연결한다는 점이다.

분석가들이 지적하고 있는 것처럼, 이 모든 것은 꽤나 계속되었으며 차이점은 이러한 장치를 제조하고 전개할 수 있는 비용과 규모이다. 이 비용은 현재 일회용 제품 및 저가 제품에 컴퓨터 기능을 통합할 수 있는 정도로 충분히 낮아지고 있다. 이러한 낮은 비용은 사물인터넷 장치에 직접적인 영향을 미친다. 보안 시스템을 위해 전보다 많은 장소에 많은 센서를 설치할 수 있다는 것을 의미한다.

이 책의 나머지 부분에서 사물인터넷 이라는 용어를 사용하겠지만, 지나치게 현학적이지 않기 위해서, 전자보안은 오랫동안 '지능형 시스템' 비즈니스였다고 하는 것이 더 정확할지도 모른다. 작고 강력하지 않은 사물인터넷 장치와는 대조적으로 지능형 시스템은 "고성능 마이크로 프로세서, 연결성 및 높은 수준의 운영 체제를 지원하는 장치"라고 정의되어 있다. 이것은 상업보안 시스템에 배포된 다양한 구성 요소에 훨씬 더 적합하다.[6] 예를 들어 접근 제어 패널이나 네트워크 카메라는 고성능 마이크로 프로세서 및 리눅스 등의 높은 수준의 운영 체제를 사용할 수 있다. 또한 일반적으로 PC 기반의 컨트롤러에 로컬 직렬 연결에 제한되는 이전 버전과 달리, 인터넷 연결 기능도 제공한다.

■ 미래예측

가트너는 2022년쯤에는 일반 주거에 대당 1달러의 저렴한 비용으로 500대 이상의 스마트 기기가 쓰일 것으로 예상한다.[7] 이는 오늘날 우리가 살고 있는 세계와 비교할 때 놀라운 변화이다. 초소형 가전제품과 주거용 제어 장치만이 실제로 "스마트"라고 불릴 수 있지만 여전히 프리미엄 가격을 부과할 수 있다. 모든 움직임을 디지털화하고 기록하는 것에 대한 우려를 제쳐 두고, 주거용 및 상업용 자산에 이렇게 많은 새로운 데이터 소스의 존재는 기존 보안 시스템을 비롯한 다른 기술에 상당한 영향을 준다.

이처럼 저렴하고 광범위하게 이용할 수 있는 사물인터넷의 사용은 최근 몇 년간 그 분야에 진출한 많은 스타트업에서 일어나고 있는 일이다. 그것은 기성 세대가 걱정할 만한 일이다. 아두이노(Arduino) 또는 라즈베리 파이(Raspberry-Pi)로 구축할 수 없을 정도로 복잡한 내장형 보안 장치는 거의 없다. 저렴한 클라우드 인프라와 결합된 범용화된 저가 부품의 성공은 기본적으로 정보에 대한 것이므로 기존의 보안 설계를 약화시킬 수 있다. 나와 내 동료들은 지금까지는 아니였지만, 이제는 걱정해야 한다.

공급 업체에 대한 우려에도 불구하고, 보안 기관에 대한 이점은 분명하다.

---

6) IDC Research, "Intelligent Systems: The Next Big Opportunity," 2011.

7) http://www.gartner.com/newsroom/id/2839717.

상황별 지능적인 정보를 생성하고 스트림하는 것이 더 저렴해졌다. 비싼 해결방법들은 시장에서 밀려날 것이다. 하지만 여전히 초기 채택 단계에 있기 때문에 사물인터넷+클라우드 패러다임의 가격 경쟁은 다소 시간이 걸릴 것이다. 시장을 변화시키고 균형을 찾기 위해서는 적어도 많은 얼리어답터가 필요하다.

무엇이 우리를 여기까지 데려오는가?

앞서 살펴본 바와 같이 클라우드 컴퓨팅은 사내 컴퓨팅에 비해 비용을 크게 절감한다. 사물인터넷기기의 경우 클라우드만이 유일한 옵션이다. 사물인터넷기기들은 클라우드에서 생겨났고 클라우드를 떠날 수 없다. 고객이 생산하는 정보에서 가치를 창출하는 모든 측면에 서비스와의 커뮤니케이션이 클라우드 서비스와 통신한다는 가정 하에 이러한 고객들을 위해 고안, 설계, 제조 및 구현을 하였다.

두 번째 비용 요소는 배선이다. 사물인터넷기기가 비싼 물리적 회선 대신 무선 통신을 사용한다는 것은 예상된 일이다. 세 번째 주요 비용 요소는 전력 소비량이다. 다시 말해 대부분의 사물인터넷기기는 오랜 시간 동안 소형 배터리로 작동하도록 설계되어 있어, 다른 기기에 비해 훨씬 더 많은 비용 경쟁력이 있다.

이러한 모든 변화는 공급 망에 영향을 미친다.

사물인터넷 장비 및 소프트웨어 공급업체의 경우 사물인터넷 변환은 새로운 설계 원칙 대신 기존 제품 설계를 사용하여 제품 로드맵을 작성하는 것이 특징이다. 주목할 만한 점은 물리적 제품과 관련된 사용자 환경에 대한 고객의 기대가 지난 기술 주기 동안 사용자 인터페이스에 대한 기대와 동일하게 바뀐다는 점이다.

이전의 모든 기술과 마찬가지로 이 기술은 시스템 통합 업체와 그 기술자들에게 새로운 기술을 필요로 한다. 이전의 사용자 설명서는 더 이상 쓸모없게 되었기 때문에 새로운 기술을 다시 배워야 한다. 더 이상 빠른 설치와 저렴한 회선 연결방법이 환영받지 못한다. 대신에 이것은 센서 네트워크를 위한 무선 연결로 발전할 것이다. 이것은 수백 개의 장치를 모두 갖출 수 있도록 하는 네트워크 관리 도구에 대한 것이다. 고객들이 현재 요구하고 있는 보안 업계 밖의 제품과 서비스에 대한 것들이 될 것이다. 그리고 그것은 불확실한 사이버 보안에 대한 예방책이 된다.

하지만 이러한 일은 한 번에 일어나지 않을 것이다.

우리의 눈과 손을 확장하는 사물인터넷 장치는 물리적으로 존재함으로써 이전에 수행할 수 있었던 작업만 수행할 수 있었다. 많은 경우에 사물인터넷 장치들은 관련 리스크 없이 우리가 할 수 있는 것보다 더 빠르고 더 나은 일을 할 수 있다. 사물인터넷에 연결된 자동 온도 조절기는 우리보다 온도 오차에 대해 훨씬 정확하다. 사물인터넷에 연결된 스스로 닫는 것을 기억하는 차고 도어는 인간의 기억력에 의존하는 것보다 훨씬 났다. 블루투스 수신기는 개인 전자 제품이 언제 사용되는지 항상 인식할 수 있다. 그리고 물건을 감지하는 카메라는 인간 경비원보다 의심스러운 상황을 더 잘 관찰하고 발견할 수 있다.

그렇다면 사물인터넷이 우리에게 무엇을 해 주길 바라는가? 어디서 가장 큰 가치를 얻을지 어떻게 결정할까? 우리의 가장 큰 문제는 무엇일까? 리스크 관리 과학에 따르면 정보가 많을수록 리스크를 줄일 수 있다. 따라서 리스크 요소가 정확하고 적시에 조치 가능해야 한다. 사물인터넷기기로 세상이 가득 차 있어야 한다. 사물인터넷으로 인한 센서 기술의 급격한 비용 절감을 통해 몇 년 전에 비해 적은 비용으로 고밀도 센서 네트워크를 경제적으로 구현할 수 있게 되었다. 이 저비용 구조는 센서 배치에 정량적 변화뿐만 아니라 질적인 변화도 내세웠다. 센서는 이제 매우 낮은 비용으로 설치될 수 있으므로 사실상 건물이나 공공 공간의 모든 입방 피트에 대해 항상 하나 이상의 보안 감시 형태 안에 있을 수 있다.

빅 브라더가 이처럼 지불가능한 것일 줄 누가 알았겠는가?

■ 데이터에 대한 모든 것

보안은 후방을 주시하는 포렌식 연구(소위 말이 달아난 후 안전문을 닫는 것이라고 알려진)에서부터 전방을 바라보는 예측과 예방(소위 1온스의 예방은 1파운드의 가치가 있다라고 하는)에 이르기까지 꾸준히 발전해 왔다.

사물인터넷은 도움이 되지만, 더 나은 데이터를 위해 우리가 사용한 최초의 도구는 아니다. 예전의 우리는 오직 자신의 눈과 귀가 전달하는 것만을 알 수 있었다. 더 나은 도구가 필요한 사람들은 4개의 다리를 가진 힘과 데이터 수집 시스템이 탁월한 개를 길렀다. 개의 예민한 청각과 들리지 않는 소리에 대한 반응성은 초기 동작 탐지기와 같은 역할을 해 주었다. 훨씬 후에, 현대의 전자 보안은 이러한 개의 능력을 인공적으로 만들어냈다. 전자 센서는 보안 기관에게 눈과 귀를 제공했다. 생물학적이든 전자적인 것이든, 무언가에 대해 조치하는 것보단 예방하는 쪽으로 계획이 만들어 지고 있다.

모든 사물인터넷기기에서 공통적으로 나타나는 공통 분모는, 그리고 이들 기기가 전환되는 이유는 엄청난 데이터 스트림을 생성하기 때문이다. 최근의 예측에 따르면 디지털 정보 환경의 크기는 2년마다 두 배가 될 것이며, 2020년에는 44ZB(44 이후에 21개의 0이 이어지는)로 확장될 것이라고 한다.[8] 사물인터넷은 다른 곳에서도 이미 사용 중인 보안과 동일한 기능을 수행한다. 센서의 급격한 증가는 의사 결정에 사용할 수 있는 데이터를 증가시키고 품질을 개선할 것이다.

사물인터넷 기술은 이 센서들을 이전보다 더 좋고 저렴하며 사용하기 쉽게 만들었다. 사물인터넷 장치, 카메라, 탐지 시스템, ID도구, 네트워크 또는 블루투스 분석 기능은 모두 보안 분석 및 작업과 관련된 유형의 데이터를 매우 적합하게 제공한다. 이 센서들을 많이 두는 것을 선호한다면 모든 것을 이해하기 전까지는 그렇게 하는 것이 좋은 생각일 것이다. 사물인터넷 시스템의 새로운 데이터는 이해하기 쉽게 접근 할 수 있을 때만 보안 관리자에게 유용하다. 이는 곧 다양한 유형의 사물인터넷 네트워크와 함께 제공될 여러 SaaS 시스템 간의 분석, 어플리케이션 및 일정 수준의 시스템 통합이 대부분 다른 유형의 사물인터넷 네트워크와 함께 제공될 가능성이 높다.

보안 목적으로 수집, 분석한 다른 사물인터넷 데이터 소스도 마찬가지다. 우리는 이러한 모든 새로운 소스와 융합할 수 있는 API기반 소프트웨어 플랫폼이 있을 때에만 사용할 수 있다. 이를 위해서는 업계 경계를 벗어나, 다른 영역의 솔루션 중 일부는 우리가 직접 구축할 수 있는 솔루션보다 더 우수하다는 점을 이해해야 한다. 다시 말해, 규모 때문에 물리적 보안산업 외부에서 내부보다 더 많은 혁신이 일어나고 있다는 것이다. 그리고 이를 무시하는 것은 어리석은 일일 것이다.

8) http://www.emc.com/about/news/press/2014/20140409-01.htm.

■ 더 저렴한, 더 작아진, 더 세밀한

모션 감지 전자제품은 10달러 이하로 제조할 수 있는 사물인터넷 제품의 좋은 예이다. 그들은 점유율에 따라 개별 수준으로 에너지 수요를 결정할 수 있기 때문에 에너지 관리를 개선한다. 그들은 에너지 관리 시장을 확대해 왔는데, 이것은 기존의 복잡한 산업용 건물의 제어와는 달리 비용이 저렴하고 개조하기 쉽기 때문이다.

이러한 저비용 사물인터넷 센서는 일단 설치되면 에너지 절약 ROI에 의해 옳음을 보여줄 수 있지만 그것을 활용할 수 있는 시스템이 있으면, 리스크 관리 방식에 추가 데이터를 가져올 수가 있다. 이러한 시스템이 나타내는 최선의 방법은 데이터 분석 기능이 매우 저렴하게 제공되는 클라우드에 있다.

사물인터넷의 부상은 블루투스와 와이파이를 대부분의 스마트폰 사용자에게 '항상 켜는' 선택으로 만들어 움직임과 위치를 추적할 수 있는 능력을 한층 더 끌어 올리고 있다.

이 두 가지 무선 프로토콜 모두 스마트폰이 정기적으로 소량의 데이터를 스트림하여 자신을 알리고 해당지역 무선기기에 위치를 알게 한다. 스마트폰(혹은 다른 연결 장치)에서 이러한 무선 스트림은 장치가 기본 무선 범위 내에 존재하는지 식별되는 것을 가능하게 한다. 여러 접근 포인트를 가진 네트워크에서 데이터를 결합하여 평면도에서 스마트폰의 위치를 삼각 측량할 수 있다. 또한 이 데이터는 다음 이동 경로, 체류 시간 및 특정 장치가 이전의 영역에서 볼 수 있는지 여부를 이해하기 위해 공간 디스플레이 시스템에 공급되거나 분석 파악할 수 있다.

2018년까지, 스마트폰의 90% 이상에 블루투스 기능이 탑재되어 북미에서는 이미 45%가 스마트폰을 사용하고 있는 것으로 예측된다.[9] 스마트 시계, 자동차 오디오 시스템, 핸즈프리 헤드폰, 인터넷 테더링 및 많은 블루투스 지원 홈 장치는 스마트폰 사용자들의 블루투스를 더 많이 구동시켜 사용하는 것을 잊어버리게 한다. 애플과 같은 스마트폰 제조사는 iOS 업데이트마다 자동으로 블루투스를 켜는 방식으로 선택권을 이용하고 있다.

---

9) http://blog.roverlabs.co/post/117195525589/the-straight-goods-on-bluetooth-how-many.

"블루투스 끔" 이라는 버튼을 누른 사용자에게 와이파이는 스트리밍 영상 및 기타 대역폭을 많이 사용하는 모바일 응용 프로그램에서 고가의 무선 데이터 통신 요금의 데이터를 소비하는 것을 막기 위한 필수적인 도구가 되었다. 예를 들어 최근의 설문 조사에서 소비자의 76%가 정기적으로 집 밖의 공공 와이파이에 접속하는 것으로 나타났다.[10] 와이파이 장치가 이러한 네트워크 중 하나에 연결할 때마다 그 고유의 MAC 주소를 기록할 수 있다. 중앙 집중 식 감시 환경에서는 이러한 MAC 주소를 모두 수집하고 분석할 수 있다.

분석은 "이 사람은 전에 우리 커피숍에 와 본 적이 있는가?"와 같은 소비자 행동 질문에 초점을 맞출 수 있다. 이러한 데이터는 또한 "살인사건이 발생했을 때 누가 여기에 있었나?"라는 위기관리 질문에 대한 답이나 사건 이후의 포렌식 증거로 사용될 수 있다.

■ 파도인가, 해일인가

비즈니스와 기술 분석가들은 향후 5년 이내에 사물인터넷기기의 수가 폭발적으로 증가할 것이라는 데 동의하고 있다. 이 새로운 컴퓨팅 장치들은 우리의 사회, 물리적 환경, 그리고 우리 자신에 관한 엄청난 양의 데이터를 생산할 것이다.

많은 전문가들은 사물인터넷의 등장을 1980년대의 데스크탑 컴퓨팅, 1990년대의 인터넷 증가, 차세대 클라우드 및 모바일 컴퓨팅과 같이 새로운 신기술이 나타났다라고 주장하고 있다. 그것들은 각각 새로운 시대의 여명으로 예고되었다. 여러 가지 면에서, 그들은 각각 개인적으로나 집단적으로 우리의 삶에 엄청난 영향을 끼친 존재였다. 개인적으로 나는 인생의 첫 20년을 정의했던 PC이전, 인터넷 이전, 그리고 사전 모바일 시대를 상상하는 것은 어렵다고 생각했다. 수십억 개 이상의 기기가 연결되어 있다고 해서 앞으로 20년 동안 극적인 변화가 일어나지 않을 것이라는 것도 마찬가지로 상상하기 어렵다고 생각한다.

하지만 사물인터넷은 새로운 것이 아니라는 관점이 있다. 주로 마케팅 전문가들이 최신 유행에 편승하여 기존 기술에 대해 새로운 방식으로 꾸며낸

10) http://www.zdnet.com/article/how-much-do-we-love-our-와이파이-a-lot/.

새로운 상표라고 말한다. 그들은 이 현상이 오래 전에 시작되었고 단순히 자체적으로 발생하고 있다는 증거로서 유사한 연결 기기의 초기 예를 지적한다. 사실, 나는 이 장의 앞부분에서 비슷한 점을 언급했다. 즉 전자 보안은 네트워크로 연결된 장치 비즈니스였으며, 사실 우리는 이전에 이러한 비즈니스를 개척해 왔다. 네트워크 연결이 나타났을 때 커다란 직렬 케이블로 프린터를 연결하는 모델 대신 무선 모델을 구입 하라 거나, 보기 흉한 전선이 있는 마우스와 휴대용 컴퓨터를 구입하지 말고 무선 제품을 구매 하라는 내용은 커다란 차별화 요소로 호평을 받았다.

대부분의 새로운 기술 유행과 마찬가지로 사물인터넷도 과장된 주장들로 시장에 나타나고 있다. 대부분의 광고는 기술 자체에 관한 것이지 실제로 소비자나 기업에 무엇을 할 수 있는가에 관한 것이 아니다. 이것은 실제 문제를 해결하거나 사람들의 삶을 의미 있는 방법으로 향상시키는 유용한 새로운 해결책을 만들고 있는 사람들에게는 불행한 일이다. 그들의 과장된 주장들로 인해 구매자들은 어떤 기술이 그들에게 사용될 만큼 성숙했는지 평가하는 것이 어렵다.

■ 사물인터넷은 모든 것에 사용될 것이다.

세계 최초의 스마트 머리빗이 CES 2017에서 발표되었을 때, 나는 내가 지금까지 본 것 중 가장 바보 같은 것이라고 생각했다. 이것은 당신이 머리를 올바르게 빗고 있는지 아닌지를 알려 주는 제품이다. 일부는 이것을 우리가 사물인터넷의 기술을 최고조에 달했다는 증거로 설명했다.[11] 그러나 이것은 막힘없이 새로운 것을 추구해야할 신생 사물인터넷 기업들에 대한 모욕이다.

마음을 가라앉히려 심호흡을 한 후, 나는 이 새로운 미용 액세서리가 로레알(L'Oréal)에 있는 기업의 주인들에게 제공할 수 있는 데이터에 대해 더 생각해 보았다. 그들은 당신이 그것을 사용할 때마다, 얼마나 오래 잡는지, 얼마나 빠르게 혹은 느리게 당신의 부드러운 머리카락을 쓰다듬는지, 그리고 아침이나 밤에 빗질을 하는지 안다. 심지어 그것이 실수로 떨어트려 흔들렸는지 아니면 그것이 지진에도 견뎌냈는지 알 수 있다.

11) http://www.wired.co.uk/article/smart-hair-brush-loreal-withings.

이 모든 것이 동작 탐지기가 된다.

동작 탐지기는 수년 간 전용 보안 장치로 사용되어 왔다. 고장률이 높은 부피가 큰 장치에서 양면 테이프로 벽에 붙일 수 있는 소형 배터리로 작동되는 장치로 발전했다. 그들은 여러 가지 다른 기술을 사용하고 사람들을 애완동물과 구별할 수 있을 정도로 정교해 졌다.

이제는 저렴한 사물인터넷기기에도 거의 무료로 가속도계가 장착되고 있다. 앞으로 주거에 있는 모든 장치에서 동작 탐지 데이터를 수집할 수 있다면 물리적 보안 장치를 설치하지 않고도 가상 동작 탐지 네트워크를 구축할 수 있을 것이다.

이것이 우리의 가정과 기업들의 모습일까?

사물인터넷으로 뷰류되는 실제 제품을 살펴보면 필수 산업 공정 컨트롤러 및 센서부터 온도 조절기, 조명 제어 장치, 커넥티드 카, 동작 센서, 운동 추적기, 스마트 시계, 스마트 칫솔 등의 개인 편의 품목에 이르기까지 다양하다. 내가 개인적으로 가장 좋아하는 반려동물을 위한 홈CCTV(PetChatz Greet & Treat Videophone)도 있다.

이러한 용품을 살펴보면 사물인터넷기기와 어플리케이션이 농업, 국방, 온라인 게임에 이르기까지 거의 모든 소비자와 산업 분야를 넘나든다는 것을 보여 준다. 다른 것처럼 말이다. 이들 수직 시장에서 사물인터넷 시스템의 객체, 프로토콜, 데이터 흐름 및 제어 작업은 크게 다르다. 내시경용 캡슐 위장 카메라가 산업 식품 처리 규정 준수를 감시하는 온도 센서와 달리, 이들은 모두 현재 매우 적은 에너지를 사용하는 소형, 강력한 컴퓨팅 장치에 사용할 수 있는 연결 옵션의 확장을 이용하고 있다.

이러한 어플리케이션과 달리 연결된 디바이스 간에 전원을 공급하는 기본적인 연속성이 있다. 이는 사물인터넷기기를 하나의 범주로 묶는 경향이 있다는 것을 의미한다. 인터넷에 연결하는 것은 처음 몇 세대보다 규모가 작다. 벽에 플러그를 꽂지 않고 배터리로 작동하는 경우도 많은데, 그 경계조차 빠르게 흐려지고 있다.

사실 유비쿼터스 컴퓨팅은 너무나 다양한 맥락에서 급속도로 발전하고 있기 때문에 이 새로운 지형의 엄청난 규모는 우리가 그것을 그 자신의 이름으로 불리는 것을 보증한다. 달리 말하면 1980년에 실제로 낮은 가격, 접근성, 소비자 어플리케이션의 다양함, 그리고 절대적 규모의 PC가 산업혁명 이래 최대의 사회경제적 사건 중 하나로 자리 잡았을 때 개인용 컴퓨터는 새로운 것이 아니라고 말하는 것과 같다.

큰 차이점은 장치 연결이라는 제품을 선택하거나 제품을 선택하도록 안내하는 이 특별한 기능이었다. 사물인터넷 시대의 새로운 특징은 모든 전자기기가 연결되어 있다는 것이다. 모든 새로운 텔레비전은 이제 연결된 텔레비전이다. 모든 새 차는 이제 연결된 차이다. 새로 나온 커피 메이커들은 모두 연결되어 있다. 모든 보안장치는 연결된 보안장치이다. 더 이상 선택의 여지가 없이 그것은 제품의 일부가 되었다. 적극적으로 그것을 선택하지 않는 사람들조차도 어쨌든 그것을 가질 것이다. 연결성은 전기를 사용하는 모든 것에 피할 수 없는 부분이 될 것이고 이전에는 결코 시도해 보지 못한 많은 것들이 될 것이다.

■ 산업용 사물인터넷

산업용 사물인터넷(IIoT)은 의료, 운송, 에너지, 스마트 도시, 스마트 고속도로, 작업현장, 공급망, 인프라, 광업, 수십 개의 사물인터넷 기술의 비소비자 응용 프로그램을 아우르는 이름이며, 중공업과 빌딩 자동화 및 보안을 제공한다. 자체 협회, 컨소시엄, 회의, 참조 아키텍처, 사이버 선언문, 컨설팅 사례, 소프트웨어 플랫폼 및 자체 로비스트도 있다.

이 용어는 2011년에 도입된 용어로 사물인터넷의 많은 기업 응용 분야에서는 반등점이 되었다. 소문에 의하면 성장 가능성이 매우 높다고 한다. 향후 5년간 설치될 사물인터넷기기는 기업이나 산업 환경에 39% 배치될 것이다. 그것은 그 자체로 수십억 달러 시장이 될 것으로 예상된다.

우리는 상업보안에서 사물인터넷을 사용하는 것이 산업용 사물인터넷 커뮤니티와 많은 관심과 목표를 공유하고 있기 때문에 주목하고 있다. 우리는 모두 시스템 구조와 표준에 관심이 더 많다. 사람들은 모두 기기 인증과 사이버 강화에 관심이 많다. 또한 가용성과 네트워크 복구에도 관심이 있다. 이것은 소비자 제품 기업들이 이러한 문제에 대해 무관심 하다는 것을 암시하는 것이 아니다. 단지 사물인터넷 제품들이 더 복잡한 생태계에서 작동하고 추가적인 도전에 직면하기 때문에 주거 환경에 존재하지 않을 뿐이다.

산업용 인터넷 컨소시엄(IIC)은 표준, 모범 사례, 교육 등을 통해 산업용 사물인터넷의 성장을 가속화할 수 있는 기업과 기술을 한데 모으기 위해 설립된 무역 그룹이다. 이들은 산업용 사물인터넷의 성능을 획기적으로 개선하고 운영 비용을 낮추며 신뢰성을 높이는, 지능적이고 상호 연결된 객체를 통해 산업을 변화시킬 융합형 제품이라고 설명했다.[12] 산업용 인터넷 컨소시업의 회원자격은 현재 정보 기술, 제조, 스마트 기기, 자동차, 정보 보안, 광업, 석유, 그리고 물리적 보안의 분야에 걸쳐 200개 이상의 기업을 포함 하고 있다.

사물인터넷 기술의 상업보안 어플리케이션들은 기본적인 사물인터넷의 전제를 산업용으로 개선하는데 매우 적합하다.

- **지능형**: 선사 보안 장치의 지능이 꾸준히 증가하고 있다. 이제 복잡한 암호화 및 공용 키 인프라(PKI) 기능이 높은 보안 인증이 필요한 어플리케이션에 사용되는 카드 판독기와 같은 작은 스마트 장치로 수행하게 된다.
- **상호 연결**: 전자 보안의 IP 채택으로 연결성은 크게 향상되었다. 이러한 인터페이스는 처음에는 LAN을 통해서만 사용되었지만 인터넷을 위한 길을 닦았다. 나중에 공급 업체는 클라우드 서비스에 연결하는데 필요한 펌웨어와 IP연결을 활용했다.
- **성능**: 성능 향상으로 지능형 보안장치, 특히 영상분석 분야에서 새로운 동작이 가능해졌다. 복잡한 알고리즘과 고대역폭 데이터 스트림은 실제로 유용하기 전에 최소한의 지능을 요구한다.
- **운영 비용**: 클라우드 연결 지능형 장치는 운영 비용 절감의 놀라운 예이다. 엔터프라이즈 보안을 관리하는 SaaS서비스로 인한 TCO(기업에서 사용하는 정보와 비용에 투자효과를 고려하는 개념의 용어)개선에 필수적이다.

간단히 말해서, 사물인터넷은 매우 중요하다.

12) http://www.iiconsortium.org/about-industrial-internet.htm.

제9장

모든 보안은 이제 사이버보안

애너하임에서 열린 2015년 미국산업보안협회(American Society for Industrial Security, ASIS) 보안 컨퍼런스는 남 캘리포니아의 끝없는 태양과 디즈니랜드의 화려함으로 장식됐다. 미키와 구피가 있는 거리에 회의장을 찾아 헤매며 나는 이날의 보안 컨퍼런스에 집중하기 어려울 것 같다고 느꼈다.

회의장 안에서는 무거운 분위기가 확산되고 있었다. 거의 모든 대화의 주제는 전자 보안장치의 사이버 보안과 사물인터넷의 전 영역이었다. 2015년 7월에 공개된 지프 그랜드 체로키의 해킹은 사람들에게 신선하게 다가왔다. 해킹은 통제된 상황에서 사람들의 이목을 끌기 위한 것처럼 보였지만, 그 관련성은 무시할 수 없었다. 그것은 물리적인 피해를 일으키는 사이버 공격의 명백한 사례였다. 차량의 탑승자가 위험에 처해 있었지만, 그 주변에 있는 사람도 마찬가지였다. 차량을 해킹하여 원격으로 조종하는 능력을 갖춤으로 죽음을 초래할 수 있는 두려움은 이미 널리 알려진 것이었다. 이 사건은 사이버 공격에 대한 방어 방법을 알 수 없는 한 물리적 보안이 불가능하게 된다는 것을 너무도 명백하게 보여 주었다.

연결된 기기에 대한 사이버 공격은 더 큰 물리적 대상을 가질 수 있다. 독일의 언론에 의하면, 해킹당한 지프의 뉴스가 보도된 것과 거의 같은 시기에 제철소가 사이버 공격에 의해서 용광로 제어 시스템이 해킹되어 용융을 일으켜 막대한 손해를 입었고 시스템 불능화까지 이르렀다고 보도되었다. 이란의 우라늄 농축 원심 분리기에 대한 Stuxnet 공격을 상기시키는 이 산업 위협은 우리가 전자 메일을 열 때마다 매일 접하는 리스크였다. 해커는 전자 메일 피싱을 통해서 제철소의 기업 네트워크에 침입하여 최종적으로 제어 시스템 접속 해킹에 성공했다. 이에 관해 가장 우려되는 것은 해커가 기업 네트워크에서 플랜트 생산 네트워크까지 이동하여 제어할 수 있다는 것이었다. 하나의 네트워크에서 다른 네트워크로 크로스 오버하는 능력은 안전한 네트워크 설계의 가장 기본적인 원칙을 깨는 것이었다. 서로 관련이 없는 비즈니스 및 보안기능을 분리하여 타협으로 인해 다른 비즈니스 기능에 손상이 일어나지 않도록 해야 한다.

그 이후로 우리는 물리적 보안 업계를 대상으로 훨씬 더 가까이 다가오는 크고 무서운 실제의 해킹을 보았다. 이것은 단지 시작이라고 볼 수 있다.

문제의 사건은 2016년 10월 21일 미국 전역의 기업에 배치된 14만대의 영상감시 카메라 중에서 봇넷을 만들어 낸 분산 서비스 거부 공격(DDoS)이다. Mirai라고 알려진 악성 코드의 통제하에, 카메라들은 인터넷의 주요 매체에 중요한 서비스를 제공하는 네트워크 인프라 기업인 Dyn에 대규모 공격을 가하도록 지시됐다. 이 감염된 카메라에서 나온 가짜 교통 체증은 그 날 트위터, 텀블러, 그리고 심지어는 아마존과 넷플릭스 같은 유명 인터넷 기업에 이르기까지 모든 사람을 혼란에 빠트렸다. 지연이 계속되어 웹 사이트에 접속할 수 없게 되었으며, 몇 시간 동안이나 비즈니스운영을 할 수 없게 되었다. 악성 코드와 제대로 보호되지 않은 IP 카메라들이 인터넷의 상당한 부분을 마비시키는 데 사용되었다.

향후 몇 년 동안 수십 억대의 사물인터넷(보안 관련 또는 기타)가 우리 생활에 더 많이 모습을 드러낼 것이다. 이 중 많은 부분이 시설, 인프라 및 일상생활과 공유된 네트워크에 사용될 것이다. 그들은 우리의 삶에 많은 기여를 하겠지만, 사이버 범죄, 신원 도용, 사생활 침해 그리고 심지어 테러에 대한 수많은 새로운 공격 가능성도 초래한다.

물리적 세계와 디지털 세계 사이의 연결 고리에서 발생하는 이러한 위협들은 안전 거부 공격이라 불린다. 보안 및 빌딩 자동화를 위한 사물인터넷 기기가 설비된 시설이 더욱 보편화될 전망이다. 이에 따라 기술 업계의 많은 사람은 이 사이버 문제가 과연 해결될 수 있을지에 대해 궁금해 하고 있다. 최소한 우리는 특수한 상황과 오류에 취약한 일회성 장치 프로파일을 제거할 수 있는 기준이 필요하다.

차세대 연결 장치로 인한 사이버 위험은 제대로 관리되지 않으면 보안 조직의 핵심 임무를 어렵게 할 수 있다. 이러한 상황은 사이버 보안의 중요성을 더욱 강화했다.

■ 인생을 모방하는 기술

앞서 서술한 3건의 사이버 공격의 사례는 모두 사물인터넷의 이점을 활용하기 위해서는 연결 장치를 보호할 수 있어야 한다는 점을 보여 준다. 여기서 중요한 것은 사물인터넷 산업이 사실상 운영되고 있기 때문에 우리는 이미 위협을 받고 있다는 점이다. 어떤 면에서든 우리 모두는 인터넷에 연결된 전자 보안 시스템을 제조, 설치 또는 구매한다. 우리의 물리적 보안 인프라는 심각한 리스크에 노출되어 있다.

우리의 상황은 영상 게임으로부터 살펴볼 수 있다. 서술한 3건의 사이버 공격으로 인한 혼란을 겪기 얼마 전, 영상 게임 공급자인 유비소프트는 감시인(WatchDogs)이라는 제목의 게임을 발표했다. 이 게임은 사물인터넷기기가 현대 도시 환경을 관리하고 해킹이 현실 세계의 절도, 공공 기물 파손, 지배 등의 주요 도구가 되어 버린 디스토피아적 세계를 묘사하고 있다. 게임의 주인공은 정보를 입수, 제어하거나 장치를 파괴하기 위해 물리적 인프라를 해킹할 수 있는 “안티-히어로”이다.[1] 이 혼란스러운 광경의 핵심은 우리가 배치하는 전자 보안 장치가 많을수록 해커로부터 더욱 안전하지 못하다는 역설적인 세계이다. 차량, 교통신호, 교량, 보안시스템, 출입도어, 휴대전화 등 전자 신호가 있는 것 모두가 대상이 된다.

누구도 벗어나지 못한다.

■ 세계적, 주거용, 산업용, 보편적이기까지 한 위험

이 모든 이야기의 공통적인 결론은 물리적 세계와 사이버 세계가 이제 뗄 수 없는 관계가 되었다는 점이다. 우리가 계속해서 제조 및 설치하고 있는 수십억대의 소형 컴퓨터는 해커에게 주는 최고의 선물일 것이다. 그것들은 러시아의 해킹이 최근의 대통령 선거에서 중요한 역할을 했다고 생각되는

1) From the game description provided by the manufacturer, see https://www.ubisoft.com/en-us/game/watch-dogs/.

해에 사상 최대의 전시 또는 테러리스트의 큰 취약성을 만들 가능성이 있다.

테드 코펠의 라이트 아웃(Lights Out)은 전력망의 사이버 공격에 대한 내용이 잘 반영된 도서로, 중요한 기반시설에 대한 주요 해킹의 취약성과 그에 대한 영향을 다루었다. 한마디로 우리 사회는 전력 없이 운영할 준비가 되어 있지도 않고, 정부 또한 그것에 대해 준비되어 있지 않다는 것이다. 몇 주간이나 중단이 계속되는 혼란 속의 정상적인 물류 활동은 현재의 수준에서는 불가능하다. 허리케인 샌디로 인한 작은 지역의 전기중단으로 손상된 맨해튼과 뉴저지의 전기 시스템 복구를 위해 필요자원과 숙련된 노동자들을 전국에서 데려왔어야 했다. 나라 전체가 전기 없이 살아간다는 것은 이전의 혼돈사회로 빠르게 퇴보하는 것이다.

서술했던 예를 통해 보안이 해결되지 않는 한 사물인터넷의 문제는 항상 존재한다는 것을 알게 되었다. 하지만 우리는 전에 경험하지 못했던 시나리오에 대해서 제대로 대응하지 못한다. 그런 문제에 대해서는 심각하게 생각하지 않고 앞으로만 나아가려 한다면 엄청난 문제가 발생할 수 있다.

■ 더 악화되어 돌아온 클라우드 보안

사물인터넷기기의 물리적 보안 도입에 대한 사이버 문제는 클라우드 컴퓨팅의 초창기 보안에서의 문제를 상기시킨다. 클라우드 컴퓨팅의 초기 10년(1999~2009년) 동안 가장 큰 문제는 클라우드가 자체 데이터 센터나 사내 서버만큼 안전하다는 점을 구매자에게 납득시키는 것이다. 논리적으로 설명하기는 쉬웠지만, 많은 구매자는 심리적 장벽을 극복해야 했다. 근본적인 문제는 무언가를 물리적으로 소유할 때 더 안전하고 통제력이 있다고 느낀다는 것이다. 사람들은 보고 만지는 것이 가능해야 안전하게 보호할 수 있다고 생각한다. 또한 멀리 떨어져 있는 데이터 센터를 관리하는 알지 못하는 사람보다는 가까이 있는 직원을 더 신뢰하기 쉽다. 이러한 이유로 보안 컴퓨팅을 자신의 건물 내에서 운영하려고 하지만 앞에 소개한 두 가지 예는 모두 잘못된 생각이다.

해킹은 컴퓨팅 장비의 물리적 위치와 관계가 없다. 데이터 센터가 공개적인지 비공개적인지, 공유되는지는 중요하지 않다. 해킹은 또한 시스템 관리자 기업의 명성과 관계가 없다. 가장 중요한 문제는 누가 사이버 보안규정을 준수하느냐는 것이다. 이것은 보통 클라우드 데이터 센터나 소프트웨어 서비스기업 직원들의 문제가 된다. 왜냐하면 그들이 하는 역할이 크기 때문이다. 그들의 생계와 기업의 성공은 보안 규정 준수를 잘하느냐에 달려 있다. 대규모 클라우드 기업에는 사이버 보안 전문가의 수가 수천 명에 이른다.

사물인터넷에 대한 해킹을 시작으로 유사한 사이버 보안 문제가 수면 위로 떠올랐다. 이런 문제는 훨씬 더 큰 해결 방안이 필요하다. 클라우드가 지향하는 것은 모든 가상화 컴퓨터 시스템을 지배구조(기본원리)하에 두고 일괄적으로 관리할 수 있게 하는 것이다. 외곽 보호, 보안 패치, 구성 관리, 침입 탐지 등 최근 데이터 센터에서 수많은 가상 서버를 관리하는 모범사례가 있다. 중요한 것은 위의 사례와 정책이 일치하는지 일괄적으로 관리할 수 있다는 것이다.

하지만 사물인터넷기기는 그러한 편리함을 제공하지 않는다.

크게 다른 인터넷 보안 방식으로 다양한 환경에 설치된다. 클라우드 서비스와 달리 일괄된 외곽 보호 기능이 없다. 그것들은 잘 관리된 상업용 방화벽 안에 있거나, 기본값으로 설정된 주거용 라우터 안에 있을 수 있다. 클라우드 서비스와는 달리, 패치나 중앙관제가 불가능할 수 있다. 결국 사물인터넷에 적용된 오래된 펌웨어로 인해 사용자가 어려움을 겪을 수 있다. 클라우드 서비스와 달리, 사물인터넷 구축에서는 경계보안이라는 개념 자체를 적용할 수 없다.

보안 시스템에 사물인터넷기기가 사용되지 않더라도 설치 가능성만으로 사이버 위협에 노출된다. 이유는 사물인터넷기기는 보안 시스템과 같은 네트워크에 설치될 것이기 때문이다. 이것은 하나의 장치에 문제가 있으면 모든 시스템에 문제가 발생할 수 있다는 것이다.

■ 기기인증: 당신은 알고 있는가?

기기 인증이란 장치가 네트워크에 접속하기 위해 로그인과 패스워드를 입력하거나, 물리적인 출입 카드 사용을 하는 것이다. 보안 산업에서 기기인증은 새롭게 떠오르는 혁신적인 보안 방식이다.

노트북, 태블릿, 휴대전화와 같은 고성능의 컴퓨팅 기기에는 효과적이고 편리한 인증 서비스를 제공하기 어렵다. 이들은 정교한 암호화와 보안 스토리지 및 인증서를 갖추고 있다. 또한 불가피한 보안 문제를 해결하기 위해 원격으로 업데이트할 수도 있다. 이러한 요인만큼 중요한 것은 사람과 기계 사이에 상호작용을 지원한다는 것이며, "what-you-know"라는 다단계 인증을 제공한다는 점이다.

그러나 가격이 낮고, 기본적인 기능만 제공하는 컴퓨팅 능력이 제한된 소형기기에 위와 유사한 사이버 보안(사람과 기계 사이의 인터페이스)을 제공하려면 어떻게 해야 하는가? 대부분의 사물인터넷기기는 자가 식별이 불가능하다. 홈네트워크에서는 연결이 되었거나, 되지 않은 기기를 인식 또는 관리할 수 있다. 하지만 기업 네트워크에서는 불가능하다. 누구나 쉽게 대규모 네트워크에 연결할 수 있으며, 흔적을 지우는 것이 가능하다. 다른 사람으로 가장하는 것도 가능하며, 중요한 구성 요소가 외부요인으로 인해 손상될 수도 있다.

우리는 유사한 규모와 정교함을 가진 서버, 노트북 및 컴퓨터 장치에 기기 인증 솔루션을 사용해 왔다. 디지털 인증서는 하나의 예이다. 공용 암호화 키를 사용하면 장치 식별의 기반이 될 수 있다. 그러나 기업 대부분은 복잡한 관리와 조정이 필요하기 때문에 소규모 사물인터넷기기(네트워크 카메라 같은 익숙한 보안 장치)에는 사용하지 않는다.

■ 관리부실

연결된 보안 장치에 대한 사이버 문제의 핵심에는 설치부터 그들을 격리하는 관리상의 차이가 있다. 고객들은 종종 장비에 펌웨어 업데이트가 필요하다는 사실을 인식하지 못한다. 많은 보안 운영자 또한 펌웨어를 설치하고 더는 신경을 쓰지 않는다. IT 담당자는 표준 패치 관리 소프트웨어가 적용되지 않는 한(대부분은 해당없음) 펌웨어 관련 일은 하지 않을 것이다. 사물인터넷 환경의 궁극적인 문제가 되는 것은 분산된 구조조직이다. 모두가 책임을 져야 한다면, 아무도 책임을 지지 않는다.

이것을 깨부수자.

이것을 타파하기 위해 고객부터 시작해 보자. 우리는 수많은 전자기업의 고객이다. 직장과 주거에서 많은 전자기기를 사용하고 있다. 지금 당장 사용하고 있는 전자기기의 리스트를 작성하고 펌웨어 업데이트가 필요한지 살펴보자. 스마트폰과 랩탑을 제외하고는 펌웨어의 최신 여부 확인은 어려울 것이다. 심지어 저자인 나도 그렇다. 나는 내 스마트폰과 컴퓨터의 데이터 내그웨어(nagware)가 아니었다면 아마 둘 다 실패했을 것이다. 우리는 사들인 물건이 처음 사들였을 때와 같게 작동해야 한다고 생각하는 경향이 있다. 그러나 그렇지 않다. 세상은 항상 변하고 있으며, 환경에 따라 위협을 방어하는 전략도 바뀌어야 한다.

이번엔 IT 부서이다. IT 부서의 관리 가능한 장비에는 패턴이 맞지 않기 때문에 사물인터넷기기에 대한 도구가 없다. 이것은 윈도우나 리눅스 서버와 같은 표준 모델이 없다는 것이다. IT 부서는 패치 관리를 자체적으로 실행할 수 있는 (또는 그 이하) 일체형 표준장비를 선호한다. IT 부서의 사람들은 각기 다른 기업의 네트워크 카메라, 세대별로 다르게 설계된 도어 컨트롤러, 전용 게이트웨이를 통해 재 연결 되는 무선 센서를 보고 혀를 내두른다. 왜냐하면 이러한 장치 중 어느 하나도 통합 패치 관리 시스템을 통해 한꺼번에 업데이트 되지 않으며, 가능하더라도 각기 다른 방법을 통해 개별적으로 업데이트 되어야하기 때문이다.

다음은 보안 운영자이다. 안타깝게도 그들은 연결된 장치의 업데이트를 요구할 만한 지위에 있지 않다. 첫째, 일반적으로 업데이트 관련 내용은 유지보수 계약에 명시되어 있지 않으며, 업데이트 시에는 비용이 청구된다. 둘째, 비록 명시되어있다 하더라도 많은 운영자는 전문 지식수준이 깊지 않다. 그들은 설치를 수행하도록 교육받았으나, 수십 개 또는 수백 개의 제조업체 장비들에 대한 최신 사이버 위협을 추적하도록 교육받지는 않는다. 셋째, 그들에게 있어 소프트웨어나 패치를 여러 현장에서 개별적으로 설치하는 것은 비용면에서 효율적이지 않다. 이것을 해결하기 위해서는 통합된 중앙 패치 방식이 있어야 할 것이다.

제조업체는 어떠한가? 많은 사람들은 제조업체의 업데이트 제공 의무가 당연하다고 생각한다. 이 생각은 이론적으로는 이해가 되지만, 제조업체는 자사의 제품이 언제, 어느 곳에 설치되었는지 알 수 없고, 고객 네트워크에 직접 연결할 수 없으므로 환경에 따른 업데이트를 제공하지 못한다(이미 클라우드로 연결된 장치가 아닌 경우에 해당). 제조업체는 자동 업데이트를 제공할 수도 있지만, 업데이트 실패 가능성이 있기 때문에 많은 고객은 이를 원하지 않는다. 따라서 우리가 할 수 있는 가장 좋은 방법은 도구와 선택사항을 제공하고, 고객에게 사용하게끔 맡기는 것이다.

■ 반복되는 업데이트

가까운 미래에 연결된 장치를 최신상태로 유지하기 위한 정보와 관리의 격차를 극복했다고 상상해 보자. 복권에 당첨되었다고 상상해도 좋다. 그것은 거의 같다.

물리적 보안 어플리케이션의 사물인터넷기기는 다양한 용도로 구축된 수많은 사물인터넷기기와 같은 네트워크를 공유할 것으로 보인다. 대부분 주거 및 중소기업에서 일어나며 물리적 보안 장치를 위한 보조 네트워크를 구축하는 비용이 많이 든다. 이는 보안장비에 대한 기준이 알 수 없는 제조업체의 불특정한 임의장치와 네트워크를 통해 공존할 것임을 의미한다.

a16z 블로그에서 베네딕트 에번스는 사물인터넷 확산과 전기 모터의 초기 성장 측면을 통찰력 있게 비교하고 있다.[2] 수십 년 전만 해도 우리는 새로운 장치인 전기 모터의 수가 많지 않아 이를 세는 것이 가능했다. 하지만 상황은 빠르게 변화하고 있고 곧 그 수가 아이들의 수보다 많아질 것이다. 그 시점에서 우리는 장치를 관리하는 것이 불가능하다는 것을 알게 될 것이며, 사이버에 관심을 가질 필요가 있을 것이다. 사물인터넷의 단점은 소프트웨어 업데이트가 필요한 수많은 기기를 현재의 방법으로는 관리 하지 못한다는 것이다. 대부분 사람들은 이미 그 시점에 있다고 할 것이다. 하나 이상의 스마트폰, 노트북, 태블릿, 텔레비전, 시계, 전자레인지, 냉장고, 온도 조절기 또는 주거에서 사용하는 다른 제품 등의 업데이트 요청 없이 일주일을 버티기가 어려운 것이 현실이다. 즉 모바일 어플리케이션을 제어하는 것은 말할 것도 없다. 모든 어플리케이션은 월 주기의 업데이트를 가지고 있다.

그러나 작은 사무실부터 고층 건물에 이르기까지 전문적인 작업 환경에 들어서면, 우리는 훨씬 더 많은 펌웨어가 포함된 많은 장치 사이에서 업데이트 여부를 결정해야 한다. 자동 업데이트를 실행해 본 사람이라면 누구나 원치 않는 부작용이 자주 있다는 것을 알 것이다.

주변에서 가장 흔히 볼 수 있는 반응은 업데이트를 무시하는 것이다. 만

2) http://a16z.com/2015/12/18/16-mobile-theses/.

약 당신이 산 물건이 사들였을 때와 같게 작동하기를 원한다면, 그대로 놔두면 안 되는 것인가? 예전에는 이 질문에 대한 대답은 "그렇다"였을 수도 있다. 하지만 오늘날 더는 그렇지 않다. 수많은 소프트웨어 패치가 심각한 보안 문제를 해결한다. 사물인터넷 장치의 보안 결함은 해커가 가정이나 기업 네트워크에 침입하는 것으로부터 시작된다. 거기서부터 다른 장치들의 손상이 있을 수 있다.

단 하나의 결론은 모든 업데이트가 자동으로 이루어져야 한다는 것이다. (또는 최소한이라도) 그렇지 않으면 문제가 너무 크다. 보이지 않은 수천 개의 사물인터넷기기가 주변에 존재함에 따라 보안 통합 업체들은 사물인터넷기기가 어디에 있는지, 또는 네트워크 환경에 얼마나 많은 사물인터넷기기가 있는지조차 모를 수 있다. 다행히도 이러한 업데이트를 기기 자체에서 효율적으로 수행할 수 있도록 제조하여 기업에서 관리할 수 있도록 일부 도메인 내에 공유하는 표준 패치가 있기도 하다.

그러나 보안조직 또는 통합업체의 경우 일반보안 설치에 사용할 수 있는 전반적인 제품군의 광범위한 채택이나 통일성이 확대되려면 시간이 오래 걸릴 것이다. 보안 공급업체들은 소프트웨어 업데이트를 관리하는 일 외에도, 배포 이전에 새로운 펌웨어에 대해 동작 이상 및 보안 결함이 있는지 확인해야 할 필요성이 있다. 이는 금융기관 및 기타 고위험 컴퓨터 환경의 중요 네트워크에 설치된 모든 장치에 대해서는 이미 일반적인 절차이다. 인간의 삶이나 대규모 경제적 손실을 초래할 수 있는 산업 환경에서도 반드시 기본이 되어야 한다.

대상 네트워크 내의 사물인터넷기기의 소프트웨어를 업데이트하는 것은 기업 전체를 훼손시키려는 악의적인 공격자에게 완벽한 공격 좌표이다. 한번 생각해보자. 이미 기업 네트워크 내에 있는 신뢰할 수 있는 컴퓨팅 장치에 새로운 소프트웨어를 설치할 경우 공격자는 방화벽이라는 첫 번째 경계 방어 라인을 이미 돌파했을 것이다. 여기에서 악성 소프트웨어가 포함된 신뢰할 수 있는 장치는 네트워크를 탐색하고 다른 장치 및 정보 시스템을 훼손할 수 있다.

사이버 보안 리스크 요소만큼 중요하지는 않지만, 새로운 소프트웨어 배포의 기술 및 행동 변화는 기능적 측면에서 같은 문제가 야기된다. 보안 통합 업체는 공급업체 중 하나가 새로운 소프트웨어를 출시할 때 두 시스템 간의 오류가 나타나는 것에 익숙하다. 예를 들어 영상 관리 시스템과 출입 제어 플랫폼 간의 정보 교환은 업데이트될 때 작동이 중지될 수 있다. 공급업체는 이러한 통합을 가능하게 하는 API 또는 SDK를 변경해야 하는 정당한 이유가 많지만, 제조업체 간의 조정이 부족하면 기존에 설치된 시스템에 많은 장애를 일으킨다. 연결된 장치와 통합의 수가 증가함에 따라 이러한 문제는 더 자주 발생한다.

물리적 보안에서 사물인터넷의 성공 여부는 부분적으로 다양한 기기에 대한 효과적인 소프트웨어 업데이트 프로세스를 수립하는데 달려 있다. 이러한 시스템을 만드는 소프트웨어 기업과 제조업체의 경우 코딩, 암호화, 침투 테스트, 제로데이(zero-day) 취약점 및 주제와 관련하여 예상보다 더 많은 문제가 있다.

■ 앞으로의 방향

나는 현재 보안 환경의 취약성을 모두 나열하고, 다가오는 리스크에 대해 경고를 보낼 수 있다. 이러한 문제는 오늘날 주요 산업컨퍼런스에서 다루어지는 주요 안건이다. 이보다 더 어려운 것은 토론의 안건에 대한 논의를 진전시켜 보안 조직에서 실제로 사용할 수 있는 실질적인 지침을 제공하는 것이다. 이를 위해, 나는 세 가지 제안을 하려고 한다.

첫째, 장치 보안에 대한 몇 가지 기준에 동의해야 한다. 선택 가능한 모델과 참조 사례가 많으므로 처음부터 시작할 필요는 없다. 이것에 대해 신용카드 업계에서 PCI 유연성과 관련해 어떤 역할을 했는지 보여주는 좋은 예가 있다. 기준은 카메라, 컨트롤러, 카드리더기 및 다른 일반적인 보안 장치를 대상으로 한 리스크에 맞게 조정될 수 있다.

둘째, 자발적 테스트는 기업이 사이버 보안에 대해 충분히 관심이 있으며 제품인증을 받을 수 있음을 고객에게 보여주는 방법이다. 의무적인 진행은 엄청난 저항에 직면하게 되겠지만, 다른 방법으로 같은 결과가 도출된 경우 강압적인 행동에 따른 것이 아니기 때문에 이를 오히려 홍보에 이용할 수 있다.

마지막으로 보안 조직은 그들이 보유하고 있는 보안 제품들의 검열 통과 여부를 확인할 수 있어야 한다. 이것은 내가 참석한 ASIS 청중이었던 보안 전문가에게 직접 들은 내용 중 하나이다. 그는 통합 업체가 관계를 중재하고 제품 취약성에 대한 정보를 항상 전달하지 않기 때문에 종종 특정 장치의 제조업체와 연결이 부족하다고 말했다. 이를 위해 소프트웨어 관련 사이버 취약성에 대한 NIST, CVSS와 같은 공용 레지스트리가 필요하다.

제10장
사물인터넷 기술과 표준

사물인터넷 및 산업 자동화 장치는 수백 개의 통신 프로토콜, 보안 및 상호 운용성 표준을 사용한다. 이러한 기술의 다양성은 다양한 선택과 상호 운용성 문제를 야기한다. 우리는 모두 플러그 앤드 플레이(프린터 같은 주변기기를 컴퓨터 본체에 연결만 하면 바로 사용할 수 있게 되어 있는 것)의 단순함을 보고 싶어 하지만 아직까지 이러한 일들은 일어나지 않고 있다.

표준은 매우 흥미가 떨어지는 주제일 수 있다. 당신은 어떤 것이 중요하고 왜 그것들에 신경을 써야 하는지 의아할 수 있다. 내가 제일 먼저 말할 것은 당신이 그것들을 모두 신경 쓸 필요가 없다는 것이다. 기술 그 자체처럼 표준들은 층을 쌓는다. 전자 임펄스나 전파와 같은 기술에는 낮은 수준의 표준이 있고, 컴퓨터 시스템에는 데이터 형식과 데이터 교환 규칙에 대한 높은 수준의 표준이 있다. 상위 계층 표준들은 종종 하위 계층을 이해할 필요가 없거나 다양한 버전의 하위계층으로 작동된다(똑같은 표현이다).

보안에 있어 당신의 역할은 중요한 표준 유형을 결정해야 한다는 것이다. 보안 제품 기업의 엔지니어라면, 제품이 제대로 작동되기 위해서 하위 계층 표준이 중요하다. 만약 당신이 제품 관리자라면, 당신은 어떤 종류의 표준이 산업에서 채택되고 있는지와 그것이 당신의 제품 로드맵에 어떤 의미인지에 관심을 가질 것이다. 통합업체인 경우 기업에서 지원하도록 선택한 제품이 제대로 잘 작동하는지 확인하고 싶어 할 것이다. 또한 보안조직의 최종 사용자라면 통합업체와 제조업체가 현재 선택한 미래를 보장할 수 있는 표준 전략을 수립할 수 있는지에 대해 충분히 알고 싶을 것이다.

여기서 우리의 목표는 보안조직에서 가장 높은 수준으로 중요한 표준을 선별하여 최소한 다음 계층을 이해하는 것이다. 우리는 이 책의 거의 모든 부분에서 표준의 주제를 다루었지만, 그것들은 사물인터넷의 맥락에서 하나로 합쳐지고 가장 연관된 것으로 보인다. 클라우드 표준도 중요하지만 클라우드 시스템은 환경의 변화에 따라 쉽게 다시 프로그래밍할 수 있으며, 대부분의 경우 고객에게 거의 영향을 미치지 않는다. 또한 모바일 표준도 이미 통신사와 스마트폰 제조업체의 선택에 따라 적절히 관리되고 있다. 그러나 사물인터넷에서는 많은 사람들이 사용에 익숙한 장치를 지역적으로 분산되어 갖고 있게 되므로 초기에 표준을 잘 선택하지 않으면 변경하기 어렵다. 사물인터넷 표준은 클라우드, 모바일, 사이버 표준에 의존하기 때문에 많은 스레드를 한 곳에 집중시킨다. 이 새로운 시장이 성장기를 거치면서 의사 결정자에게 중요한 새로운 표준의 측면을 강조할 수 있다.

플러그 앤 플레이의 단순함은 표준에 대한 합의가 필요하며, 표준은 시스템의 구성에 대한 공통된 비전이 있는 경우에만 존재할 수 있다. 즉 아키텍처 표준은 교량, 고층 건물에서부터 원격 통신 및 전력망에 이르기까지 현대 세계를 건설하는데 필수적인 부분을 차지해 왔다. 그들은 모든 부분들이 어떻게 조화를 이루는지에 대한 합의를 필요로 한다.

비즈니스의 첫 번째 순서는 기술이 사물인터넷의 성장을 촉진하거나 지원하는 요소가 무엇인지 이해하는 것이다. 그것의 대부분은 전자보안이나 가전제품 비즈니스에 정통한 사람들에게 친숙한 것으로 생각될 것이다. 변경된 것은 익숙한 요소들이 업데이트된 아키텍처 패러다임으로 재편된 방식이다. 시스템 부분들 간의 새로운 역할과 관계는 그들이 의사소통하고 상호작용하는 방법에 대한 새로운 표준의 필요성을 만든다.

소비자들에게는 사물인터넷의 투명성이 부족하다. 대부분의 제품 설명서는 어떤 상호 운용성과 보안 프로그램을 따르는지를 설명하는데 많은 시간을 할애하지 않는다. 이로 인해 구매자는 어둠 속에 헤매게 된다. 대부분의 경우에 새로운 프로토콜과 인증 메커니즘의 상호 운용성과 보안을 평가하는 것은 어려운 일이다. 실질적인 측면에서 보안조직 또는 시스템 통합업체는 이러한 모든 장치가 어떻게 상호 운용 가능하고 어떤 구성 및 조합이 보안될 수 있는지 예상할 수 없다. 당신은 단지 일부만 골라서 그것들에 친숙해

질 필요가 있을 것이다.

많은 사물인터넷기기들이 위험할 정도로 불안정하다. 당신은 그들이 디자인에 의해 불안전하거나 디자인의 부족으로 인해 불안정하다고 말할 수 있다. 한 가지 이유는 이들 중 다수가 표준운영체제 및 네트워크 스택에 사용할 수 있는 우수한 보안을 운영할 자산이 없는 소규모 컴퓨팅 환경을 가지고 있기 때문이다. 또 다른 이유는 사이버 보안이나 검증 시험에 충분한 투자를 지원하기에는 너무 저렴하기 때문이다. 테스트되지 않은 것은 그렇지 않다는 것이 증명될 때까지는 안전하지 않다.

앞서 소프트웨어 업데이트의 짧은 주기에 대해 얘기해 봤는데, 그렇다고 최악은 아니다. 많은 간단한 사물인터넷기기는 (당신이 원한다 하더라도) 펌웨어를 업그레이드할 수 있는 기능이 없다. 사물인터넷기기를 구입한 날의 취약성은 평생 그대로 있을 것이다.

물리적 보안의 맥락에서, 많은 연결된 장치들은 그것들이 지역 네트워크의 상대적으로 안전한 범위 내에 있을 것이라는 암묵적인 가정으로 구축되어 있다. 사내 클라이언트-서버 패러다임은 이 가정을 그 당시에는 합리적인 것으로 만들었지만 이제는 더 이상 그렇지 않다. 벽으로 둘러싸인 정원은 더 이상 벽이 없고, 우리가 돈을 내지 않으면 아무도 벽을 세울 수 없다.

일단 지역 시스템이 인터넷에 연결되면, 그들은 매일 수많은 URL을 공격하는 수십억명의 해커, 봇넷, 자동화된 공격 스크립트에 취약해 질 것이다. 당사의 웹 사이트, 어플리케이션 및 API가 잘 보호되고 있지만 내장된 장치는 지연되고 있다. 그렇게 해서 14만대의 카메라가 DDoS공격에 사용되었다.

■ 표준의 필요성

오늘날과 같은 시대에는 표준에 대해 논할 필요가 거의 없어 보인다. 하지만 물리적 보안 기술에 익숙한 사람이라면 누구나 말할 수 있듯이, 많은 분야가 여전히 표준화를 무시한다. 기술적인 이야기로 당신을 지루하게 만드는 대신, 모든 사람들의 어린 시절의 추억인 기차에 대해 이야기해 보자.

"궤간(gauge)"은 열차 선로의 두 레일 사이의 폭이다. 오늘날 우리는 이 거리가 어디에서나 같다는 것을 당연하게 여기지만, 이것은 항상 사실은 아니었다. 19세기 초 철도 기업들은 전 세계에 걸쳐 다양한 궤도 측정기를 사용했다. 바퀴가 맞지 않아 한 궤간에서 달리는 열차가 다른 궤간으로 주행할 수 없었다. 이러한 양립할 수 없는 상황은 여행을 계속하기 위해서, 사람들이 타고 있던 여행자들과 물건들을 한 기차에서 내려 다른 기차로 옮겨야 한다는 것을 의미했다. 이것은 화물 취급자, 구조 조정자, 그리고 이 두 계기의 가장자리에 있는 호텔 경영자들에게는 좋은 소식이었지만 승객과 화물 운송업자에게는 좋지 않은 소식이었다.

표면적으로는, 상대적으로 해결하기 쉬운 문제였다. 모든 열차 노선을 같은 크기로 만들면 되는 것이다. 문제는 각각의 선로와 거기에 맞는 철도 차량 주변에 기득권이 생겨났고, 아무도 바꾸는데 드는 비용이나 불편함을 감수하고 싶어 하지 않는다는 것이다. 반대로 다음 철도와 양립할 수 없는 선로 궤간을 사용하는 것은 실제로 시장 점유율을 유지하기 위한 의도적인 전략이었다. 통제하는 지역에 가고 싶다면 특정의 트랙을 사용하도록 강요했다. 이 상황은 유명한 1853년 펜실베니아 주 이리(Erie)에서 있었던 궤간 전쟁의 기초가 되었다.

많은 국가와 지역에서 효율성의 공통적인 공감대를 통해 트랙 게이지는 표준화 되었다. 결국 1863년의 태평양 철도법은 대륙 횡단 철도에 대한 표준을 정하였으며, 다른 것들도 이를 따랐다.

오늘날 사물인터넷기기의 세계는 표준궤간이 설정되기 전에 철도가 있었던 시기와 같다. 이들이 통신하는데 사용하는 프로토콜은 동일한 궤간이 아니다. 이것은 그들이 서로 직접적으로 상호작용하는 것을 막는다. 또한 게이트웨이, 허브 및 기지국의 확산과 이들이 함께 작동하는데 필요한 모든 구성 및 인증절차를 직접적으로 책임진다. 간단히 말해, 사물인터넷 구현 시 무선 게이트웨이 장치의 혼재는 직렬, 병렬, SCSI, USB, 이더넷, USB 및 기타 특정한 주변 장치만 통신하는 특수 케이블만 사용 가능한 과도기적 PC 시대라 할 수 있다.

진짜 문제는 상호 운용성이다. 이상적으로 모든 사물인터넷기기가 서로 소통하여 위험한 상황을 경고해주는 것과 같은 더 큰 작업을 수행하기를 바란다. 그러나 많은 맞춤형 통합 없이는 어떤 두개의 사물인터넷기기도 함께 작동할 수 있다는 보장은 없다. 그 접근법은 확장성이 없다.

보안업계의 경우, 표준화 결여가 사물인터넷 채택에 큰 문제가 되고 있다.

더 심각한 문제는 단일 프로토콜 장치들 간에 경쟁을 벌인다는 것이지만, 몇 년 후에 표준 전쟁의 결과 더 이상 생산할 수 없다는 것을 알게 된다. 만약 당신이 구매자라면, 당신은 지금 확장하기 어려운 시스템을 가지고 있다. 만약 당신이 시스템 통합사업자라면, 당신은 고객들에게 이 나쁜 소식을 전달해야 할 것이다. 그리고 제조업체라면 제품 수명 주기 동안 지속적으로 투자를 해야 한다.

이는 또한 직원들에게 중요한 영향을 끼친다. 훈련은 대부분의 기업에서 지속적인 쳇바퀴와 같은 것이다. 기술의 노후화는 그것을 훨씬 더 악화시킬 뿐이다. 기술자가 한 가지 유형의 사물인터넷 네트워크를 설치하는 방법을 알기만 하면 다른 유형의 사물인터넷 네트워크를 교체할 수 있다. 반대의 경우는 보장되지 않는다. 운영 담당 직원이 기술 구현의 문제점과 단점을 파악하는 즉시 다음 계층의 인프라를 구축하기 위해 다른 직원을 배치해야 한다.

제안된 표준은 많은 기업들로 하여금 그들의 기준 전략을 계속해서 바꾸도록 강요한다. 주거와 산업 자동화 시대의 초기에 지그비(ZigBee), 지웨이브(Z-wave)와 같은 소수의 무선 프로토콜은 센서와 제어 장치의 네트워크를 구축하기에 충분했다. 불행하게도 이러한 기술은 표준화된 것처럼 보였고, 일부 수준에서는 그랬지만-대부분의 어플리케이션은 여전히 자신의 언어로 제조사간 상호운영성을 이야기했다. 사물인터넷의 새로운 통신 표준들은 이러한 복잡성을 10배 이상 증가시켰다.

사물인터넷 비호환성이 업계 최초로 발생한 표준 격차는 아니다. 알람 신호, 영상 인코딩, 그리고 카드 접근의 일부 측면을 제외하고, 전자 보안 시스템은 그들 역사의 대부분에 비표준화되어 왔다. 잠시 살펴본 사람이라면 독점적인 장비와 소프트웨어를 둘러싼 많은 기득권 사례를 지적하는 것이 어렵지 않을 것이다. 마치 당신이 다른 솔루션으로 자유롭게 전환할 수 있도록 각기 다른 트랙을 구분해 놓은 공급업체와 함께 남북전쟁 전의 이리(Erie)에서 살고 있는 것과 같다. 구매자들은 공급 업체의 구속을 불평했고 표준에 대해 더욱 고려하기 시작했다. 이러한 일련의 행위를 물리적 보안환경에서 사물인터넷 이점으로 활용하기 위한 계획에 적용해야 한다.

돈을 쓰기 전에 숙제부터 해라.

■ 아키텍처가 중요하다

좋은 건축물은 좋은 경관과 의도한 목적에 부합하며, 두 가지를 모두 수행하는 동안 무너지지 않도록 보장해야 한다. 그것은 구조물들 안에서 안전한 생활을 한다는 것이다.

네트워크로 연결된 전자시스템의 시스템 아키텍처도 동일한 역할을 한다. 이것은 시스템이 계획에 따라 잘 작동하고, 두 가지를 모두 수행하는 동안 무너지지 않도록 하는 기술과 과학이다. 무너진다는 것은 연결된 장치나 네트워크에서 벽돌이나 모르타르와 같은 의미는 아니지만, 그것과 거의 다르지 않다. 컴퓨터 시스템의 경우 일반적으로 소프트웨어 충돌을 의미하는데, 이는 주로 키보드, 코어 덤프 및 악명 높은 블루 스크린의 고유한 코딩 오류 때문이다. 무너지는 것은 물리적 보안 네트워크의 경우 데이터 손실, 데이터 도난, 서비스 거부 또는 안전 거부와 같은 해킹이나 외부 손상을 암시할 가능성이 높다.

건축설계는 사물이 무엇이고 어떻게 행동하는지에 대한 정성적인 모델을 제공한다. 특히 그것들은 서로 상호 작용한다. 그것은 말 그대로 유용하고 안전한 것을 건설하기 위한 청사진을 제공한다. 복잡한 아키텍처 및 엔지니어링 원리를 무언가를 만들고자 하는 사람이 접근할 수 있고 실행 가능한 도면으로 변환한다. 건설 업체, 설치 업체 또는 통합 업체가 이러한 계획을 따를 경우 예상에 따라 시스템이 작동하고 자연적 위협과 인공적 위협에 대한 복원력을 갖출 것으로 기대할 수 있다.

물리적 시스템이 사이버 시스템으로 전환되면서, 사물인터넷 아키텍처는 물리적 아키텍처만큼 중요해졌다. 사물인터넷 아키텍처의 다양한 경쟁 디자인은 시장 지배력을 놓고 경쟁하면서 유동적이다. 통신 프로토콜과 식별 기준은 많은 선택권을 제공하지만 향후 5년간 변화의 바람을 피할 수 없을 것이다. 이 단계에서 관찰자가 되는 것은 화산섬의 형성을 지켜보는 것과 비슷하다. 뜨거운 용암이 흐르는 것을 보면 우리는 그것이 어떤 형태를 띨지 모른다. 기술적 기준에 있어서 이보다 더 사실적인 것은 없다. 그것은 다수의 기반 기술이 주도권을 위한 치열한 경쟁을 하는 것과 같다.

사물인터넷 시스템 아키텍처의 많은 측면에서 소형화와 배터리 구동은 중요하다. 가장 유용하고 흥미롭게 만드는 특징들은 그것들을 인터넷에 직접 연결하는 것을 어렵게 만든다. 보안 업계는 이 문제에 직면했고, 해결하였다. 보안을 유지하는 대부분의 센서는 이제 오래 가는 배터리로 동작하는 저전력 무선 장치로 발전했다. 비결이 무엇인가? 이러한 모든 장치는 저전력 통신용으로 설계된 특수 무선 네트워크에서 실행된다. 단점은 이러한 네트워크가 전 세계가 아닌 소규모 제어기나 허브로 한정된다는 것이다.

■ 구성요소

연결된 장치는 트랜지스터(반도체를 접합해 만든 전자회로 구성요소)가 이전의 세대에서 했던 것과 같은 방식으로 미묘하게 우리의 삶으로 들어오고 있다. 예를 들어 자동차 역사에서 자동차가 트랜지스터 없이 고무, 금속, 유리로만 생산된 적이 있다. 이제 당신은 "바퀴 위의 슈퍼 컴퓨터"라고 불리는 새로 나오는 자동화된 자동차들은 말할 것도 없고, 평범한 차에서도 수백 개의 마이크로 프로세서와 수 억 개의 트랜지스터를 발견할 수 있다.

또는 주거용 세탁기 또는 드라이어와 같은 소소한 기기의 예를 생각해 보기 바란다. 모든 제어 장치와 센서가 전자 기계식이고, 트랜지스터도 없고, 마이크로 프로세서도 없었던 시절이 있었다. 1960년대 후반 온도, 시간, 습도, 수위를 관리하는 것이 트랜지스터를 사용하여 더욱 경제적이 되었다. 따라서, 세탁기와 건조기는 보청기, 라디오, 최초의 휴대용 텔레비전과 함께 "트랜지스터화된" 가전제품에 추가되었다.

아무도 단지 트랜지스터가 들어 있다는 이유만으로 이 제품을 사지 않는다. 대부분의 소비자는 아마도 알지 못했을 것이다. 새로운 켄모어 세탁기가 당신의 옷을 세탁하기 위해 트랜지스터를 사용했다는 것을 누가 알았을까? 그것들은 그저 더 나은 제품들이었다. 그들은 뛰어난 기능과 향상된 사용자 경험 덕분에 인기가 있었다.

지난 12년 동안 연결된 기기에서도 동일한 현상이 발생했다. 그것들은 우리가 그것에 대해 생각하지도 않은 곳에서 우리의 삶에 접목되었다. 사물인터넷 제품은 그러한 이유로 특별한 이유 없이 구매되었다. 자동차 기업들이 인터넷과 휴대전화 기술을 자동차에 도입하여 판매자에게 서비스가 필요하다고 말하기 시작했을 때, 아무도 "이봐, 내 차가 사물인터넷 장치야!"라고 생각하지 않았다. 이 기술은 당신의 차에 문제가 생길지 여부에 대한 많은 지식과 같이 보이지 않는 서비스로 제공되었다.

변경된 사항은 무엇인가? 이제는 사물인터넷을 거의 모든 제품이나 서비스를 개선할 수 있는 기능 세트로 보고 있다. 부분적으로 그것은 당신이 상상하지 못하는 그 어떤 제품에 들어갈 수 있을 정도로 충분히 작고 저렴해졌기 때문이다. 소형화와 무어의 법칙(인터넷 경제의 3원칙 가운데 하나로, 마이크로 칩의 밀도가 24개월마다 2배로 늘어난다는 법칙)이 그것을 말한다. 또한 넓은 거리, 데이터 스트림 속도 및 에너지 소비 형태에 맞는 다양한 무선 통신 옵션 덕분에 인터넷에 연결할 수 있는 능력이 우리 세계의 구석구석으로 확장되었기 때문이다.

그러나, 아서 C. 클라크의 유명한 제3법칙을 연상시키는 이 기술들의 새로운 구현에는 뭔가가 있다. 충분히 발달된 기술의 어떤 것도 마술과 구별될 수 없다.

그 마술은 친숙한 것에서부터 시작된다. 마이크로 프로세서는 일상생활과 모든 사물인터넷기기의 필수적인 부분이다. 어느 순간 소형화와 저전력 소비라는 두 개의 공학적 성공이 한계를 넘어 이제는 어느 곳에서나 양적 차이(더 작은 크기와 파워)를 질적인 차이로 바꾸었다. 이것들은 어디든 갈 수 있다!

이 마술은 연결된 장치에 보이지 않는 전파로 계속된다. 무선 통신망은 일상생활의 일부이자 모든 사물인터넷기기의 일부이기도 하다. 다시 한 번 말해, 보다 우수한 신호 처리와 더 낮은 스트림 에너지와 같은 엔지니어링의 성공은 연결된 장치들을 움직이게 했다.

현재의 차이점은 어떻게 이러한 기술들이 상호 연결되고 사용되는가 하는 것이다. 무엇보다도 클라우드 서비스 구성 요소를 포함하지 않고 사물인터넷 제품을 계획하는 것은 불가능하다. 인터넷이라는 단어가 바로 거기에 기본이 되 있으니 놀랄 일이 아니다. 그러나 많은 보안 업계가 클라우드 서비스로의 전환을 위해 노력하는 상황에서 이는 정말 고려되어야 할 사항이다. 사물인터넷을 클라우드의 일부로 생각할 수는 없다. 보안 프로그램을 클라우드로 이전하는 것은 큰 부담이 된다. 아직 준비가 되지 않았다면 사물인터넷을 활용할 준비가 되지 않은 것이다.

사물인터넷 제품은 클라우드에 백엔드를 만들고 있다.

둘째, 우리는 무선 통신 프로토콜의 새로운 시대로 접어들고 있다. 이들 중 대부분은 주거 크기 또는 빌딩으로 측정되는 지역 배치용으로 설계되었다. 또 다른 기술은 셀룰러 기술과 유사하지만 M2M(machine-to- machine)어플리케이션에 최적화된 새로운 세대의 광역 네트워크를 지원하고 있다. 이들 5G 네트워크는 자체적으로 추가 통신 인프라를 구축하지 않고도 사물인터넷기기를 구축할 수 있어 보안을 강화한다. 다른 모든 것들처럼 그들은 현재기술을 폐기하는 것에 대한 어려움을 가지고 있다.

사물인터넷이 물리적 보안 전략, 통합 업체로서의 서비스 오퍼링, 제품 관리 계획 등에 어떤 영향을 미치는지 이해하려면 몇 가지 기본 개념이 필요하다. 다음에 나오는 내용은 기본개념에 대해 상세하게 설명한다. 그러나 당신의 역할에 관계없이 당신의 물리적 보안에 어떠한 영향을 미칠 것인가에 대해 살펴보기 바란다.

■ 미래의 게이트웨이

게이트웨이는 한 네트워크를 다른 네트워크에 연결하는 장치일 뿐이다. 이름은 물리적 게이트웨이와 유사한 점에서 유래되었는데, 물리적 게이트웨이는 서로 다른 두 영역 사이의 커넥터 역할을 하기 때문이다. 그들을 흥미롭고 유용하게 만드는 것은 그들이 다른 규칙을 사용하거나 다른 언어를 사용하는 네트워크를 연결할 수 있다는 것이다.

두 개의 도로망을 연결한다고 상상해 보자. 만약 양쪽 도로의 규칙이 같다면, 그것들을 연결하는 것은 사소한 일이다. 단지 도로를 포장하고 사람들에게 운전하게 하면 된다. 하지만 두 네트워크에서 규칙이 다르면 어떻게 될 것인가? 자동차가 왼쪽으로 달리는 시스템과 오른쪽으로 달리는 시스템을 연결한다고 상상해 보자. 만약 그 상태에서 도로포장을 하고 자동차들을 달리게 하면, 자동차들은 서로 정면으로 충돌할 것이다. 따라서 우리는 좌우 차선이 전환되는 전환 지역(또는 게이트웨이)이 필요하며, 운전자에게 다른 쪽에서 운전하는 방법에 대한 새로운 규칙(또는 프로토콜)을 제공해야 한다.

그러나 그것이 전부가 아니다.

두 네트워크에 표시된 데이터가 다른 경우 게이트웨이는 데이터를 네트워크에서 다른 네트워크로 전달하는 동안 이를 수정한다. 이러한 맥락에서, 게이트웨이는 여러 언어를 사용하는 사람들의 그룹을 연결하는 통역사로 생각될 수 있다. 반대로 생각해 보면, 통역사들은 서로 의사소통을 할 수 없는 그룹들 사이의 통로이다. 물론, 번역가는 한 그룹이 사용하는 단어를 듣고 다른 그룹에게 그것을 반복하지 않는다. 그것은 무의미할 것이다. 훌륭한 번역가는 기본적인 메시지를 정확하게 표현하기 위해 새로운 단어, 구문 및 문법 규칙을 대체하여 메시지의 요점을 정확하게 표현한다.

기술적으로, 이 기능은 장치를 특정 네트워크, 즉 동일한 기본 프로토콜이 없는 네트워크에 연결하는 방법을 제공한다. 예를 들어 IP 프로토콜을 사용하지 않는 것을 IP 프로토콜을 사용하는 클라우드 서비스와 연결할 수 있다.

사물인터넷 시스템의 경우 일반적으로 사물인터넷기기 전용 로컬 무선 네트워크가 있다(일부는 와이파이를 직접 사용하기도 하지만). 사물인터넷기기 자체의 통신 효율성을 극대화하기 위한 자체 프로토콜이 있다는 것이다. 그러나 이러한 네트워크는 여전히 인터넷에 연결되어 있어야 한다. 그렇지 않으면 사물인터넷에는 'I'가 없을 것이다. 여기가 게이트웨이이다. 그것은 지역 무선 프로토콜과 인터넷 사이에 걸쳐 변환이 된다.

이것이 왜 그런지 자세히 살펴보자.

첫째, 모든 무선 네트워크를 인터넷에 직접 연결할 수 있는 것은 아니다. 와이파이는 인트라넷과 동일한 프로토콜을 사용하는 익숙한 지역 무선 네트워크이다. 이것이 바로 무선 접근 지점과 직접 연결될 수 있는 이유이다. 그러나 사물인터넷용으로 설계된 많은 무선 네트워크는 내부 통신에 인터넷 프로토콜을 사용하지 않는다. 그들은 의사소통을 위해 다양한 수준으로 번역되어야 하는 그들 자신의 프로토콜과 주소체계를 가지고 있다.

둘째로, 게이트웨이는 동일한 무선 네트워크에 있는 장치들 간의 내부 또는 메시 통신을 담당하는 경우가 많다. 이 기능을 사용하면 인터넷을 사용할 수 없는 경우에도 장치가 로컬에서 계속 작동할 수 있다. 예를 들어 센서는 동일한 무선 네트워크의 제어 패널과 통신하고 인터넷을 사용하지 않고 로컬 경보를 설정한다. 그들은 이 경보를 건물 밖의 누구에게도 보낼 수 없지만, 최소한 그들은 건물 안에 있는 사람들에게 보낼 수 있다.

마지막으로 게이트웨이는 장치 레지스트리, 전원 관리 및 네트워크 상의 다른 장치 간의 개인간 통신(Peer-to-Peer)과 같은 다양한 내부 작업을 처리한다. 실제로 사물인터넷 무선 통신 시스템은 일반적으로 게이트웨이 기능과 동일한 네트워크 어플라이언스에 묶음으로 제공된다.

비결은 모든 사물인터넷기기가 하나의 통신 표준과 하나의 게이트웨이를 사용하는 시스템을 통합하는 것이다. 또한 멀티 프로토콜 게이트웨이는 혼합 네트워크의 필요성을 충족하기 위해 하나의 물리적 게이트웨이(비용을 지불하는)만 설치한다. 그것은 다양한 유형의 네트워크에 걸쳐 더 많은 제품을 선택할 수 있는 수준의 미래 대비형 제품을 제공한다.

■ 무선의 돌풍

사물인터넷 기술의 가장 중요한 분야 중 하나는 무선 통신이다. 그 혁신은 최근 몇 년간 엄청난 성과를 거두었고, 이제는 그 어느 때보다 많은 선택권이 있다. 보안업계에서 우리는 카메라, 침입 센서, 카드 판독기와 같은 것들을 연결하기 위해 여러 무선 프로그램에 의존한다. 사물인터넷기기는 동일한 프로토콜뿐만 아니라 새롭고 다른 프로토콜도 사용한다. 새로운 프로토콜 제품군은 이전 버전보다 더 많은 기능과 보안을 제공한다.

안전한 사물인터넷 구축을 위한 완벽한 약속을 실현하기 위해서는 더 나은 인증 및 연결기기 식별기술이 필요하다. 나의 목표는 사물인터넷 공간에 나타날 수 있는 모든 무선 프로토콜을 분류하는 것이 아니다. 또한 이들을 비교하여 어떤 어플리케이션에 가장 적합한지에 대한 권장 사항을 작성하는 것도 아니다. 그것은 시간이 지남에 따라 변할 것이고, 승자는 기술적인 장점만큼 시장의 힘에 의해 결정될 것이다. 목표는 물리적 보안에 중요한 주요 경쟁자들을 찾아내는 것이다. 적어도 몇 번의 기술주기 동안 관련이 있을 것이다.

먼저 홈오토메이션의 성공에 중심이 되었던 잘 알려진 두 개의 무선 프로토콜인 지그비와 지웨이브(Z-wave)로 시작해 보자. 성숙한 저전력 메시 무선 시스템으로 센서, 도어 잠금장치 및 배터리로 실행할 수 있고 빈번하지 않은(지속적이라기보다는) 데이터 교환이 필요한 기타 장치에 적합하다.

지그비는 처음부터 강력한 상업 및 산업 기반을 갖고 있는 개방형 기술이다. 주로 고도로 자동화된 산업에서나 IEEE 표준 구성원에 의해 설계되었기 때문이다. 지그비 연맹은 400여명의 회원을 보유하고 있는데, 이것은 이 길을 따라 가는 기업들로부터 많은 선택을 할 수 있게 해 준다. 비록 강력한 암호화를 사용하지만 구현은 제조사마다 다르며, 일부는 다른 제조업체보다 더 쉽게 해킹을 당한다. 지그비는 지웨이브보다 더 많은 칩에 적용되었고, 물리적 보안에서의 좋은 기반을 가지고 있으며 아마도 수년 간 그럴 것이다. 그것은 공장이나 창고에서와 같은 대형 장치 네트워크를 지원한다. 그것은 강한 성장을 보여 주고 가까운 미래에 상당한 시장 점유율을 유지할 것으로 기대된다.

지웨이브는 한때 독점적(그러나 지금은 공개적)인 프로토콜로, 홈오토메이션 부문에서 60~70%의 시장 점유율을 기록했다. 스마트 홈 솔루션은 10개 중 9개 제품 군에 지웨이브가 제안되고 있으며, 각 제품 범주에 다양한 제품에서 선택된다. 지웨이브용 칩셋은 단일 제조업체(시그마 디자인)에서만 제공되며, 동일한 게이트웨이와 상호운용이 가능하도록 사용되는 제품의 장점을 제공한다. 단점은 이것이 칩 수준에서 단일 공급업체 솔루션이 된다는 것이다.(퀄컴 라이선스 칩셋의 성공을 수년간 보여왔듯이, 이러한 업계 동력이 반드시 약화되는 것은 아니다) 그러나 네트워크 당 232개의 장치 제한은 대규모 상업 시설에 대한 장애물이다.

저전력 무선네트워크의 하나인 6LowPAN은 몇 가지 이유에서 물리적 보안에 매우 중요하다. 지그비와 동일한 기반 무선 기술(IEEE802.15.4)을 사용하여 거리, 간섭, 벽 관통 등 무선 스트림 특성에 친숙하다. 지금까지 다룬 다른 프로토콜과 달리, 이 프로토콜은 IP표준이며 네트워크 상의 모든 장치에 개방형 인터넷에서 다룰 수 있는 IPv6주소를 제공한다. 반면에 게이트웨이가 필요한 프로토콜은 네트워크 내 장치에 IP주소를 할당할 수 없다.

블루투스는 자동차에서 헤드폰, 전기 칫솔에 이르기까지 소비자 제품에 널리 보급되어 있기 때문에 우리 대부분에게 친숙하다. 2010년에 블루 터치 스마트(저 에너지)버전이 도입된 이후, 긴 배터리 수명이 요구되는 사물인터넷 기기 표준이 선호되고 있다. 블루투스는 또한 기존의 출입제어 카드나 리모컨 대신 스마트폰을 사용하는 모바일 인증 교환기의 주요 기술로 부상하고 있다. 이에 따라 센서 네트워크, 도어 잠금장치 및 판독기와 같은 다른 상업 보안 응용 프로그램에서 블루투스 사용이 증가하고 있다. 스마트폰 보급률 90%로 개인용 시스템과 상업 시스템 모두에서 긴 저장 수명을 보장한다.

와이파이는 너무 흔하고, 잘 알려져 있다. 그러나 이것은 물리적 보안 시스템을 위한 중요하고 지속적인 무선 표준이며 앞으로도 오랫동안 지속될 것이다. 와이파이는 빠르고 안전하지만 다른 많은 네트워크들처럼 저전력 네트워크가 아니다. 또한 시스템 통합사업자에게 케이블 포설이 필요 없는 IP연결 옵션을 제공한다. 도어 컨트롤러, 카드리더, 무선 잠금장치 및 네트워크 카메라와 같은 상업 제품은 모두 이러한 이점을 활용한다. 보안조직과 시설 관리자는 업무를 줄임으로 인력 감축으로 인한 비용 절감 가능성을 제공하는 등의 이점을 누릴 수 있다.

지금까지, 논의한 모든 무선 기술은 단거리 지역 네트워크 솔루션이다. LPWAN은 셀룰러 기술과 유사한 범위(가장 가까운 타워에서 약 10마일 떨어진 거리)에서 저비용 저전력 연결을 제공하는 새로운 차원의 광역 네트워크이다. 현재 이 종류의 네트워크 표준에는 독점기술과 개방기술이 모두 존재한다. 예를 들어 LoRaWAN, Sinpox, NB-Fi및 Weightless가 있다. 이러한 네트워크 중 하나는 로컬 네트워크 인프라의 필요성을 제거하여 보안 시스템의 설계를 단순화할 수 있다. 센서와 액추에이터는 오늘날 셀룰러 인터페이스처럼 넓은 지역 네트워크에서 직접 작동할 수 있다. 이 기능은 특히 더 먼 거리를 고려해야 하는 스마트 시티, 캠퍼스 및 기타 환경에 유용하다.

■ 표준의 논쟁

모든 초기 단계의 기술과 마찬가지로 사물인터넷은 경쟁적이고, 중복된 때로는 보완적인 표준들의 주도권 전쟁이다. 그들 중 일부는 매우 특정한 수직 시장 요구를 다루는 반면, 다른 이들은 보편적인 일반성을 시도한다. 이들 중 일부는 표준 기관을 통해 절차가 진행되고 있고, 다른 일부는 비밀스러운 그들만의 경제적 협력체에서 성장하고 있다. 또 다른 이들은 산업계 거인들의 사실상 표준으로 제시되거나 강력한 개발자 커뮤니티의 채택을 촉진하는 오픈 소스 프로젝트를 통해 선제적으로 배포되고 있다.

보안 업계에 있어, 이러한 표준전쟁은 미숙해 보이는 새로운 제품군을 채택하는데 있어 주의를 환기시키는 것이 당연하다. 우리는 몇 년 내에 여전히 디버깅 되고 있거나 노후화될 수 있는 보안 솔루션을 구축할 필요가 없다. 기술 도입의 수명 주기에 있어서, 이러한 신중한 태도는 전형적인 초기

다수의 자세이다. 대부분의 산업은 혁신자 또는 얼리어답터 역할을 수행할 수 없다(공급 업체가 완전한 솔루션 세트를 검증하고 자체 생태계에 어느 정도의 안정성을 보장할 수 있는 특수한 경우 제외).

우리는 어떻게 진행 하는가?

첫째, 표준이 없는 경우 한 번에 하나의 장치만 제외하고는 어떤 장치도 통합하거나 보호할 수 없다는 전제를 수용해야 한다. 이는 확장 가능하지도 실용적이지도 않으며, 모든 네트워크를 제대로 관리할 수도 없고, 무방비 상태가 될 수도 있다. 표준은 기본적인 상호 운용성 이상의 이점을 제공한다. 가장 중요한 것 중 하나는 기기를 개별적인 경우가 아니라 하나의 클래스로 취급할 수 있도록 특정한 기술 및 행동 패턴을 준수하도록 만드는 것이다. 이것이 대규모 구축에서 그것들을 사용할 수 있고 보호할 수 있도록 하는 것의 핵심이다.

둘째, 대부분의 사물인터넷기기 표준이 보안업계 외부에서 개발된다는 점을 인식해야 한다. 대부분의 움직임은 거대한 하이테크 기업들과 가전제품 제조업체들에서 나온 것이다. 이것은 역사가 반복되는 경우이기 때문에 친숙해야 한다. 예를 들어 보안산업의 IP기술로의 대규모 이동은 인터넷 엔지니어링 태스크 포스(IETF)에서 시작된 주요한 표준으로의 이전을 의미한다. 마찬가지로 모든 현대 보안 감시 시스템의 영상 표준은 엔터테인먼트 산업 전문가들로 구성된 멀티 산업 컨소시엄인 동영상 전문가 그룹(MPEG)에서 구성된다. 우리는 더 광범위한 기술 표준의 동일한 채택이 보안 분야에서 논의되는 주요 안건이 될 것으로 기대한다.

마지막으로 다양한 계층의 프로토콜 스택과 구성 요소 간의 다양한 유형을 가로지르는 기능 상호작용에 대한 사물인터넷기기 표준이 존재한다는 것을 이해해야 한다. 모든 사물인터넷기기는 아무리 기본적인 수준이라도 단일 표준을 사용해야 한다고는 기대하기 어렵다. 사물인터넷기기 기능과 용도는 크게 다르기 때문에 다양한 산업과 어플리케이션을 위한 여러 가지 표준이 필요하다. 전구, 칫솔, 보안카메라 결국 공통점 및 서로 상호작용이 거의 없다. 그것들이 같은 표준을 따를 것이라고는 기대하지 않을 것이다.

■ 현재 상황

수십 개의 조직과 컨소시엄이 사물인터넷 표준 분야에서 일하고 있다. 그들은 각각 그들만의 독특한 임무를 가지고 있고 다른 표준화 측면에 집중해왔다. 몇몇은 경쟁 중이고, 몇몇은 상호 보완적이다. 예를 들어 어떤 사람들은 지역 네트워킹 상호 운용성에 초점을 맞추고, 다른 사람들은 광역 통신망에 대한 통신 표준을 세분화한다. 또 다른 사람들은 장치의 신원 확인과 인증에 초점을 맞추고 있으며, 또 다른 사람들은 표준화된 메타 데이터의 채택인 "플랫폼의 플랫폼"을 만들기를 촉구한다. 일부는 무선 프로토콜에 집중하고, 다른 일부는 일반적인 의미론 채택을 위해 일한다.

즉, 사물인터넷 표준의 세계는 빠르게 성장했다. 방향성을 잡기도 어렵고 자신의 관심사와 어떤 것이 관련이 있는지 알기조차 어렵다. 현재 알고 있는 모든 것이 몇 년 후에 시대에 뒤떨어진 것이 될 수도 있다. 하지만 지속적인 영향을 줄 수 있는 분야에서 몇 가지 큰 이득이 있다.

보안조직은 모든 표준에 주의를 기울일 필요가 없다. 대부분은 직접 상호 작용하지 않는 하위 수준의 표준이다. 또한 사용자 경험 수준에서 항상 드러나지 않는 방식으로 제품에 묶음으로 포함된다. 그러나 이러한 툴 중 일부는 조직이 사물인터넷을 활용하기 시작하면서 매우 중요하게 될 것이다.

많은 주요 사물인터넷 표준 조직과 컨소시엄이 힘을 합쳐 공통규격을 향해 작업하기 시작하면서, 현재 진행 중인 파편화된 고민보다 통합과 조화를 총체적으로 고려하고 있다. 이러한 그룹의 구성원들은 전자 제품, 칩 제조, 네트워킹 및 통신 분야에서 강력한 지배력을 통해 이러한 표준을 성공적으로 구현할 수 있다.

유사한 개념으로 일부 대형 기술 기업들은 자신들의 독자적인 프레임워크를 공개하거나 개방하고 있다. 이것은 본질적으로 오래된 IBM 또는 마이크로소프트의 플레이북이다.

그러나 그러한 독점적 프레임워크가 합의를 도출하는 것이 모두 나쁜 것은 아니다. 경쟁사 그룹이 기술 표준을 처음부터 개발하는데는 1년이 걸리는 프로세스와 비교할 때, 구현할 수 있도록 비전을 단일 조직에서 제시하는 것은 축복일 수 있다.

일반적으로 다른 개발자가 프레임워크 위에 솔루션을 쉽게 구축할 수 있도록 하는 개발 도구가 수반된다. 오픈 소스 버전은 투명성과 자기 결정력을 어느 정도 보장하면서 폭넓은 채택을 촉진한다(핵심이 다른 방향으로 가는 경우). 하지만 독점적인 이 모델은 이전에 성공했으며 특정 유형의 조직에 이점을 제공한다.

■ 표준화기구와 컨소시엄(Standards Organizations and Consortia)

개방형 표준화기구는 포괄성(누구나 참여할 수 있음)과 표준을 제안, 작성 및 이후 수정하는 방법을 관리하는 공개된 절차 규칙 집합을 준수함으로써 정의된다. 이 표준은 미국국립표준연구소(ANSI), 국제전기표준위원회(IEC), 국제표준화기구(ISO) 및 국제전기통신협회와 같은 대규모 표준기관의 후원하에 운영된다. 그들은 일반적인 절차에 참여하거나, 의견을 제출하고 싶어하는 단체나 개인에게 열려 있다. 회원비도 없다.

표준 컨소시엄은 개방형 표준화기관으로 오인되는 경우가 많지만 대개 수수료를 부과하고 자체의 절차 규범을 자유롭게 결정할 수 있는 폐쇄된 회원 그룹이다. 그들은 회원 명부와 활동 범위 때문에 밖에서 보면 매우 비슷해 보인다. 그럼에도 불구하고 그들은 표준 환경의 중요한 부분이며 공식적인 표준 조직보다 더 빨리 움직일 수 있다.

다음은 현재 물리적 보안산업과 관련된 사물인터넷 표준을 다루고 있는 다수의 개방형 표준 조직과 컨소시엄에 대한 개략적인 개요이다.

■ 보안산업협회 표준위원회(Security Industry Association Standards Committee)

대부분의 보안조직의 관심사에 가장 가까운 개방형 표준 기구는 보안산업협회 표준위원회이다. 본 위원회는 공식적인 ANSI표준 개발조직(SDO)과 같은 활동적인 규격을 가지고 있다. 또한 보안 응용 프로그램과 관련된 기준을 개발, 발견, 영향력 있게 교육하는 것을 목적으로 한다. 그것은 주로 보안산업협회의 회원들로 구성되어 있지만, 그것의 회원 자격은 참여를 원하는 누구에게나 열려 있다.

SIA표준 위원회는 최근 물리적 보안에서 사물인터넷 채택을 위한 상호운용성, 인증, ID, 사이버 보안 문제를 검토하기 위해 클라우드, 이동성 및 사물인터넷 소위원회를 설립했다. 이 소위원회를 개발하기 위한 근거는 다음과 같은 것에 기초했다.

- 물리적 보안시스템에서 사물인터넷기기의 데이터 소스가 증가할 것이다.
- 보안 시스템은 보안 관리도구와 상호 운용되는 안전한 사물인터넷 구축 방법에 대한 기준이 있는 경우에만 이 값을 얻을 수 있다.
- 사물인터넷기기는 보안 시스템과 서비스에 통합해야 하는 새로운 통신 프로토콜을 도입한다.
- 사물인터넷은 물리적 보안을 강화할 수 있지만 사이버 보안 리스크가 적절히 완화된 경우에만 가능하다.

위원회는 또한 모바일 인증 표준화, 특히 스마트폰을 사용하여 블루투스 저 에너지(BLE)를 통해 출입제어 카드와 디지털 출입인증을 교환하는 방안도 검토하고 있다. 넓은 관점에서 이러한 표준들은 지난 수십 년간 업계의 한 부분이었던 위건드 및 카드 판독기 표준과 유사한 역할을 할 것이다. 모바일 출입인증에 대한 표준이 없는 경우 업계는 채택을 지연시키고 비용을 추가하며 최종적으로 최종 사용자의 이익에 도움이 되지 않는 다수의 독점적인 프로토콜을 보유할 위험에 있다. 이 프로젝트에 의해 만들어진 표준은 향후 20~30년 동안 모바일-리더 상호 작용의 기초를 형성할 수 있다.

■ 산업인터넷 컨소시엄(Industrial Internet Consortium (IIC))

산업인터넷 컨소시엄은 2014년에 상업 및 산업용 사물인터넷의 성장을 촉진하기 위한 비영리 파트너십으로 설립되었다. 이들의 목표는 산업별 사용 사례를 통한 혁신 추진, 상호 운용성을 위한 참조 아키텍처 개발, 글로벌 표준 프로세스 적용, 사물인터넷 보안에 대한 혁신적인 접근 방식 촉진 등이다. 산업인터넷 컨소시엄은 제조업체와 시스템 통합업체(그리고 보안 조직) 모두와 관련이 있는 많은 사물인터넷 레퍼런스 프레임워크를 발표했다.

산업인터넷 컨소시엄은 의료, 에너지, 교통, 스마트 시티, 제조 등 5개 수직 산업 그룹을 중심으로 활동했다. 이러한 모든 버전은 보안과 교차하며, 특히 산업인터넷 컨소시엄이 이러한 모든 시장 부문에서 최종 사용자 조직에 영향을 미칠 수 있는 두 개의 출판물을 만든 프레임워크 수준에서 더욱 그렇다.

산업인터넷 참조 아키텍처[1]는 시스템 설계자를 공통 프레임워크의 사물인터넷 시스템 구축으로 안내하는 표준 기반 접근 방식이다. 그 이점은 유사한 프로토콜, ID, 인증 및 사이버 방어 메커니즘을 갖추도록 보장하는 기술 표준과 함께 유사한 프레임워크 전반에 걸쳐 공통 도구를 사용할 수 있다는 것이다.

산업인터넷 연결 프레임워크[2]는 사물인터넷 시스템 구축에 사용될 통신 스택에 초점을 맞춘 심층 기술 문서이다. 일반적인 통신 메커니즘의 목표는 여러 사물인터넷 시스템 간에 데이터 공유를 촉진하는 것이다. 즉 자신의 데이터를 다른 산업 시스템의 추가 입력과 상호 연결함으로써 이점을 얻을 수 있다.

■ 사물인터넷 표준화단체(Open Connectivity Foundation (OCF))

사물인터넷 표준화단체는 보안업계와 크게 관련이 있는데, 그 이유는 주요 기업 회원 대부분이 중견기업으로 주거용 및 상업기기의 표준을 주도할 수 있는 가능성이 높기 때문이다. 그것은 2016년에 이전의 오픈인터커넥트 컨소시엄(OIC)과 AllSeen동맹의 합병으로 형성되었다. 이 두 그룹에는 HP, IBM, Cisco, 인텔, 마이크로소프트, 삼성, 퀄컴, GEDigital 등과 같은 기타 친숙한 전자업계 거물들이 포함되어 있다. 표준화 측면에서는 연결되는 사물인터넷 컴포넌트 수와 제품 제조업체 비중이 높을수록 주도권을 확보할 가능성이 높다. 또한 변수를 포함하는 제조 측면에서 사물인터넷 컴포넌트와 제품 제조업체의 중요한 비중을 차지할 가능성이 높다. 이처럼 서비스 및 통신에 대한 관심 사항을 논의하는 곳이 사물인터넷 표준화단체이다.

인텔은 차세대 250억 사물인터넷기기를 연결한다는 목표로 기존 오픈인터커넥트 컨소시엄(Open Interconnect Consortium, OIC)을 구성했다. 기술적 목표는 여러 OS와 플랫폼에 걸쳐 안전하고 안정적인 장치 검색 및 연결을 제공하는 것이다. OIC는 모든 주요 수직 시장에서 새로운 어플리케이션을 가능하게 하기 위한 포괄적인 통신 프레임워크를 제공하는 것을 목표로 한다. 이들의 IoTivity 오픈소스 프로젝트는 개발자들에게 이러한 비전을 실현

1) http://www.iiconsortium.org/IIRA.htm.
2) http://www.iiconsortium.org/IICF.htm.

할 수 있는 도구를 제공하는 프레임워크이다.

■ 전기전자엔지니어협회(Institute of Electrical and Electronics Engineers (IEEE))

전기전자엔지니어협회는 사물인터넷 세계와의 관련성을 입증하기 위해 모든 노력을 기울여 왔으며 지난 50년간 전자산업에서 발생한 많은 표준의 이행과제와 전략적 활동에서 중심적인 역할을 하지 못하는 새로운 표준 기구들을 놓치지 않았다. 이를 위해 전기전자엔지니어협회는 "사물인터넷의 아키텍처 프레임워크 표준"이라는 제목의 프로젝트를 시작했다. 여러 조직이 동일한 문제를 해결하려고 시도하고 있는 상황이다. 수십만 명의 기술자를 개별 회원으로 두고 있는 전기전자엔지니어협회는 모든 기술 분야에 대한 가시성이 높으며, 수많은 새로운 프로젝트에 영향을 미칠 수 있다.

전기전자엔지니어협회는 기존 표준을 재검토하여 많은 것들(예:이더넷)을 "사물인터넷 관련 표준"으로 재분류 했다. 기본적인 수준에서 도움이 되었지만, 새로운 기반을 만드는 데는 도움이 되지 않았다. 또한 이 분야에서 새로운 조직들이 사용하는 접근 방식보다 오픈 소스 방식이 현대적이라고 느낀다. 항상 규범적인 명세가 필요하지만 영향력을 발휘하기 위해서는 오픈 소스 코드가 표준을 훨씬 더 빨리 실제 프로젝트로 바꾼다.

■ 유관기관(Related Organizations)

유관기관으로 너무 많은 컨소시엄과 관련 단체들이 활동하고 있어 어떤 한 곳이 영향을 미칠지 파악하기 어렵다. 더 복잡한 문제는 새로운 조직이 거의 매달 생겨나고 불행히도 거의 같은 비율로 사라진다는 점이다.

이러한 조직 중 일부는 데이터 스트림과 같은 매우 구체적인 문제에 초점을 맞추고 있다. OASIS(Organization for the Advancement of Structured Information Standards)의 사물인터넷그룹은 AMQP(Advanced Message Queuing Protocol) 같은 원격측정 스트림 프로토콜을 개발하고 있다. 이러한 프로토콜들은 전반적인 사이버 보안문제를 해결하려고 시도하거나 주장하는 것은 아니지만, 보안 장치 응용 프로그램에 침투할 수 있으며, 따라서 시스템 통합 또는 네트워크 보안이라는 더 큰 맥락에서 보안이 필요할 수 있다.

국제인터넷표준화기구는 또한 IP네트워킹을 매우 저전력 장치로 확장하기 위해 구현되고 있는 "저전력 WPAN기반 IPv6"표준과 같은 사물인터넷 표준의 지속적인 개발과도 매우 관련이 있다. 다시 말하자면 이 프로토콜을 사용하여 네트워크를 보호하는 것은 오늘날 사용 중인 IP네트워크를 보호하는 것과 동일한 많은 문제를 야기하며, 표준은 문제의 계층을 다루고 있지 않는다.

■ 독점적 체계

실제로 개발 프레임워크와 표준은 유사한 역할을 한다. 이들은 모두 일관된 작업 방식을 제공하여 독립 개발자와 제조업체가 일련의 지적 재산을 활용하여 보다 빠르고 스마트하게 작업할 수 있도록 지원한다. 이 두 가지의 도구는 혁신자 및 최종 사용자들이 모두 동일한 생태계에서 상호 운용 가능한 장치를 사용할 수 있도록 하게 한다.

그것들이 나뉘는 곳은 표준이 어떻게 만들어지고, 비준되며, 그 후에 어떻게 바뀌는지에 대한 엄격한 규칙의 산물이라는 것이다. 독점적 프레임워크는 그들 소유자의 변덕에 따라 바뀔 수 있다. 한편으로 이러한 자유는 독점적 프레임워크가 대규모 표준 기구의 소비자 중심 위원회 프로세스보다 훨씬 더 빠르게 움직일 수 있게 해 준다. 반면에 표준 입안자들은 시장의 필요를 너무 늦게 반영하거나 일부 기업에 편중해 관련 기업의 의견을 제외시킨다면, 몇 년 후에 스스로 고립될 수 있다.

즉, 기술 세계에는 지배적인 소수가 있다. 독점적이기는 하지만 많은 채택자들이 그러한 부담을 느끼지 않고 에코 시스템을 위해 충분한 이익과 안정성을 제공하는 성공적인 제품을 만들어냈기 때문이다. 데스크탑 운영 체제에서는 Windows가 대표적인 예이며, iOS와 Android는 모바일 플랫폼의 사례를 보여 준다.

이 세계에는 너무 커서 무시할 수 없는 거물들이 있다.

■ Google Weave

Google Weave는 서비스 오퍼링과 결합된 단일 벤더 사물인터넷 프레임워크의 예이다. 기기 등록, ID, 통신, 사이버 보안, 소프트웨어 업데이트, 모바일 기기 및 웹에서의 사용자 상호작용 등을 다루는 사물인터넷 플랫폼이다. 프레임워크의 목표는 에코 시스템의 모든 장치가 사용할 수 있는 공통 언어를 제공하는 것이다. 예를 들어 접근 제어 응용 프로그램의 경우 도어 잠금장치는 스마트폰과 같은 다양한 다른 장치에서 실행하거나 Weave 클라우드를 통해 원격으로 실행할 수 있는 잠금 또는 잠금 해제와 같은 작업을 정의할 수 있다.

Weave는 부팅, 데이터 암호화, 자동화된 보안패치 기능 등과 같은 내장된 보안 기능을 제공함으로써 사물인터넷 프레임워크 분야의 다른 경쟁 업체들보다 두드러진다. 또한 Weave는 기업 환경에서 많은 수의 기기를 관리하는데 필수적인 요소로서 다양한 기기와 사용자가 서로 어떤 유형의 접근 권한을 가져야 하는지를 제어하는 강력한 방법을 가지고 있다.

Weave와 같은 통합된 벤더 플랫폼은 고객이 기업에서 제공하는 다른 모든 클라우드 서비스에도 연결된다는 것이다. Google의 경우 기계 학습과 AI에 대한 그들의 상당한 투자는 누군가에게 사물인터넷 데이터 스트림에서 실행 가능한 정보를 추출하게 해야 한다.

Nest Weave와 혼동되는 경우가 많은데 Google Weave는 홈오토메이션 어플리케이션에 한정되지 않고 사물인터넷영역 전반에 걸친 디바이스의 연결을 지원한다. 이러한 점에서 보안 어플리케이션에 더 적합할 수 있는 산업 표준 집합인 것으로 보인다.

■ Thread Group

인기 있는 사물인터넷기기 제조업체인 Nest가 지원하는 Thread Group은 주거에서 제품을 연결하고 제어하는 공통의 합의를 만들기 위해 설립되었다. 따라서 그것은 상업적인 것보다는 주거보안 어플리케이션에 더 가깝다. 즉 주거용 어플리케이션에서 소규모 비즈니스 어플리케이션으로 이동하는 경우가 많으므로 보안 및 자동화를 위해서도 이러한 문제의 경계를 넘나들며 해결할 수 있다. 다른 사물인터넷 표준 조직과 마찬가지로 기기와 클라우드 간의 무선 통신도 이행과제와 전략적 활동의 주요 관심사이다. 스레드의 메쉬 통신 기술은 홈 오토메이션 어플리케이션에 적합하지만 거리와 시공 기법에 따라 더 큰 시설에서 동일하게 작동할 수 있다.

■ Apple HomeKit

적어도 Apple HomeKit에 대해 언급 없이 Weave와 Thread를 논의하는 것은 나태한 태도일 것이다. 그렇긴 하지만 상업적 보안에 대한 관련성은 제한적이다. 이름에서 알 수 있듯이 모든 사물인터넷이 iOS플랫폼에 원활하게 통합될 수 있도록 하는 주거용 어플리케이션을 위한 것이다.

그러나, 상업 및 산업용 어플리케이션으로는 적합하지 않다. 기기 상호 작용을 위한 인증 모델은 기업의 복잡성이나 빌딩 자동화 프로젝트에 비해 너무 단순하다. 대규모 상업 시스템에는 관리자가 사용자 인증을 세부적으로 조정할 수 있는 역할 기반 권한 시스템이 필요하다. 주거용으로 설계된 시스템은 사용자 수가 적고 거의 정의상 신뢰할 수 있는 개인이므로 이러한 수준의 복잡성이 필요하지 않다.

제11장
새로운 시장

2전억 달러 규모인 글로벌 보안산업(제조 및 서비스)은 더딘 속도로 성장 중이다. 진입장벽이 다른 많은 산업들보다 높았기 때문이고, 따라서 신규 진입자들은 기존의 리셀러(상품을 웃돈을 받고 되팔아 수익을 올리는 행위)의 유통모델을 따라할 수밖에 없었다.

사물인터넷의 등장과 하드웨어 혁신의 부흥은 상황을 뜨겁게 달구고 있다. 업계의 시야 밖에 있던 기업들이 이제는 대규모 무역 박람회에 모습을 드러내고 있다. 고객은 자신들이 보유한 기존 보안 플랫폼이 이러한 신규 제품과 통합될 수 있는지 여부를 알고 싶어 한다.

사물인터넷은 확실한 자체적인 파동을 만들고 있지만, 클라우드가 제공하는 진폭도 확대하고 있다. 파동 역학의 물리학에서 우리는 이것을 건설적 간섭이라고 부른다. 파형 하나가 다른 파형 위에 겹쳐 있고, 공명 주파수를 공유할 경우 파형이 서로 증폭된다. 보안산업은 클라우드와 사물인터넷이 시너지 효과를 내는 주요 분야 중 하나이다.

일반적으로 연결된 장치들이 상호간 파형을 공유하지 않을 경우 제 기능을 다하지 못한다는 점과 클라우드가 응용프로그램 및 사용자들을 대거 제공한다는 면에서 사물인터넷은 클라우드와 비슷하다고 본다. 때문에 이전 세대의 기술이 더욱 도태되는 것처럼 보인다.

노화된 기술에 대한 변증은 최근 보안 컨퍼런스에서 충분히 입증되었다. 그러나 나는 항상 사내 서버의 보안유지를 위해 애쓰는 사람이 있다는 것을 들었다. "클라우드는 그들을 대체하지 못한다!" 그는 사내컴퓨팅을 통해 호텔 투숙객이 그들의 방에 이미 전자식 도어락이 있다는 것을 알아도 기계식 열쇠가 있어야 더 안전함을 느끼는 것에 대한 선호도 조사를 하였다.

이것이 어떤 심리학적인 사실을 갖고 있든 간에, 클라이언트-서버를 말 그대로 구형 기술(예: 기계식 열쇠)로 표현하는 것은 의도한 요점과 정반대가 된다. 호텔 도어에 설치된 전자식 도어락은 오래 전에 숙박업계를 현대화시킨 프로그래밍이 가능한 제어 장치이다. 최근 휴대전화 기반의 키(모바일 출입인증)가 도입되면서 스마트하고 편리하며 데이터가 다양해 졌다. 하지만 대조적으로 기계식 열쇠는 여전히 사용되고 있다.

속담에도 있듯이, "바보스러운 것은 절대 고칠 수 없다."

■ 오래된 것이 새롭다 – 적어도 스타트업에서

나는 웹서비스를 위한 위젯과 소프트웨어, 웹서버를 만드는 하드웨어 기업들이 다시 부흥할 것이라고 생각한다. 이 기업들은 사물인터넷이 시장에서 경쟁력을 가지게 된 후 투자자들의 관심을 끌고 있으며, 시장에서도 인기를 회복하고 있다. 새로운 투자는 홈 오토메이션 분야에 집중되어 있으며, 그 중에서도 대부분이 물리적 보안 부분에 연관되어 있다. 이러한 수준의 관심은 이전에 보지 못한 상황이며, 업계가 이것에 익숙해지는데 시간이 걸릴 것이라 본다.

연결된 하드웨어 환경의 확장이 보안업계의 경계를 확장시키고 있다. 더 새롭고 좋으며, 솔직히 더 좋은 패키지로 편리함과 안심을 줄 수 있는 커넥티드 하드웨어가 더 많은 선택이 되고 있다. 설치의 용이성은 특히 주거 시장의 DIY부문에서 높은 성장률을 가져오며, 중소기업 시장(SMB) 저변으로 확산되고 있다.

나는 이러한 이점을 2009년쯤 알아가고 있었다. 우리 기업은 클라우드 기반 영상 보안 서비스를 도입한지 얼마 안 되어 국가 보안 통합 업체 고객에게 그 이점을 알리고 있었다. 서버와 설치 인력을 제거했기 때문에 초기 설치비용이 낮다는 장점을 강조했다. "고객들은 그것을 좋아할 것이다."라고 말했다.

잠시 후 임원 중 한명이 "스티브, 대단해 하지만, 우리는 전통적인 네트워크 영상 레코더와 경쟁하지 않아 우리는 코스트코와 경쟁하고 있어"라고 말했다.

그가 의미하는 것은 많은 구매자들이 저렴한 DIY시스템을 구매하여 스스로 설치하려고 한다는 것이다. 그 이후 거의 8년 만에 쇼핑은 코스트코에 가는 것이 아닌 인터넷으로 대체되었고, 복잡한 전선과 여러 카메라는 드롭캠(dropcam)과 같은 제품으로 대체되었다.

연결 가능한 하드웨어 혁신과 클라우드 컴퓨팅은 이러한 종류의 건설적 간섭을 상당수 인접한 많은 분야에서 발생시키고 있다. 이러한 기술을 도입하는 기업은 기존 기업과는 다른 새로운 기업으로 보여질 것이다.

2014년에 보았던 한 기업의 광고를 잊지 못한다. 이 스타트업은 소비자 친화적인 사물인터넷 보안 디바이스를 몇 분 만에 직접 설치할 수 있다는 점을 자랑했다. 그들은 도구가 필요 없고, 설치를 위해 예약을 할 필요가 없고 설치 기사가 방문할 필요가 없는, 쉬운 설치 환경을 주장했다. 이러한 사용 편의성은 저전력 칩, 저전력 무선 송신기 및 긴 전지 수명을 사용하는 사물인터넷기기의 강력한 성능으로 현대적인 산업 디자인이 적용되어 친근하게 다가왔다.

이 모든 것은 전통적인 주거보안 분야에서 벗어난 것이다. 기존의 보안 업체들은 모든 것을 직접 제공했다. 그러나 시간이 흐르면서 확인된 것은 정반대였다. 이것은 물리적 보안 역사 전체에 적용될 수 있다.

지금까지는.

이러한 종류의 혁신은 주거보안 고객에게만 국한된 것이 아니다. 인구 조사국에 따르면 많은 사물인터넷 및 클라우드 기반 서비스가 미국의 약 80%에 해당하는 중소기업 시장에 어필하고 있다고 한다. 대기업에 적용된 시스템은 시장 점유율에 비해 언론의 관심을 더 많이 차지하지만 오히려 소규모 기업이 비즈니스의 가장 많은 비중을 차지한다. 그것이 투자자들의 관심을 끄는 이유이다. 많은 중소기업 소유주들은 DIY 홈 시스템을 통한 경험을 바탕으로 사물인터넷기반 보안업계의 비즈니스를 더욱 가속화할 것이다.

사물인터넷기반의 새로운 물리적 제품은 과거의 제품들과 명백하게 단절되어 있으며, 이는 다른 클라우드 서비스 및 사물인터넷 제품군과 상호작용 기능을 제공한다는 점에서 가장 주목할 만하다. 새로운 가입자의 웹 사이트를 보면 해당 웹 사이트가 수많은 웹 서비스 및 장치 목록과 상호 작용한다는 것을 알 수 있다.

이와 관련하여 두드러지는 서비스는 모든 컴퓨터 프로그래밍에서 가장 기본적인 개념 논리구성을 나타내는 클라우드 기반 서비스인 IFTTT(If This Then That, 명령을 통해 타 소프트웨어를 관리할 수 있도록 도와주는 프로그램)이다. IFTTT는 보안 시스템, 휴대전화, SNS 사진 공유 및 스마트 홈 등 수백 개의 온라인 서비스 및 제품과 통합되었다.

예를 들어, IFTTT는 3명의 동료에게 동시에 메일을 보내고, 트윗을 하고, 인스타그램에 글을 올리고, 본인의 건물을 잠금 상태로 만들 수 있다. 이러한 모든 통합의 효과는 참여하는 각 서비스가 다른 모든 서비스 공급 업체와 직접 작업하지 않고도 광범위한 제품 통합의 이점을 활용할 수 있다는 것이다. 이런 점에서 IFTTT는 모든 파트너를 연결하는 부가 가치 로직의 거대 허브처럼 작동한다. IFTTT는 생태계의 각 새로운 파트너가 다른 모든 파트너들에게 더 많은 가치를 부여한다.

상업보안시스템이 널리 퍼진 파트너-파트너간 통합과 비교해 보자. 이는 고객이 동급 최강의 제품을 결합하는데 필요한 옵션의 수를 제한하는 힘들고 오랜 시간이 필요한 과정이다. 알고리즘적 관점에서 볼 때, 통합의 수 N은 모든 파트너가 서로 직접 통합하는 경우 N^2으로 증가한다. 이와는 반대로, 허브 앤 스포크 토폴로지(hurb-and-spoke topology)는 완전히 선형적이다. N제품에는 N개의 통합이 필요하다. 보안 조직이 수백 개에서 수천 개의 제품 중에서 선택해야 하는 시장에서 N과 N^2의 차이는 관련된 모든 사람들에게 엄청난 비용 요소이다.

그것이 사물인터넷과 클라우드 결합의 힘이다.

■ 대형기술 및 통신업계에서 바라본 물리적 보안

사물인터넷과 클라우드의 결합은 보안 비즈니스의 물리적 과제를 줄이는 동시에 더 나은 비즈니스 모델을 그대로 유지한다. 그 결과 많은 대형 기술과 복합 기업, 스타트업과 벤처캐피탈(VC)투자자들은 물리적 보안 문제를 다루는 제품과 서비스에 새로운 관심을 보이고 있다.

이러한 신규 비즈니스 모델을 유치하는 것을 반복적인 수익이라고 한다. 서비스형 소프트웨어(SaaS)가 동일한 지속적인 가치 제안을 제공함에 따라 출입제어 및 영상감시와 같은 추가 서비스 라인으로 확산되었다. 시스템 통합은 아직도 많은 미지의 요소, 경쟁 요소, 직원 이직률, 이윤 압축 및 설치 문제 등의 어려움이 있지만 충분한 가치가 있다. 시스템 통합의 어려움은 물리적 시장의 현실에 익숙하지 않은 기업들의 진입을 막는 장애물이 되어 왔다. 이러한 장애물 중 일부가 사라지면서 새로운 외부 관심사가 생겨나고 있다.

실리콘 밸리가 즉각 떠오른다. 대형 기업들은 주거 및 중소기업 시장을 위한 보안, 출입 관리 및 영상 보안 감시 제품을 만들거나 투자하고 있다. 구글의 드롭캠 인수가 대표적인 예이다. 애플은 다양한 보안 및 자동화 제품을 통합하고 사용자 경험을 통합할 것을 약속하는 홈 키트 아키텍처를 추진하고 있다. 이러한 새로운 계획과 관련한 초기 마케팅은 대부분 소비자 중심으로 이루어져 있으며, 중소기업 시장으로 진입하는 것은 그리 놀랄만한 일이 아니다. 결국 중소기업 소유주들은 그들이 집에 있는 것만큼 직장에서 소비를 하는 소비자들이다. 그들이 사무실에서 선택하는 기술 솔루션은 주거에서 사용하는 기술에 큰 영향을 받는다.

지난 수년 간 보안 업계와 대형 통신사 및 케이블 기업들은 적어도 주거 시장에서 지속적인 관계를 유지해 왔다. 침입탐지 시스템이 일반적인 구형 전화 서비스(POTS)에 의해 연결되었을 때, 통신사는 이미 통신 링크를 제공했고, 고객 관계를 갖고 있었기 때문에 알람 서비스도 제공하는 것이 타당하다고 생각했다. 케이블 기업들은 그들이 인터넷 서비스 제공 업체가 된 후에도 이와 같은 논리를 따랐다. 그들은 광대역 통신을 주거에 제공하고 알람 서비스 또한 자연스럽게 제공할 수 있다고 생각했다. 이미 통신 링크와 가장 중요한 고객 관계를 가지고 있었기 때문이다.

보안 업계는 경계와 업신여김이 결합된 눈으로 이 갑작스런 등장을 바라보았다. 많은 기술 기업들의 큰 영향력을 무시할 수 없기 때문에 세심한 주의가 필요하다. 아이폰 이전에 많은 사람들은 컴퓨터 기업인 애플이 모토로라나 노키아와 같은 기존 기기 제조업체들처럼 전화기를 만들어서 경쟁할 수 없다고 생각했다. 마찬가지로 업계 종사자가 아닌 누군가가 훌륭한 홈 오토메이션 및 보안 시스템을 만들어서 기존 공급 업체를 파산시킬 수 있다고 생각하는 것도 이상한 일이 아니다.

케이블 기업들은 적어도 10년 동안 주거용 보안 솔루션을 출시해 왔고, 최근에는 소규모 비즈니스 패키지와 융합하고 있다. 클라우드 영상이 점점 더 저렴해지고 인기를 끌면서 케이블 기업들은 자체 고객 기반에서의 광대역 회선을 소유하고 있기 때문에 유사한 서비스를 제공하는 기업들보다 자연스럽게 비용 면에서 유리한 위치에 있다. 망 중립성(통신망 제공업자는 모든 콘텐츠를 동등하고 차별 없이 다루어야 한다는 원칙)이 약화됨에 따라, 그들은 심지어 그들 자신의 트래픽을 우선시 하는 것도 가능하다.

반면, 어느 정도의 경계가 요구됨에도 불구하고, 이러한 기술 기업들 중 어떤 기업도 상업보안 장비를 설치하거나 승인된 보안 장치를 제공하기 위한 노동력 및 물류 실행계획에 대한 투자가 불분명하다. 표면적으로 네트워크 보안 감시 카메라를 설치하는 것은 직접 설치하거나 이용할 수 있는 다른 네트워크 설치 서비스와 같은 것으로 보인다. 그러나 접근 통제는 완전히 다른 이야기이다. 새로운 세대의 무선 잠금장치는 이러한 상황을 개선시켜 왔지만 아직까지도 보편적이지 않다.

어쨌든, 사물인터넷의 원동력은 보안 시스템을 스마트폰, 케이블 모뎀, 기타 가전제품 같은 소비자 제품 모델에서 이용할 수 있게 하는 것이다.

■ 소비자화와 사물인터넷

이러한 추세는 지난 10년 또는 그 이상에 걸쳐 발생한 보안 소비자화의 증가로 이어진다. 소비자화는 첫 장에서 설명한 대로 소비자 제품이 이후 전문적인 용도로 전환되면서 처음 도입된 기술적인 변화과정이다. 직원들은 종종 삶에서 새로운 기술 지식을 습득한 다음 직장에 이를 접목시킬 때 이러한 변화를 주도한다. 직원의 스마트폰, 태블릿, 랩탑도 BYOD(Bring-Your-Own-Device) 이동으로 분류되는 가장 일반적인 몇 가지 예이다.

소비자화는 이미 엔터프라이즈 IT기업에 커다란 영향을 미쳤으며, 이로 인해 80%이상의 조직에서 새로운 변화에 맞게 정책 및 관리를 변경하게 되었다. 개인 기기의 계획되지 않은 데이터 보관과 모바일 단말기 원격 통제 시스템(Mobile Device Management, MDM)서비스 요구 사항은 두 가지 부작용이다. 개인 데이터와 업무 데이터를 하나의 기기에 결합하는 것은 부적합한 것이지만, 대부분의 기업이 비용과 편리함을 위해 그렇게 관리되고 있다. 이러한 요인들은 보안 시장의 구매자들에게도 똑같이 작용할 것이다.

소비자 및 상업적 맥락에서, 소비자화는 모바일 플랫폼의 가용성뿐만 아니라 클라우드, 이동성 및 사물인터넷의 융합에 의해 더욱 강력하게 추진될 것이다. 첫 번째 결과는 소비자 제품에서와 같은 동일한 편리함과 사용 편의성을 제공하지 않는 구형 기술의 활용으로 대체 될 것이다. 인터네셔널 데이터그룹(International Data Group)에 의하면, 2014년 3월초 46%의 기업이 이미 사물인터넷기기를 사용하여 비즈니스 의사 결정을 내릴 것으로 예상했다.[1] 이러한 솔루션은 완전한 클라우드 기반 및 모바일이 될 것이므로 오래되어도 교체가 필요하지 않는 기술 솔루션을 만든다.

소비자화의 두 번째 주요 효과는 사용자 경험(UX)에 의해 기대치를 높이는 것이다. 이제는 대부분의 사람들이 오래된 단말기와 구형 데스크탑 클라이언트 웹 브라우저의 UX개선을 당연하게 여긴다. 그러나 사물인터넷이 등장하기 전까지 UX개선은 물리적인 것들과 상호 작용하는 방식을 바꾸는 것에 그치고 말았다. 하지만 기존의 패러다임에서는 대부분의 내장형 전자장치는 다양한 기능을 수행하기 위해 끔직한 커멘드 라인으로 구성된 인터페이스가 수많은 스위치로 구성되어 적절한 작동을 위해서는 고도의 지식이 필요하다. 자체 사용자 인터페이스에서 최신의 자동 온도 조절기를 프로그래밍하는 것보다 연결된 온도조절기용 웹 응용프로그램을 통해 작업을 하는 것의 차이를 고려한다.

예를 들어, 2010년대 초반만 해도 시청각 및 홈 오토메이션시스템이 여전히 복잡하여 전문적인 채널을 통해서만 이용할 수 있었으며, 이를 작동시키기 위해 훈련된 설치 기사와 프로그램이 필요했다. 주거용 극장 시스템은 AV장비를 포함하지 않고 부품과 인건비에만 10,000달러의 비용을 예상할 수 있다. 오늘날 포스트소비자화 시장에서는 클라우드 어플리케이션을 통해 시스템을 15분 만에 구성 가능하며, 300달러가 조금 넘는 비용으로 동일한 수준의 제어 기능을 구연할 수 있다.

마찬가지로 주거보안 분야에서 완벽하게 설비되고, 최적화된 주거보안 시스템의 실제 비용은 부품과 노동력이 고려됐을 경우 일반적으로 3,000달러가 넘었다. 오늘날 포스트소비자화 시장에는 거의 동등하거나 충분히 좋은

1) http://www.idgenterprise.com/resource/research/idg-enterprise-consumerization-of-it-in-theenterprise-study-2014/.

대안을 제공하고 소비자나 사업주가 설치할 수 있는 많은 제품들이 있다.

소비자화로 해결할 수 없는 주거보안과 상업보안의 한 가지 문제는 365일(24/7) 항상 가동되는 전문 관제이다. 중앙 관제센터는 전자보안 시스템, 경찰 파견 및 기타 형태 등 경보의 단계적 확대 간의 중요한 연결을 제공한다. '집을 비운 동안 집에 도둑이 침입했다'라는 문자 메시지를 받는 것도 한 가지 방법이다. 당신이 집에 없고 즉각적인 위협에 반응할 수 없는 동안 전문적인 시스템은 출동을 통한 문제 해결이 가능하지만 사물인터넷은 문자 메시지 제공 밖에 하지 못한다. 이와 같을 때 전문적인 시스템과 DIY 사물인터넷시스템이 가장 뚜렷하게 나뉜다.

■ 사물인터넷이 영향을 줄 것인가?

사물인터넷은 데이터 분석 또는 DIY 제품의 광범위한 성공이라는 두 가지 요인 중 하나로 인해 중단 될 수 있다.

사물인터넷 센서와 기기 데이터 스트림을 수집하여 가치를 더할 수 있는 절호의 기회이다. 연결된 장치를 제조하고 배포하는 작업은 이미 순조롭게 진행되고 있지만, 마지막 단계에서 데이터 분석이 어떻게 이루어질지는 아직 알 수 없다. 클라우드로의 느린 마이그레이션(정보기술에서 어떠한 운영 환경으로부터 다른 운영 환경으로 옮겨지는 과정), 광범위한 제품 군에 유용한 분석 개발, 보안 예산 범위에 맞는 가격 책정 모델 등으로 인해 보안 소프트웨어 플랫폼 내에서 센서 정보 전송에 대한 대규모 분석이 느려진다. 보기 좋은 그래프를 보여 주는 것과 의사 결정을 바꿀 수 있는 통찰력을 제공하는 것은 별개의 문제이다.

또한 사물인터넷은 DIY를 통해 기존에 설치된 시스템만큼 더 손쉽게 만드는 제품이 출시될 경우 혼란을 줄 수 있다. 이것이 가능하다고 말하려는 것은 아니지만, 많은 사람들이 DIY 사물인터넷으로 전환하는 것의 영향에 대해 한번쯤은 고려할 만하다.

공급업체 환경의 변화는 이 책의 모든 주요 장에서 언급한 소비자화 주제를 다룰 것이다. 한때는 고도로 전문화된 제품에서만 수행할 수 있었던 일을 이제는 소비자화된 사물인터넷 플렛폼을 통해 저렴하게 수행할 수 있다.

예를 들어, 물 감지센서와 같은 단순한 장치가 예전에는 소비자들이 일반적으로 사용할 수 없는 특수 장치였고, 그에 상응하는 높은 설치 비용으로 중앙 제어장치에 연결되었다. 하지만 오늘날 저렴한 무선 장치로 원하는 곳 어디에나 설치할 수 있으며 5분 이내에 사용할 수 있다. 더욱이 오늘날의 물 감지센서는 온도, 진동 및 공기 품질 센서로 이루어졌기 때문에 5년 전의 전용 유선식 물 감지센서보다 저렴한 가격에 사용할 수 있다.

■ 채택

클라우드 적용률과 마찬가지로 보안에서의 사물인터넷 적용률도 상업보안과 주거보안에 따라 크게 다르다. 주거보안에서 사물인터넷의 도입은 꽤나 어렵다. 모든 주거용 보안은 이제 스마트 홈 서비스가 되었다. 분석가들과 시장 조사를 통해 주거보안에서 사물인터넷의 도입은 더욱 증가할 것이라고 예상한다. 이것이 의미하는 것은 우리가 앞으로도 계속 사물인터넷과 클라우드에 주목해야 한다는 것이다.

상업보안은 규모가 크고 복잡하며 새로운 기능을 일관된 방식으로 통합하는데 더 많은 시간이 소요되기 때문에 증가 속도가 느려질 것이다. 그들은 또한 규제 요건에 따라야 하는데, 특히 생명의 안전이나 화재 경보 시스템에 접촉하는 모든 경우에는 특히 그래야 했다. 하지만 상업보안은 "산업용 사물인터넷"의 일부로 구성되어 있어, 대부분의 경우 주거보안 시장보다 훨씬 더 많을 것으로 예상된다.

■ 전략

보안조직은 사물인터넷에 어떻게 접근해야 하는가? 처음에는 주거 공간을 보고 어떤 종류의 기능이 상업적 환경과 관련이 있는지 확인해야 한다. 주거 시스템은 상업 시스템에서 사용할 수 있는 것에 대한 예측 변수이며, 사물인터넷의 채택이 이러한 입증 사례 중 하나임이 분명하다.

필요한 기반의 접근 방식은 추가 센서가 채울 수 있는 정보 집합에서 누락된 부분을 묻는 것으로 시작될 수 있다. 현재 보유하고 있지 않은 가시성을 원하는가? 사물인터넷기기가 제공할 수 있는 가시성은 무엇인가?

당신의 생각을 돕기 위해서 친숙한 것부터 생각해 보자. 사물인터넷 장치는 종종 새로운 유형의 데이터나 상황 인식을 제공하지 않는다. 동일한 유형의 데이터를 다양한 위치에서 더 알맞게 만드는 경우가 많다. 무선 연결, 낮은 전력 소비 및 향상된 배터리 수명으로 인해 이전에 접근할 수 없었던 곳에서 정보를 수집할 수도 있다.

■ 마침: 과연 사물인터넷은 범주에 있는가?

마지막으로 사물인터넷 카테고리 전체에 대해 다소 모순된 견해가 있는 것 같다.

역사적으로 볼 때, 사물인터넷이 가전제품 카테고리에 속한다는 의미이다. 최초의 전기 토스터와 전기 진공청소기는 모두 1905년에 소개되었다. 그 후 최초의 특허를 받은 전기세탁기가 있었고, 최초의 자동화 전기 컨베이어 벨트가 있었고, 최초의 상업화된 전기세탁기가 있었다. 그 당시에는 이들 장비에 대한 제품 카테고리의 일관성이 없었으며, 오늘날 사물인터넷도 마찬가지다. 인간이 사용하는 수백 개의 사물인터넷 제품이 있지만, 그것들은 토스터나 우유 짜는 기계와 비슷하다. 단지 그들이 전기 모터를 통해 전달되는 전기에 의해 구동된다는 한 가지 공통점을 가지고 있었기 때문에 "전기기구"로 분류된다. 그것들은 흐르는 전기로 작동하는 전기 모터를 통해 동력을 공급 받다.

게다가 그것들은 다른 기업에 의해 제조되었고, 다른 시장에서 판매되었으며 완전히 다른 구매자들에 의해 구매되었다. 제조 과정에서 우리는 진공청소기 기업인 후버(Hoover), 산업화된 컨베이어 시스템을 이용하는 자동차 기업인 포드(Ford), "우유 짜는 기업"라고 여겨지는 바손 브로스 코(Babson Bros Co)를 예로 들 수 있다. 이들 상품의 시장은 각각 우편 주문 카탈로그, 기업 대 기업 산업 판매, 농업 박람회, 기업 간 여행 상품 판매가 있었다. 이들 가전제품 중 일부는 주거용이고 일부는 순전히 공업용이었다. 간단히 말해서, 합병과 인수가 전기 제조업체와 다국적 소매 업체들이 최종 사용자 시장을 통합할 때까지는 그것들을 카테고리로 생각할 이유가 없었다. 그런 점에서 제너럴 일렉트릭(General Electric)은 가장 큰 타격을 입은 "전기의 서비스화"는 말할 것도 없고 전구, 전기 모터, 완성된 어플리케이션을 생산하는 통합 업체로 두각을 나타내고 있다. "전기의 서비스화"는 다른 말로 벽면 소켓에서 나오는 전력이라고 알려져 있다.

전기 기구의 초기 역사에서, “전기제품의 가장 큰 승자는 전기헤어드라이인가, 전기드릴인가?”라는 질문을 하는 것은 이상했을 것이다. 의미 있는 것은 각각의 제품이 어떻게 시장을 바꿀 것인가를 살펴보는 것이다. 하지만 그것은 오늘날 우리가 듣고 있는 대체적인 논평과는 큰 차이가 있다.

새로운 기술의 물결에 대한 스토리들은 – 데스크탑 컴퓨팅, 인터넷, 모바일 컴퓨팅, 그리고 지금은 사물인터넷 – 지나친 유사성 때문에 그 이야기의 힘을 잃었다. 만약 당신이 베이비 붐 세대라면, 예를 들어, 당신은 살아가면서 이 모든 4종류의 도입을 목격했을 것이고 아마도 사용했을 것이다. 만약 당신이 X세대라면, 당신은 적어도 이 모든 신기술들 중 적어도 첫 번째인 데스크탑 컴퓨팅을 고등학교를 마칠 때까지나 전체 직업생활에서 사용했다. 만약 당신이 운이 좋아서 밀레니얼 세대라면 당신은 평생 이 모든 신기술들을 사용해 왔고, 그것이 없는 세상은 아마 상상조차 할 수 없을 것이다.

데이터: 더 크게, 더 스마트하게, 더 빠르게

제12장
더 크게

빅 데이터는 생명체와 같다. 왜냐하면 당신이 다른 계획을 만드는 동안에도 그것은 발생하고 있기 때문이다. 많은 관점에서 빅 데이터는 우리가 인터넷으로 하는 모든 것의 부산물이며, 측정되고 있는 우리 세상의 모든 센서의 산출물로써, 우리가 접촉하는 거의 모든 것 안으로 침투하여 확장된다. 빅 데이터는 개인적이며, 상업적이고, 고도로 발달한 산업이며, 글로벌 하다. 머지않아 빅 데이터는 우리가 보안을 실행하는 방법을 변화시킬 것이다. 그러나 빅 데이터는 홀로 작동하지 않는다. 데이터는 단지 데이터이기 때문이다. 콘크리트가 교량, 도로, 또는 인공물로 형태를 갖기 전까지 단지 콘크리트인 것과 같다. 데이터가 정보 형태로 만들어지고 분석기법에 의하여 활성화되기 전까지 데이터는 우리에게 큰 의미가 없다.

나는 빅 데이터가 보안의 미래에 무슨 의미인지 검토하기 전까지 빅 데이터에 대한 다음 두 가지 요소에 대하여 완전히 이해하지 못했다. 이러한 이유로는 빅 데이터 하나로 시작된 본 단락이 빅 데이터, 데이터과학 및 분석기법과 함께 더 넓은 시각 그 자체로 의미를 갖는 것이다.

비전문가가 외부에서 물리적 보안 분야를 보면, 빅 데이터가 가장 먼저 떠오르지는 않을 것이다. 사람들은 리테일 또는 의료, 심지어는 물리학을 생각할 가능성이 더 많다. 상업보안에 대한 언급은 대개 보안인력과 총의 이미지를 연상시킨다. 로비의 의자에 앉아 유니폼을 입고 사원증을 차고 있거나 복도와 주차장을 배회하는 지루한 남자들의 이미지일 것이다. 또는 기업 스파이, 기밀의 유출 및 국제적 음모의 세계를 연상한다. 주거보안에 대한 관점에서 우리는 실제로 어떤 나쁜 상황이 발생했을 때 바로 경찰에게 연결해 주기를 희망하는 주거용 알람시스템을 생각한다.

중요한 사실은 보안은 항상 데이터에 관한 것이라는 것이다. 마크 트웨인의 말을 인용하자면, 50센트 단어인 "데이터"가 충분할 경우 우리는 "상황정보(Situation Intelligence)"라는 5달러 용어를 사용한다. 우리의 보안데이터 세계는 넘쳐나서 데이터베이스를 넘치도록 채우며, 셀 수 없는 이벤트를 기록하는 셀 수 없는 센서로 채워져 있다. 빅 데이터 시스템이 다른 비즈니스와 과학적 시스템을 공급한다는 관점에서 본다면, 우리는 데이터 과학이 보안데이터 웨어하우스(수집된 모든 자료 또는 중요한 자료에 관한 중앙 창고)와 유사한 결과를 제공할 수 있을지 알고 싶다.

■ 빅 데이터는 우리의 생명을 구할 수 있을까?

의사인 데이비드 어거스트는 2016년 1월 발행된 포춘지에서 위와 같이 질문을 하였다. 만일 당신의 의사가 데이터 주도의 의학을 실행한다면 다행히도 당신의 대답은 "Yes"일 것이다. 왜냐하면 의사들의 의학적 결정은 단지 그들 자신보다 오히려 많은 환자들에 대한 대규모 데이터 시트에 의하여 이루어지기 때문이다. 데이터 주도 의료기업에서 분석기법은 의사들에게 개별적인 상항에서 추출할 수 없는 진단과 예측진단을 제공한다. 머신 러닝(인공 지능의 한 분야로 인간의 학습능력과 같은 기능을 컴퓨터에서 실현하고자 하는 기술 및 기법)은 평생 동안 교육받고 경험한 전문가보다 질병의 상태를 더욱 잘 식별할 수 있는 훈련된 알고리즘을 가지고 문서들을 다 보지 않더라도 이러한 진단에 더 많은 것을 부여한다. 데이터가 너무 많은데 비해 시간은 부족하기 때문에 의사들은 그들이 원하는 만큼 빠르게 의사결정을 내리기가 어렵다. 구조를 위한 소프트웨어, 이것이 바로 해결책이다.

흐릿한 눈으로 영상 모니터를 응시하는 보안인력의 모델과 임상병리학 모델을 비교해보자. 과로한 보안인력은 우리의 빌딩과 공공장소에 있는 영상을 감시하는 전형적인 불운의 상징이다. 희망은 이러한 경계보안정신이 이상상태를 탐지할 것이고 사람과 자산의 위해를 예방하기 위한 행동을 취할 것이라는 것이다. 그러나 이러한 시나리오는 사실상 실시간으로 어떤 것을 포착하기에는 어려운 방식이다. 처칠(Churchill)이 "민주주의는 모든 다른 것을 제외하면 최악의 정부형태 이다"라고 말하는 것과 같은 의미에서 최악의 경우이다. 인간에 의한 이벤트와 영상감시는 모든 다른 것을 제외하면 경계보안의 최악의 형태이다. 당연히 카메라가 없는 것보다는 낫긴 하지만 그 부분은 여기서 이야기할 필요가 없다.

인간의 집중력의 한계는 이 모델을 비효과적으로 만든다. 다양한 연구에서 집중 능력이 대략 20분 이내에 100%에서 0%로 감소한다는 것을 보여준다. 이것은 우리가 90%가 넘는 시간을 또 다른 누군가가 경계보안하기를 희망하고 있다는 것을 의미한다: 그들은 사실상 형편없는 일을 하고 있는 것이다. 나는 보안인력을 험담하는 것이 아니다. 이것은 단지 인간으로서 가능하지 않다는 것이다.

현대의 보안시스템에서 정보의 양은 전형적인 이벤트와 경보를 비효과적으로 만들었다. 많은 데이터 스크롤은 컴퓨터 디스플레이에서 인간의 눈을 스쳐가지만 뇌는 그것을 처리하고 잠재적인 문제의 징후를 인식할 수 없다. 보안시스템에서 많은 양의 로그파일이 어떤 실제적인 목적에 기여한다는 사실은 예방이 아니라 포렌식(범죄를 밝혀내기 위한 수사에 쓰이는 과학적 수단이나 방법, 기술 등을 포괄하는 개념)의 영역이다. 다이얼, 계측기 및 숫자의 대쉬보드는 이러한 모든 데이터를 처리하기 위한 사회적 관습이 되고 있고, 우리는 인식능력에 그것을 적응시키고 있다. 근본적인 데이터량이 증가하고 대쉬보드의 위젯 숫자가 크게 증가하고 있지만 영화 워 게임(War-Game)의 북미 대공 방위 사령부(NORAD)조차도 그것 모두를 전시할 수 있는 스크린을 가지고 있지 않다.

그것은 5파운드를 넣을 수 있는 가방의 10파운드 데이터이다.

■ 빅 데이터 정의: 네 개의 "V"

처리하기 너무 많은 데이터는 빅 데이터의 정의와 무척 근접한다. 정보세트는 너무 크고 복잡하기 때문에 예전의 데이터 처리 어플리케이션은 이제 부적절하다.

우리가 발전시킨 익숙한 데이터베이스는 우리가 처리할 수 있는 것보다 더욱 많은 정보의 열로 분해된다. 질문에 대해 요구하는 데이터를 돌려주기에 엄청난 오랜 시간이 소요된다. 한 때 채우기 어려울 것 같아 보였던 디스크 어레이(데이터를 수 바이트 단위로 분해하고 여러 개의 디스크 드라이버에 대해서 병렬로 판독/기록하는 자기디스크장치)도 지금 사용하기에는 너무 작다. 많은 데이터 세트는 실제로 무제한의 수평적으로 확대할 수 있는 분산 파일 시스템을 요구한다. 한때 우리가 즉각적인 데스크탑 질문을 할 수 있도록 만든 소형의 소프트웨어는 근본적인 데이터를 조직하는 새로운 방식에 반대되어 타이프라이터(컴퓨터와 조작자 사이에 메서지를 내고 명령을 입력할 수 있다)로서 필요 없게 되고 있다. 우리가 한때 가장 높은 수학적 정교함으로 여겼던 통계적인 개념조차도 지금은 구식이 되었으며 부적합하다.

단순하게 크다라는 것 이외에 빅 데이터는 더 많은 것을 요구한다. 우리가 알고 있는 것처럼 4개의 "V"는 간단한 정의로 확대되는 연상적인 프레임워을 제공한다.

- Volume (양적팽창)
- Velocity (가속성)
- Variety (다양성)
- Veracity (정확성)

Volume은 빅 데이터를 정의한다. 즉 빅 데이터의 이름 자체이다. 그러나 얼만큼의 양을 많다 하는 것인가? 이것은 상황마다 다르다. 임계값은 특정한 바이트 숫자가 아니라 오히려 새로운 기술을 요구하는 크기이다. 물론 이것은 움직이는 표적이다. 예를 들어 종래방식의 관계형 데이터베이스와 기존의 비즈니스 정보툴은 수십억 줄의 데이터를 잘 관리할 수 있다. 그러나 데이터 세트가 빠르게 변하고 잘 구조화되지 않았다면 그것들은 필연적으로 충분히 빠르게 처리할 수 없다.

Velocity는 데이터가 정보시스템으로 전송되는 비율이다. 트위터로 몰리는 세상의 모든 트윗의 비율을 생각해보자. 금융 거래가 넘쳐나는 모든 증권거래의 비율을 상상해보자. 글로벌 보안운영센터로 모여드는 영상 및 이벤트 데이터의 비율을 가시화해보자. 안정적으로 또는 천천히 변화하는 데이터 세트는 대개 전통적인 데이터베이스와 분석기술에서 처리될 수 있다. 왜냐하면 표준 인덱싱과 분류기술은 응답을 요구하는 시간 내에 분석을 수행할 수 있기 때문이다. 빠른 정보흐름은 전통적인 전개지향형 분석기법을 파괴

한다. 왜냐하면 모든 질문에 대한 응답은 매우 빠른 속도로 변하기 때문이다. 이것은 움직이는 콩들의 숫자 세기와 같은 것이다.

Variety는 지금 우리가 사용하는 분석기법 중 한 부분인 데이터 형태의 확산이다. 컴퓨팅의 초기에는 숫자가 있었고 숫자는 계산 중이였다. 숫자는 모든 것을 나타냈고, 숫자 없이는 계산도 없었다. 그 이후로 데이터 종류의 폭발이 있었고, 지금 우리는 스트링, 영상, 비구조 텍스트, 목록, 링크, 객체, 포인터, 기능, 세트, 그래프, 나무구조, 배열 및 전형적인 수 - 실수, 정수, 허수를 포함한 종류의 데이터를 가지고 있다. 이러한 데이터 형태의 광대한 배열은 이해를 가능하게 하고, 이해하는데 요구되는 다양한 분석기법을 변화시키고 있다.

Veracity는 네 번째 V이며, V에 해당이 안 될 때도 있다. 왜냐하면 모든 사람들이 그것을 받아들이거나, 심지어 그것의 의미에 동의하는 것은 아니기 때문이다. 그러나 안전을 위해 그것은 중요하다. 그리고 Veracity는 우리의 직업에서 원칙의 하나로 표현될 수 있다. 당신의 데이터가 많던 적던 당신은 데이터를 신뢰하는가? 그것을 믿을 수 있는가? 한 조사에서는 비즈니스 지도자의 1/3이 그들이 결정을 내리는데 사용하는 정보를 믿지 못하거나 데이터 시스템에서 추출한 정보를 신뢰하지 않는다고 밝혀졌다. 데이터 출처의 정확성과 분석결과의 신뢰성은 빅 데이터 보안의 미래에 매우 중요하다.

우리는 시간의 1/3을 잘못될 정보로 사용할 여유가 없다.

■ 데이터가 사라지는 경우

예산을 많이 가지고 있는 대형 보안조직은 강력한 빅 데이터와 분석 소프트웨어에 접속할 수 있다. 나는 CIA, FBI, Interpol 및 NATO와 같은 국제기구, 또는 미 국방부의 많은 조직과 같은 국가정보기관을 생각한다. 그들은 국제 테러리스트에 의하여 남겨진 데이터 조작을 추적할 수 있고 건초더미에서 바늘을 찾기 위하여 데이터를 배열할 수 있는 훈련된 첨단 데이터 팀을 가지고 있다. 이러한 정보, 법 집행기관 및 군사 팀의 성공은 전설적이다. 그들은 거의 전지적인 것 같으나 신뢰는 데이터 출처와 분석기법으로부터 유래한다.

대부분의 산업에서 가용한 상업보안시스템은 불운하게도 이러한 수준의 데이터 관점과 근접하지 않다. 만약 자산의 가치와 생명이 위험하다면, 더 우수한 데이터 분석기법은 우리의 제품 및 사람들의 효과성에서 의미 있는 차이를 만들 수 있다. 이러한 것이 없다면 조기위협탐지 및 선제적 리스크 평가를 제공하는 우리의 능력에 제한이 있다. 또는 비극의 여파 속에서 범죄자를 빠르게 찾을 수도 없다. 이러한 결점 때문에 우리는 정확한 알고리즘이 있다면 광대하게 개선될 수 있는 상황에서 생명과 재산에 집중할 수 있을 것이다

그것은 무엇을 의미하는가?

미국에만 4천만 개의 전자보안시스템이 주거와 기업에 설치되어 있고 전 세계적으로는 그 숫자의 몇 배이다. 그것들은 대량으로 빠르고 정확하게 그리고 다양한 데이터 스트림을 집단적으로 생산한다. 불행하게도 이러한 데이터의 대부분은 사용되지 않고 있으며 이 역시 예외가 아니다. 한 연구는 디지털 정보의 단지 1%만이 분석된다는 것을 보여준다. 나머지는 다크 데이터(저장만 하고 분석에 활용하고 있지 않는 다량의 데이터)로 폐기되며, 그것의 가치는 결코 드러나지 않는다. 특히 보안데이터에 있어서 그것은 불운한 모순 이상이다. 보안조직과 서비스 공급자는 데이터 수집에 막대한 투자를 하고 있으나 분석에는 훨씬 적게 투자한다. 이것은 미식축구에서 1야드에 공을 두고 최종지역에는 두지 않는 전통과 같은 경우다.

전자보안시스템은 항상 많은 데이터를 생성한다. 문이 열리거나, 카메라가 움직임을 탐지하거나, 새로운 방문자가 출입할 때 시스템은 이것의 디지털 기록을 포착한다. 데이터를 저장하는 우리의 능력이 수십 년 동안 증가하고 있는 동안 사물인터넷 시스템은 홍수 수준으로 데이터 생성을 주도하고 있다. 수많은 값싼 센서는 거의 무료로 데이터를 생성한다. 영상 분석은 또한 이전의 어느 때보다도 더욱 많은 데이터를 산출한다. GPU의 속도와 처리능력의 발달은 중요도 순으로 주어진 영상 스트림에서 더욱 많은 활동을 추적할 수 있게 하고 있다.

오늘날 최신 기술은 물리적 보안, 네트워크 관리, 집중원격감시시스템(SCADA) 및 가시적으로 많은 양의 실시간 정보를 나타내는 유사한 어플리케이션에서 오랜 기간 동안 존재해 온 사용자 인터페이스 방식에 기반 한다. 사용자는 트렌드를 보여주는 그래프와 다른 대쉬보드 위젯을 볼 수 있

고, 사전 정의된 한계를 초과하는 것에 경고할 수 있으며, 일반적으로 수백만의 저수준 데이터 포인트를 일관성 있는 어떤 것으로 요약할 수 있다. 정말 더 깊이 알고 싶은 사람은 추천하지 않지만 이벤트가 발생한 시간에서 하나하나 스크롤로 여과된 이벤트를 항상 볼 수 있다. 이러한 모든 시스템은 사전 정의되고 맞춤화된 보고서를 생성한다. 이러한 시스템으로부터 우리는 많은 결과를 받고 있지만 우리가 진정으로 알기를 원하는 것을 시스템은 이야기 해주고 있는가?

대부분의 경우, 그 대답은 "No"이다.

여러 조직은 보안시스템을 구매하지만 결코 데이터를 보지 않는다. 디스플레이상의 그래프, 차트, 및 이벤트의 연속을 보는 것은 매우 지루하며, 그에 반해 주목할 만한 데이터는 거의 드물다. 깊은 지루함과 낮은 보상으로 마음은 방황한다. 이것이 오늘날 최신기술과 관련된 문제의 핵심이다. 우리는 센서를 배치하고 데이터를 수집하는 우수한 일을 하고 있지만 우리가 알기를 원하는 것을 보여주는 방법에 데이터 과학을 적용하는 것은 매우 취약하다. 우리는 절반 밖에 일을 해내지 못한 것이다. 좋은 소식은 개선할 기회와 그 일을 할 수 있는 툴이 있다는 것이다.

중요한 이벤트와 경고표시를 식별하는 알고리즘은 지금 우리가 보안인력이 모니터링하기를 기대한 모든 데이터를 채로 치듯 면밀히 볼 수 있다. 알고리즘이 할 수 있는 가장 중요한 것 중 하나는 우리의 데이터에서 신호 대 잡음비(간섭신호 및 잡음의 총력전에 대한 필요전력의 비(dB), 송신 채널의 특정 지점에서 특정 조건에 의해 평가된다)를 개선하는 것이다. 인공 지능 및 머신러닝에 병합된 알고리즘은 주어진 시나리오에서 발생하고 있는 것에 대한 판단을 내리거나 우리가 행동할 수 있는 쉬운 결론을 제공하기도 한다.

■ 볼륨으로 가는 길

전자센서는 오랫동안 다양한 산업에서 우리 주변에 존재해 왔다. 처음에 전자센서는 간단한 기술로 굉장한 성과를 낼 수 있었다. 도어가 열렸는지를 탐지하는 작은 스위치나 방안의 움직임을 감지하는 5달러 모션센서를 생각해보자. 이러한 각각의 센서는 원격감시에서 계속 차이를 가지고 왔다. 영상감시시스템은 자율주행차를 위한 컴퓨터 비전을 가능하게 하고 있는 분석성능과 같은 형태로부터 도움을 준다. 이러한 시스템은 지금 장면에서 동시에 몇 십 개의 사물을 추적할 수 있다. 그러나 개별적으로나 집단적으로 이러한 시스템 모두는 조만간 몇 년 내 우리 마음대로 처리할 수 있는 뛰어난 지능의 한 부분이다.

오해하지 마라. 오늘의 기술이 비효율적이라고 말하는 것은 아니다. 오늘의 기술은 근본적인 데이터 수집 시스템이다. 그것이 없다면 우리는 아무것도 할 수 없다. 우리가 놓치고 있는 것은 이미 우리의 산업을 변모시키는 추가적인 데이터 분석 레이어이다. 간단한 사례로서 나는 지역 전력 및 가스 공급업자로부터 매주 이메일로 받는 에너지 비교 보고서에 대한 나의 열렬한 기대를 언급하였다. 이것은 한주 전 사용량을 비교하는 방법뿐만 아니라 몇몇의 효율적이거나 비효율적인 이웃에 비교하여 어떻게 에너지 소모가 늘어나는 지를 말해주는 것이다. 이것은 또한 내가 효율적으로 활용해야 한다는 것을 상기시킨다.

만약 데이터가 우리에게 얼마만큼이 에너지 효율적이라는 것을 이야기해 줄 수 있다면 우리는 얼마나 안전한가를 왜 말 할 수는 없는 것인가?

한 가지 이유는 전기와 보안서비스가 고객에게 전달되는 방법 간의 구조적 차이이다. 전기 분배는 중앙 집중화 되어 있지만, 보안의 한 축을 이루는 알람 서비스를 제외하고 대부분의 상업보안은 그렇지 않다. 에너지 소비 데이터의 중앙집중화는 대규모의 지역 데이터 세트뿐만 아니라 사용패턴에 대한 신뢰도 높은 정보를 생성 및 분배시키는 경제적 방법을 제공한다. 상업보안에서 진보한 분석기술의 경제논리는 대부분 보안 예산을 넘어서는 성능에 두고 있다. 어떤 보안조직이 참조 데이터 세트를 확보할 지라도 (그것 자체가 큰 문제임에도), 전통적인 컴퓨팅 모델은 분석소프트웨어를 운영하는데만 엄청난 비용을 발생하게 한다. 고가의 기업 소프트웨어의 라이선스는 진보한 정보에 닿지 못하게 된다.

출입통제, 영상감시 및 관련된 보안정보 관리시스템의 경우 보호받는 자산 내 하나 또는 그 이상의 소, 중규모 수준의 서버를 배치한다. 단지 1개 부서에 의하여 사용되거나 대개 적은 수의 사용자를 고려한다면 운영시스템, 데이터베이스 및 어플리케이션을 위한 이러한 서버와 추가된 소프트웨어 라이선스 비용은 상당히 고가일 것이다.

특히 제한된 보안예산에서 진보한 분석도구를 위하여 더욱 많은 기업형 소프트웨어 라이선스의 전체 비용을 대부분의 기업에 요구하는 것은 무리이다. 대부분의 중소기업은 1인당 한 달에 100달러가 넘은 가격표를 보고 비용에 놀랄 것이다.

더욱 많은 구매자 집단에게 분석 소프트웨어 및 서비스 비용을 분산시키는 방법이 있을 때, 이러한 기능을 이용할 수 있을 것이다.

우리는 이미 그것을 알고 있다. 그것은 클라우드라고 불리운다.

보안시스템을 위한 컴퓨팅 작업부하의 많은 부분을 클라우드로 전환시키면서, 물리적 보안의 데이터 세트는 규모와 유용성 면에서 성장하고 있다. 예전 개별 시스템을 위한 격리된 데이터 세트는 지금 개별적이기 보다는 집단적으로 분석이 가능하게 하는 다중 사용자의 서비스형 소프트웨어(Software as a Service, SaaS)로 집결되고 있다. 그리고 이러한 데이터 세트는 추출할 가치가 있는 충분한 잠재성 있는 정보가 있기 때문에 소프트웨어 개발자는 그들의 보안관리 플랫폼에 그러한 특징을 포함하기 시작한다. 정보는 클라우드에서 상업화 되고 있다.

그것을 "서비스로서 인공 지능(Artificial Intelligence)"이라 부른다.

■ 빅 데이터에 대해 생각하지 않는 방법

내가 컨퍼런스에서 보안 분야의 빅 데이터에 대한 강연을 할 때, 청중은 한 결 같이 어떠한 빅 데이터 제품이 보안을 위하여 좋은가를 질문한다. 미안하지만 틀린 질문이다. 그것은 제품에 대한 것이 아니다. 구매자는 특정 분석기법으로부터 분리하여 소프트웨어 도구를 평가할 수 없다. 그것은 자동차 영업사원에게 당신이 무슨 목적으로 차를 구입 하려는지 이야기하지 않고 어떠한 차가 최고인지를 묻는 것과 같다.(답은 이미 하나이다.)

그런 의미에서 빅 데이터 툴에 대하여 직접 보는 것은 말하자면, 카뷰레이터(자동차의 실린더 속으로 연료를 넣을 때 폭발적으로 연소하도록 공기와 함께 뿜어 넣는 장치) 앞에 말을 두는 경우인 것이다. 당신은 새로운 자동차 쇼룸에 가지 않고 모든 모델의 변속기를 비교하기 위하여 질문한다. 당신은 전체 패키지를 보아야 한다. SUV, 스포츠카, 고급세단 또는 픽업트럭. 이러한 완성된 상품 중 당신이 원하는 것은 무엇인가? 어떤 것이 당신이 머릿속에 그리는 일을 수행하기 위하여 디자인 되어 있는가? 당신은 자동차에 대한 부품을 구입하여 조립하는 것이 아니다. 그것은 결코 동작하지 않을 것이다. 당신은 완제품을 만드는 자동차 제조사를 믿는다.

소프트웨어 솔루션에 있어서도 이와 같다. 빅 데이터를 보안에 활용하기를 원하는 보안 구매자는 기본적인 도구에 대하여 집중하는 것이 아니라 완성된 솔루션을 찾는 것에서부터 시작하여야 한다. 빅 데이터와 관련된 소프트웨어 도구의 수량, 다양성 및 정교성은 발달하였지만 도구 단독으로는 문제를 풀지 못한다. 그것들은 솔루션 자체가 아니라 단지 솔루션의 구성품이다. 대부분의 보안조직은 분산 스토리지 클러스터 및 분석엔진을 운영하고 구축하는 것으로부터 거의 혜택을 받지 못할 것이다. 양자 모두는 유용한 결과를 산출하기 전 맞춤화 및 프로그램하고, 데이터 소스와 통합이 필요한 원천 도구이다. 이러한 것들은 전형적으로 대부분의 보안시스템 통합자가 수행하기 위하여 장착된 활동도 아니고 한번 사용하고 버리기 때문에 비용면에서 효과적이지도 않다. 보안조직은 즉시 사용할 수 있는 완성품이 필요한데 도구세트는 즉시 사용할 수 없다. 당신이 진정 원하는 것이 집인데 판자와 못 한 통이 얼마나 유용하겠는가?

제13장
더 스마트하게

빅 데이터가 케이크를 굽기 위한 재료라면 데이터 과학은 요리법이나. 소스 한 박스와 12개의 달걀이 있다고 해도 이를 어떻게 해야 활용할 지를 모른다면 아무 소용이 없다.

최근에 데이터 과학이라는 단어가 빅 데이터만큼이나 큰 주목을 받고 있는데 이에는 여러 가지 이유가 있다. 데이터 과학은 미가공 데이터에 숨겨져 있는 정보를 추출하는 방법론이다. 이는 마치 수학과 알고리즘의 관계와 같은 것이다. 데이터 통찰력은 과학적 방법에 의한 특정된 프로세스에 의해 길러진다. 영화 "마션"에서 맷데이먼의 명언처럼 우리는 가지고 있는 과학 지식을 총동원해 해결책을 찾아야 한다.

■ 무엇을 알고 싶은가?

빅 데이터 시스템이 많은 데이터를 가지고 어떤 일이 일어나는지를 간단히 알려주는 통찰력을 제공한다는 것은 널리 알려진 오해이다. 이 말은 극히 일부만이 사실이다. 데이터 과학의 세계에서, 자동화된 통찰력은 자율학습이라고 광범위하게 알려져 있다. 이는 몇몇 타입의 문제에는 적용되지만 모두에 적용되는 것은 아니고, 적용된다 해도 판단력, 미세조정, 목표의식 등이 요구된다. 물리적 보안을 위한 빅 데이터 시스템만이 우리가 묻는 질문에 대한 대답을 제공해줄 것이라는 것은 거짓에 가깝다. 우리는 무엇이 중요하고 무엇을 알고 싶어 하는지를 가르쳐주어야 한다. 이는 독심술이 아니다.

빅 데이터 시스템은 무엇이 중요한지를 결정하는 책임을 우리에게 전가하고 이를 알고리즘적으로 해결할 수 있는 문제라고 표현한다. 사이버보안에 있어 보안 생태계의 각 당사자들에게 주어지는 임무가 있다. 소프트웨어나 서비스형 소프트웨어 제공자는 시장조사를 통해서 보안조직이 무엇을 알고 싶은지 찾아낼 것이다. 또는 엄청난 아이디어가 있어 순조롭게 진행할 수 있을 것 같다고 느낄 지도 모른다. 보안조직은 빅 데이터가 해결해줄 수 있다고 생각하는 풀리지 않는 문제들에 대해 명확히 해야 하고, 클라우드 플랫폼과 이러한 데이터가 저장된 곳에 대한 그들의 사고를 바꿔야 할 필요가 있다. 보안시스템 통합 구축 업체들은 매일 고객에게 이야기하고 고객의 요구와 생산자의 능력을 적절히 조화시켜야 하는 임무가 있다. 익숙한 이야기인가? 그래야 된다. 이것은 일반적인 제품 개발 사이클이기 때문이다. 유일한 차이점은 이것이 빅 데이터에 관한 것이라는 것이다.

이것에 대해 잘못을 저지르는 것은 데이터나 분석의 부족에 기인하여 오늘 결정할 수 없는 자료를 만드는 것이다. 의사결정 지원 시스템의 중요한 포인트는 행동을 가능하게 하는 것이다. 빅 데이터가 다른 비즈니스에서 어떻게 사용되는지를 생각하라. 소매업과 전자상거래 분야에서 데이터를 수집하는 것은 그것이 흥미롭기 때문(흥미롭기는 하다)이 아니라 광고를 더 효율적으로 활용할 수 있기 때문이다. 농업분야에서 경작과 비료를 주는데 비용절감을 위해서 데이터를 수집한다. 헬스케어 분야에서 데이터는 헬스케어 제공자에게 저비용으로 보다 나은 서비스를 제공하게 해준다. 이러한 사례를 보면 빅 데이터의 수집과 분석은 구체적인 결과 또는 의사결정을 염두에 두고 수행된다. 목적 지향적인 것이다.

우리가 무엇을 알기 원하는가라는 질문에 대답하는 것은 기술적인 연습이 아니다. 이는 상식이다. 그래서 수천 년 동안 보안의 핵심이었던 것들의 관찰과 목적을 통해 시작할 수 있다.

아래와 같은 것에 대해 알고 싶어 한다.

- 만약 나쁜 일이 일어난다면?(또는 다시 일어난다면)
- 만약 나쁜 일이 근처에서 일어났고 우리에게 영향을 미친다면?
- 잠재적으로 나쁜 사람을 어떻게 발견할 수 있는가?
- 특이한 일이 처음으로 발견되었다면?

- 평소 일어나는 일보다 좀 더 많거나 적은 활동이 발견되었다면?
- 물리적 혹은 가상의 방어벽이 손상되었다면?
- 사람들이 예상되는 곳에 있다면?
- 사람들이 위험에 처해 있다면?

다지역 기업(광범위한 지역을 관할하는 기업)들의 질문 리스트는 심지어 더 다양하다.

- 이 지역의 활동이 다른 지역의 활동과 유사한가?
- 여기서 일어날 수 있는 일이 다른 곳에서도 일어날 수 있는가?
- 우리 지역들의 X에 대한 평균은 무엇인가?
- 우리의 보안 프로파일을 다른 비슷한 조직과 어떻게 비교하는가?
- 가상 좋거나 가장 나쁜 지역은 무엇인가? 그 이유는?
- 좋은 수행자와 나쁜 수행자를 나누는 요소는 무엇인가?

이 모든 것은 무엇이 일반적이고 이를 어떻게 알 수 있는지에 대한 질문으로 귀결된다.

■ 만능 해결책은 아니다

물리적 보안에 대한 빅 데이터를 이야기하는데 있어 하나의 큰 도전은 모든 사람이 같은 질문에 관심을 가지지 않는다는 것이다. 소기업 운영자, 인터넷몰 운영자, 다국적 보안업체 직원은 데이터와 분석 리소스에 대해 모두 다른 데이터 세트와 목적을 가지고 있다. 이는 공급자들에게 다양한 분야의 사람들을 만족시키고 가치 있는 제품을 구성하는 것을 어렵게 만든다. 빅 데이터 분석을 고려하는데 있어 유용한 모델로 영상 분석에서 흔히 볼 수 있는 것을 예로 들 수 있는데, 이 모델에서는 각 물리적 보안 문제에 대한 명확한 분석 알고리즘이 사용된다. 예를 들어 차 번호판 인식, 얼굴 인식, 플로우 분석, 폐기물 분석 등이 그것인데 이들은 모두 특정한 질문에 대답하기 위해 설계되었다. 빅 데이터 분석은 이런 방식으로 발전할 것이다.

분산 데이터 목표를 훌륭하게 묘사한다면 고객이 언제, 어떻게 정보를 사용하고 싶어 하는지를 보여주는 요구의 다양성이다. 이들 중 일부는 매 시간

스크린에서 눈을 떼지 못하고 실시간 데이터공급에 높은 가치를 부여한다. 다른 이들은 준법 또는 HR을 목적으로 일주일에 한번 정도 활동에 대한 리포트를 열람한다. 다른 이들은 고용인력 관리 툴로써의 보안 데이터 활용에 더 관심을 가진다. 특이한 정보 데이터 중 가장 좋아하는 사례로는 직원들이 지정된 흡연실에 얼마나 많이 가는지를 모니터링 하는 것이다. 실제 그렇다. 여전히 많은 사람들이 꽤 독특한 요구들 때문에 데이터의 다운스트림(통신의 흐름에서 상위 매체에서 하위 매체로 전해지는 데이터)을 사용하고 있으며, API(Application Programing Interface)를 통해 그들의 데이터를 소비한다.

여기서 얻을 수 있는 교훈은 각 고객의 정보에 대한 필요는 상당히 다르다는 것이다. 또한 중소기업의 필요는 대기업의 필요와 완전히 다르다. 중소기업의 운영자는 자신의 업체가 정시에 오픈 되어 있다는 사실에만 관심이 있고, 정시에 오픈 되지 않은 지역의 경우에 대해서만 예외보고서를 원한다. 대기업의 보안 총책임자는 법령 준수와 그 조직의 잠재적 위협에 대한 실시간 보고에 관심이 있을 것이다.

소프트웨어 디자이너와 엔지니어는 이러한 다양한 필요를 다루어왔다. 다양한 사용자에게 어필할 수 있는 소프트웨어 시스템이나 서비스를 만드는 것은 하나의 큰 도전과제이다. 이러한 데이터 요구사항들의 다양성은 시장에 나와 있는 빅 데이터 솔루션의 일부가 될 것이라는 것은 놀랄 일도 아니다. 하나의 사이즈가 모든 상품에 맞지는 않을 것이다.

그러나 모두가 공유할 수 있는 공통 카테고리도 있다. 드물거나 비정상적인 사건은 모두에게 관심 대상이다. 이러한 사건은 눈에 띄지만 당신이 매일 마주하는 데이터의 바다에서 그것들을 찾을 때에만 마주할 수 있다. 이러한 비정상적인 것들에 직면한 후 일반적으로 하게 되는 질문은 "어떻게 우리가 이걸 놓쳤지?" 이다. 예를 들어 Jone Doe(이름이 없는, 공개되지 않은 사람을 가리켜 사용하는 영어식 인명)가 3주 연속 화요일 정오에 사무실에 와서 15분 후에 떠났다는 사실을 어떻게 잊어버릴 수가 있지? 1년 해고당했던 직원이 주말파티에 온 사실을 어떻게 잊어버릴 수가 있지? 이번 주에 있었던 오보가 작년 한 해보다 두 배 많았다는 사실을 어떻게 잊어버릴 수가 있지?

이러한 사례들은 물론 극히 일반적이지 않은 사건들이다. 따라서 매우 높은 수준의 보안시설이나 1급 비밀이 탑재된 정부 기간을 제외하고는 이러한 사항들이 프로그램화되어 있는 경우는 거의 없을 것이다. 그러나 이러한 경우에 보안 허점이 발생하는 경우가 많다.

이 문제에 대해 생각할 수 있는 다른 방법은 사람들은 보통 문제가 발생하지 않는 이상 보안 시스템에 대한 이야기를 듣고 싶어 하지 않는다는 점이다. 모든 것이 잘 운영될 때는 보안 시스템에 신경 쓰지 않기를 원하고, 주의가 필요할 때만 언급한다. 역설적으로 들리지만 정보시스템을 '정보 웨이터'로 생각하면 된다. 가장 좋은 웨이터는 눈에 잘 안 띄지만 당신이 원하는 것이 무엇이고 언제 원하는지를 아는 웨이터이다. 정보에 과부하가 걸리면 정보시스템을 위와 같은 방식으로 운영하려는 필요성이 커진다. 우리는 경고, 통지, 재공지 및 다른 산만한 정보들을 너무 많이 갖고 있기 때문에 그것들을 처리할 효과적인 방법을 개발하지 않으면 계속 정보에 과부하가 걸리게 된다. 보안 시스템은 전면에 드러나지 말아야 하고, 경고에 막혀 주의를 끌지 않도록 해야 한다.

■ 다양성에서 영상까지

데이터 종류에 대한 다양성을 처리할 수 있는 것은 빅 데이터 툴의 특징으로 자리 잡았다. 데이터베이스와 비즈니스 인텔리전스(보유하고 있는 수많은 데이터를 정리하고 분석해 기업의 의사결정에 활용하는 일련의 프로세스) 소프트웨어의 이전 세대들은 알기 쉽게 구조화된 데이터 세트를 활용해 꽤 좋은 성과를 거두었다. 빅 데이터 시스템은 비구조화된 데이터도 처리할 수 있는데, 비구조화된 데이터는 말 그대로 정의되지 않은 데이터 모델이나 조직을 말한다. 이상적으로 시스템은 정확한 보안 자산, 경고, 포렌식 기록을 다뤄야만 한다.

전통 보안 소프트웨어 시스템 중 대부분의 데이터 종류는 구조화되어 있다. 센서 데이터, 로그파일, 이벤트 기록과 관리권한 등은 모두 사전에 정의된 데이터 기록을 생산하고 이는 개발자에 의해 부과된 전반적인 계획에 부응한다. 이 기록을 분석하는 것은 전통 비즈니스 인텔리전스 툴과 이러한 정보를 저장하는데 사용되는 데이터베이스에 적합하게 되어 있다.

영상데이터는 보안 시스템 데이터 중에서도 두드러지는데 왜냐하면 그것은 별개의 기록이라기보다는 이어지는 매개체이기 때문이다. 영상 분석 알고리즘은 수년 동안 카메라, 레코더, 독자형 분석 소프트웨어 속에 내장되어 왔다. 이러한 솔루션은 카메라에서 생산된 거대한 양의 데이터를 다루기 위해 설계되었고 수백만 시간의 영상 속에서 무엇이 유용하고 중요한지를 찾는 데 도움을 준다. 초창기의 분석제품은 없는 것보다는 나았지만 많은 문제점이 있었고, 프로세서 스피드와 GPU 칩의 성능이 향상되면서 더 정교한 알고리즘의 실행이 가능하게 되었다.

보안업계는 영상시스템에 자신만의 제품 로드맵을 적용하고 있지만, 다른 기술업계는 더 향상된 영상 분석을 위하여 다른 길을 추구하고 있다. 유튜브, 페이스북, 바인(Vine) 등에 업로드된 상당한 양의 영상은 분석을 요구하는데, 이러한 분석을 통해 검색이 쉽고 상업적인 효용가치를 높일 수 있다. 스마트폰, 컴퓨터, 차, 드론, 홈 오토메이션시스템 등 많은 사물인터넷 기계들에 장착된 수많은 카메라들의 폭발적인 증가로 영상의 양이 상상할 수 없을 정도로 증가하고 있다. 이러한 영상은 모두 클라우드에 저장되어 있기 때문에, 새로운 시대에서는 분석의 정확성과 효용성 측면을 증대시키고 이와 동시에 비용은 절감되고 있다.

새로운 분석 솔루션은 구글의 클라우드 영상 API(Cloud Video Intelligence API) 등을 통해 접근 가능하고, 이러한 솔루션은 어떤 특정의 보안 시스템이나 카메라 판매상과는 완전히 독립되어 있다. 당신이 어떠한 영상 데이터를 가지고 있다면 API를 통해 제출할 수 있고, 분석 시스템은 당신의 요구사항에 근거해 특징을 분석해줄 것이다. 얼마나 많은 사람이 이 장면에 등장하였는지 알고 싶은가? 알려달라고 요구해라. 차가 얼마나 지나갔는지 알고 싶은가? 요구하면 된다. 움직임에 대한 분석, 얼굴 추적 등 많은 부분이 지속적으로 개선되고 있다.

이러한 발전에 있어 중요한 두 가지 요소가 있다. 첫 번째는 당신이 분석 업무에 필요한 클라우드 API를 선택할 수 있다는 것이다. 단일 판매업체에 의해서만 공급되는 솔루션을 구매할 필요가 없고, 분석 대상에 따라 API나 서비스를 변경할 수도 있다. 이로 인해 어떤 알고리즘이 우수한 것인지를 알게 될 것이다. 두 번째 중요한 점은 이러한 분석시스템은 꽤 많은 연습 데이터를 가지고 있다는 점이다. 이런 식으로 생각해보라. 당신이 수많은 고양이 영상을 가지고 있다면 고양이를 인식하는게 훨씬 쉬워질 것이다. 클라우드 기반의 소비 모델에서 발생하는 것은 점점 더 많은 데이터가 축적되어 API의 알고리즘이 매일매일 더 좋아지고 있다는 것이다.

이러한 패턴이 영상 분야에서만 적용되는 것은 아니다. 이러한 역학은 당신이 이름 붙일 수 있는 다양한 데이터에도 작용된다. 이 장의 후반부에서 언급하겠지만, 머신 러닝 알고리즘은 좀더 많은 데이터와 좀더 나은 데이터 세트에 의해 개선되고 있다. 데이터에서 다양성이 중요한 이유는 비슷한 타입의 알고리즘이 다양한 데이터 타입을 배우는데 활용되기 때문이다. 이는 미래를 분석할 때 독특한 타입의 데이터 분석을 위해 꼭 특정한 알고리즘을 사용할 필요가 없다는 것을 의미한다. 예를 들어 신경 네트워크는 퀀텀 화학이나 로봇에서 다양한 데이터 세트를 배울 수 있다. 이는 분류, 비정상 탐지, 시퀀스(연속적인 사건) 인식, 일굴 인식 등의 보안 수요에서도 활용할 수 있다. 그로부터 배울 수 있는 한, 이것이 어떠한 데이터인지 또는 얼마나 다양한 지에 대해 신경 쓰지 않아도 된다는 것이다.

■ 보안데이터와 투자자본수익률

모든 빅 데이터 프로젝트가 직면하는 두 개의 근본적인 기준이 있다. 이는 IT 프로젝트나 기업의 소비계획을 진행해본 적이 있는 사람에게는 익숙하다. 첫째, 데이터 소스가 당신의 프로젝트의 목적에 부합하는가이다. 당신은 충분히 정확한 데이터를 가지고 있어야 하고, 이를 믿을 수 있어야 한다. 만약 데이터가 옳지 않다면 시간을 낭비하게 될 것인데, 왜냐하면 컴퓨터 과학 분야의 가장 오래된 격언에서 말하는 것처럼 쓰레기가 입력되면, 쓰레기가 출력되기 때문이다. 둘째, 정확한 데이터와 정확한 분석이 주어진다면, 기대되는 투자자본수익률이 얼마인가? 투자를 가치 있게 하기 위해 당신은 어떠한 결과를 성취할 필요가 있는가? 보안업계에서 이러한 질문은 두 가지 완전히 다른 측면에서 대답이 될 수 있다.

먼저 완전히 재정적인 측면에서의 투자자본수익률에 대해 알아보면, 소매상을 예로 들 수 있다. 시나리오는 다음과 같다. 만약 밥과 엘리스의 가게에서 100만 달러를 빅 데이터 프로젝트에 투자한다면, 100만 달러보다 더 많은 수익을 현실화할 수 있을 것인가? 논의를 위해 가정해 보자. 빅 데이터

프로젝트가 매년 2%씩 판매 감소분을 줄일 수 있고, 그 기업은 매년 500만 달러 규모의 손해를 보고 있었다. 이는 매년 10만 달러를 아낄 수 있다는 의미이고, 100만 달러를 회수하는데 10년이 걸린다는 것을 의미한다. 이러한 투자가 그들에게 바람직한 투자인지는 명확하지 않고, 목적 달성을 위해 더 경제적인 방법을 찾으려 할지도 모른다. 그러나 데이터과학 프로젝트가 매년 10%씩 판매 감소분을 줄일 수 있다면 투자금을 회복하는데 2년이면 된다. 훨씬 좋고 더 가치가 있는 방법이다.

두 번째 케이스인 생명 안전 투자자본수익률 분석에서 우리는 인생에서 삶의 가치를 어떻게 두어야 하는지 곧바로 직면하게 된다. 100만 달러를 들인 빅 데이터 프로젝트가 매년 한 사람을 구한다면 투자할 가치가 있는가? 10년마다 구한다면? 소비 우선사항은 어떤가? 보안조직은 매일 자원과 결과에 관련하여 어려운 선택을 한다. 빅 데이터가 이러한 어려운 선택을 없앨 수는 없지만 우리가 효율적으로 자원을 분배할 수 있도록 발생 가능성과 위협에 대한 통찰력을 제공해준다.

위기관리는 이러한 접근방식이 가치가 있는지 없는지를 결정하는 방법론이다. 리스크분석은 보험, 투자, 재정 포트폴리오 관리, 물리적 보안과 같은 비즈니스 인텔리전스의 일부분이다. 기본적인 원리는 간단하다. 어떤 일이 발생할 가능성이 극히 낮다면 그 결과가 매우 치명적이라고 해도 투자를 받을 확률은 낮아진다. 반대로 발생할 가능성이 높을수록 투자를 받을 가능성이 높아진다.

이러한 관점에서, 데이터 과학은 대체할 수 있는 의사결정 프레임으로 보기보다는 기존의 리스크관리를 지지하는 과학으로 보아야 한다. 리스크 관리는 데이터에 매우 의존하게 되는데, 왜냐하면 데이터는 리스크와 우리가 방지하고자 하는 역효과에 대한 기본적인 계산이기 때문이다. 비판적으로 말하려는 것은 아니지만, 접근 가능한 데이터가 없을 때 리스크 평가는 감에 의한 것이 사실이다.

이러한 사례를 증명하기 위해서 막대한 노력이 필요하다. 만약 당신이 업계에 제품을 제공하는 소프트웨어 기업이라면, 이는 수년간 수백만 달러를 투자해서라도 훌륭한 상품 개발에 대한 약속을 의미한다. 당신이 시스템 통합 업체라면, 이는 당신이 고객들에게 제공 가능한 유용한 옵션에 대한 심도 깊은 연구를 의미한다. 시장에 가짜 클라우드 서비스가 있는 것처럼 과학적으로 유효하고 실용적인 것처럼 꾸며진 가짜 빅 데이터 제품도 있을 것이다. 그리고 만약 당신이 다가올 보안기술의 엔드유저(프로그램 제작자가 제공한 프로그램과 컴퓨터를 이용하여 작업을 수행하는 최종사용자)라면, 당신은 이 제품이 특정 상황에서 알아야 할 사항을 제공할 수 있는지 이해할 필요가 있을 것이다.

■ 화를 헤쳐 나가는 방법

빅 데이터는 처음 외부에서 보면 매우 단조로워 보일 수 있다. 그러나 빅 데이터는 보안 회의나 보안 브리핑에서 통찰력과 데이터 정보를 위해 예상치 못한 사건에 대해 휘두르는 대형 해머처럼 매우 중요한 사안인 양 다루어진다. 수많은 종류의 빅 데이터와 이를 분석하고 사용하는 수많은 방법들 사이에 큰 차이는 없다. 이러한 관점에서 실제 사물인터넷은 서로 다른 하부 카테고리가 모여 있지만 마치 하나의 큰 카테고리로 다루어지는 것과 같다. 이는 거대한 단일 조직을 열어 가장 뒤에 숨겨진 진실을 찾을 필요가 있다는 것을 의미한다. 만약 당신이 빅 데이터 전략을 가지기만 한다면, 이러한 분석을 통해 할 수 있는 많은 것들이 드러날 것이다. 나의 바람은 당신이 원하는 필요를 인식하고 그 필요에 맞는 솔루션을 찾는 것이다.

데이터 과학 관점에서 보면, 당신이 많은 양의 데이터나 고속의 데이터 스트림을 수집할 수만 있다면 매우 흥미로워질 것이다. 회기 분석에서부터 예측 분석 분류까지 빅 데이터를 분석하는 많은 방법이 존재한다. 편리하게도 통찰력 있는 알고리즘을 매치하는데 도움을 주는 새로운 소프트웨어 툴이 많다. 그 중 하나가 '서비스로서의 빅 데이터(BDaaS)' 플랫폼으로, 이 플랫폼은 고속의 컴퓨팅과 고용량 저장관리라는 귀찮은 작업을 아웃소싱 하는 것을 가능하게 해준다. 이는 곧 당신의 조직은 당신이 알고 싶은 것에 더 집중해야지 배수관 조립 같은 것에 집중해서는 안 된다는 것을 의미한다.

근원적인 기술이나 툴이 무엇이든, 분석의 목적은 데이터 깊숙이 숨겨져 있는 패턴을 찾는 것이다. 우리 대부분이 과학 수업시간이나 통계 수업 또는 비즈니스 수업시간을 통해 패턴 발견에 대해 어느 정도 익숙해진 상태이다. 당신이 여기서 보게 될 몇몇 수단은 당신이 수학시간이나 스프레드시트에서 수행하는 계산과 매우 유사하기 때문에 친숙할 것이다. 다른 것들은 (만약 당신이 데이터 과학자가 아니라면) 완전히 새로울 것인데, 대규모 데이터 세트에 대한 발전된 소프트웨어로만 수행될 수 있기 때문이다. 즉 우리는 실제로 웹에서 이루어지는 이러한 종류의 분석이나 주식시장 분석, 투표자료, 이외의 복잡한 데이터 요약과 같은 자료에 매일 노출되어 왔다. 이러한 노출은 데이터 해석능력의 향상과 분석자료 활용도 증대에 긍정적인 영향을 미친다.

패턴은 다양하게 다가온다. 이중 몇몇은 숫자와 관련되었고, 몇몇은 우연적이고, 몇몇은 상관적인데 반해 몇몇은 모호하면서도 유용하다. 보안에서 빅 데이터가 얼마나 유용한지 보여주기 위해서는 몇몇 패턴을 시험해볼 수 있다.

- 통계적인 수단: 가치, 트렌드, 변수
- 군집과 연합
- 시간과 빈도

■ 비정상적인 탐지

보안 분야에서 우리는 대부분은 괜찮을 거라고 가정하면서 늘 무엇이 특이하거나 다른지에 대해 예의 주시한다. 그 목적은 데이터 세트나 대규모 데이터 스트림을 검토하고 대부분의 경우와 같지 않은 예를 찾는 것이다. 비정상적인 탐지는 신용카드와 은행사기 예방에 있어 중요한데, 이 분야는 빅 데이터와 분석에 의해 최근 몇 년간 발전되어왔다. 비정상적인 탐지는 빅 데이터와 클라우드 컴퓨팅을 같이 활용하는 물리적 보안 시스템을 가능하게 했다.

비정상적 탐지는 분류의 문제이다. 예를 들어 세 켤레의 신발과 바나나의 경우에 다른 것은 과일이다. 조사를 통해 하나의 데이터 세트가 다른 데이터 세트와 어떻게, 왜 다른지를 명백히 구별할 수 있다. 이는 우리가 이미 신발과 과일이라는 데이터세트 분류에 대해 가정하고 있기 때문이다. 실제 상황에 대한 데이터 세트에서, 명백한 분류란 없을 것이다. 정상과 비정상은 상대적인 개념이고, 지금은 비정상적인 것이 나중에는 정상이 될 수 있다. 고정된 분류가 어느 문제에 대한 해결방법이 되고, 어느 문제에 대해서는 되지 않는 이유이다. 빅 데이터 세트는 더 복잡한데, 왜냐하면 약간 벗어난 분류가 받아들이기 어려운 문제를 발생시킬 수 있기 때문이다. 이는 미세조정이 핵심인 이유이다.

분석학은 빅 데이터 분야에서 우리가 다른 부분에서 다루었을 기술을 배우는 것과 같은 방법으로 비정상적 탐지 수준을 뛰어 넘고 있다. 미세조정은 인간 관찰자가 다룰 수 있는 범위를 넘어서기 때문에 머신 러닝에 의존할 필요가 있다. 블루투스나 와이파이 시그널을 통한 스마트폰 시그니쳐 캡쳐하는 사례로 돌아가서 이러한 기술을 공공장소에서 사용한다고 생각하면, 데이터의 용량과 패턴이 무엇을 찾아야 할지에 대한 사람들의 추측을 넘어설 것이 명백하다. 알고리즘은 다른 모든 사람이 서있을 때 또 다른 사람이 움직이거나, 모두가 움직일 때 느리게 움직이는 것과 같은 비정상적인 행동을 재빨리 찾아낸 것이다. 이 두 가지 중 어느 것도 그 자체로는 걱정스럽지 않을 수 있지만 자세한 조사를 위한 우리의 주의를 끌 것이다.

저가의 사물인터넷센서, 유비쿼터스 영상 및 모바일 태깅이 데이터를 배가시킴에 따라 물리적 보안을 위한 대량화되고 고속화된 분석과의 관련성이 증가되고 있다.

■ 통계

우리 대부분은 적어도 기초개념에 어느 정도 익숙하다. 여기서 기초개념이란 주식시장, 건강, 정치, 주택담보대출 등 매일 접하는 정보의 일부분이다. 이러한 정보는 상당한 데이터 세트의 비정상적인 부분에 대한 많은 실마리를 제공한다.

평균과 중간값 – 가장 기본적인 통계 개념으로써 데이터 세트에서의 이 두 수치는 직관적이다. 이 두 수치를 사용한다는 생각조차 없이 매일 사용하고 있다. 우리 빌딩에 들어오는 방문자의 평균이 얼마인가? 어떤 특정한 날 보게 되는 경계신호의 중간값은 얼마인가? 이러한 수치는 계산하기가 쉽고 모든 스프레드시트, 리포팅 도구, 비즈니스정보 시스템에 있어 기본적인 부분을 구성한다. 이러한 정보는 현재의 상황이 정상적인 부분에서 파생된 것인지, 만약 그렇다면 어느 정도인지를 이해할 수 있게 해준다. 이러한 정보는 그래픽 표현이 적합하고, 이러한 그래픽 표현은 눈 깜짝할 사이에 시각적으로 이해하게 만들어준다. 모든 디스플레이 매체를 주거에서도 동일하게 사용할 수 있으며, 매일 더 많은 보안 활동이 적용되어 있는 작은 스크린 모바일 어플리케이션으로 구현된다. 많은 문제들과 관련된 이러한 기본적인 계산은 중요한 시발점을 제공한다. 즉 스스로 순응하는 방법이다. 그러나 이러한 특성이 우연성에 대해 알려주지는 않는다. 이는 경고음처럼 예리하지 않은 도구이나, 때로는 당신에게 가장 필요한 것일 것이다.

보안 어플리케이션의 개념에는 다음 사항들이 포함된다.

- 알람음이 발생한 횟수가 중간값의 위인가, 아래인가?
- 평균과 비교해 얼마나 많은 트래픽이 발생하였는가?
- 이 건물에 발행된 무효의 인증서의 평균값은 얼마인가?
- 다른 것과 비교해 비율은 어떠한가?

회귀(한 번 돌아 원래로 돌아오는 것)와 트렌딩 – 평균값이나 중간값과 같은 하나의 숫자가 모든 것을 말하는데 충분하지는 않다. 때로는 데이터 세트가 시간이 지남에 따라 어떻게 변하는지 평가될 필요가 있다. 선형회귀는 종속변수(Y)와 독립변수(X) 사이의 관계를 모델링하는 통계학적 테크닉이다. 이러한 수학 모델에서 목표는 산개해 있는 데이터 포인트를 X-Y 평면에 맞는 직선으로 구현해내는 것이다. 직선에 대한 방정식은 이러한 변수가 시간의 흐름에 따라 어떻게 변하는지 알려준다. 이러한 정보를 바탕으로 가치가 어떻게 변할지, 예를 들어 3개월 후에 그 가치가 어떻게 변할지를 예측할 수 있다. 이러한 방법은 데이터에 대한 가정을 단순화할 것을 요구하지만 이는 트렌드의 추정치를 나타내기에 충분하고 때로는 우리가 가장 필요로 하는 것일 수도 있다. 속담에서도 나오지만 달구어진 냄비에 들어간 개구리가 튀어나오지 않는다면, 문제가 있다는 것을 알기 위해 이러한 수단을 사용할 수 있을 것이다.

회귀에 대한 보안 어플리케이션은 다음을 포함한다.

- 시간이 지나면서 손실이 커지는가 작아지는가? 어느 비율로?
- 경계 비율이 올라가는가 떨어지는가?
- 거짓 알람신호가 어떤 비율로 증가하는가 떨어지는가?
- 새로운 장비에 투자한 이후 오류 비율이 감소하는가?
- 새로운 정책이 뒤 따라 들어가는 사고를 줄였는가?

■ 분할, 집단화, 연계

빅 데이터와 머신 러닝에 대한 편견은 이 머신이 스스로 데이터의 패턴을 찾는다는 생각에서 기인한다. 이는 거의 마술이나 다름없고 문자 그대로 초인간적인 업적인데 영화나 TV에서 나오는 수준보다 약간 덜한 정도이다.

기계에 기인한 통찰력 뒤에 숨어있는 구체적인 세 가지 테크닉은 분리, 집단화, 연계이다. 이는 과학자들이 감독되지 않는 러닝이라고 부르는 데이터의 예이기도 하다. 기계가 관계에 대한 어떠한 사전정보도 없이 패턴을 찾아내는 것이다.

분리란 많은 그룹의 데이터를 공통된 특성의 하위 그룹으로 나누는 과정이다. 익숙한 예로는 고객 마케팅이 있는데, 그 목표는 구매패턴이나 선호도가 같은 고객들을 하위그룹으로 분리하는 것이다. 예를 들어 밀레니엄 세대(1980년대 초반~2000년대 조반 출생, 정보기술에 능통한 세대)는 다른 어떤 세대보다도 스트리밍 미디어를 사용하는 경향이 있는데, 그렇기 때문에 미디어 광고를 통해 이들에게 접근할 수 있을 것이다. 만약 당신이 베이비부머 세대(1946년~1965년까지 베이비붐이 일어난 세대)를 노린다면, 페이스북이나 다른 소셜 미디어가 좋은 장소가 될 것이다. 분리는 꼭 마케팅을 위한 것만은 아니다. 분리는 다른 종류의 데이터 세트나 행동에도 적용될 수 있다. 만약 나이, 인종, 성별, 수입과 같이 논란의 소지가 있는 유형으로 분리를 하는 경우라면 프로파일링이 익숙할 것이다. 인권 관련된 관행이 만연하지만 이에 대한 통계적인 근간은 마케터나 반테러 전문가가 매일 사용하는 것과 별반 다르지 않다.

분리에 대한 그룹을 발견하는 것은 알고리즘 군집의 업무이다. 데이터 세트의 멤버들의 특성을 모두 조사한 후 각 그룹 내에서 가장 유사점을 갖는 그룹을 찾는다. 이것이 감독되지 않은 러닝이 역할을 수행하는 방법이다. 만약 그룹 멤버들이 어떻게 행동할 지에 대한 예측을 어떤 그루핑이 생산해낼 수 있을지 알고 있다면, 기존 지식에 의거해 데이터를 세부 분류하면 된다. 만약, 기존지식이나 가정이 없다면, 군집이 그러한 관계를 찾는데 도움을 줄 수 있다. 그러한 결과는 추가적으로 모델링이나 연구에 사용될 수 있는 데이터를 모으는데 필요한 하나 혹은 그 이상의 방법일 수 있다.

분류 알고리즘의 특성은 데이터 특성이 지속적이지 않아 숫자로 표현할 수 없는 문제에도 적용될 수 있다는 것이다. 예를 들어 흥미 있는 특성들은 두 가지로 분류될 수 있는데, 어떠한 사람이 특정 지역의 시민인가 아닌가 하는 부분이다. 그것은 구직자에 의해 성취한 최고 레벨의 교육과 같은 많은 가치를 가진 별개의 변수일 수 있다.

일단 분리되면(또는 집단화되면), 이러한 활동의 유용성은 예측적인 능력을 가진 모델을 근간으로 하여 형성된다는 것이다. 예측은 어떻게 그리고 어디서 보안 자원을 적용할 것인지를 결정하는 중요한 부분이고, 그래서 이러한 수단의 활용성을 스스로 대변한다. 분리에 관한 데이터는 사람, 보안, 위치, 시간, 행동 등 다른 흥미로운 특징일 수 있다. 이러한 정보로부터 어떠한 분리요소가 필요하거나 분리요소를 보안 자원의 적용으로부터 얻어낼 수 있는지를 알 수 있다.

분리에 관한 보안 어플리케이션은 다음을 포함한다.

- 어떤 구성원들이 절도에 연관될 가능성이 큰가?
- 어떠한 방문자를 빌딩에 받아들일 것인가?
- 직장 내 폭력을 예측할 수 있는 특징이 있는가?
- 보안 데이터 중 어떤 특성이 실제로 중요한가?

기계에 대한 테마로 돌아와서 감독되지 않은 러닝 프로세스에는 한계가 있다는 것을 명심하라. 예를 들어 데이터 세트를 분리하는 단일의 방법은 없고, 정보를 이해시키는 가장 좋은 방법을 나타내는 유일한 분리는 없다. 어떤 것들은 목적에 따라 다른 것들보다 더 유용하겠지만, 이는 정의상 알고리즘의 구성이 될 수 없다. 기계는 당신을 놀라게 할지도 모르고 당신에게 새로운 것을 가르쳐줄지도 모른다. 또한 진실을 찾게 해줄지도 모르지만 당신의 안건을 발전시키는데 도움을 주지는 않는다. 최소한 이들이 힌트를 줄 수 있는지의 여부는 우리에게 달려있다.

■ 시간과 빈도 분석

시간과 빈도는 서로 정반대이고 그들 각각에 대해서는 할 이야기가 있다. 어느 쪽에서 더 의미 있는 이야기를 할 수 있는가는 데이터의 종류와 우리가 무엇을 알아야 하는지에 달려있다. 이 두 요소 모두 빅 데이터 세트에서

비정상을 찾는데 관련되어 있다.

시간 부분에 있어서 이벤트는 시리즈 또는 연속적인 사건들로서 보여진다. 이러한 관점은 관계의 특정 부분에 집중하는데 특히 흥미로운 우연성과 이벤트 순서가 이를 이해하는데 중요한 요소가 될 것이다. 이는 또한 데이터 트렌드를 강조하고, 내포되어 있는 목적에 대한 수학적 관계를 찾는다. 트렌드는 결정적 혹은 통계적 과정에 의해 발생한다. 시간에 기반한 분석은 이벤트의 특정한 결과를 찾고 과거 경험에 기초해 우려되거나 경계가 필요한 것에 대한 관련성을 찾는 것이다. 이러한 이벤트 연속성을 찾는 것은 더욱 더 어려워지고 있다.

이제 특정한 간격으로 반복되는 빈도와 이벤트에 대해 생각해보자. 빈도 패턴은 타임 라인에 따라 보기는 어렵다. 어떤 큰 데이터 세트에서 이러한 패턴은 수많은 이벤트 사이에 섞여있고, 주기적인 패턴을 구분하는 것은 어렵기 때문이다. 그러나 만약 시간연속성이 빈도로 보여지거나 순서를 도치시킬 수 있다면, 발생하는 이벤트가 눈에 띌 것이다. 이것은 시간에 대한 엑스레이와 같은 것이다.

당신이 시간보다는 빈도를 보는 접근방식을 따른다면 완전히 다른 패턴이 나타날 것이다. 예를 들어 어떤 일이 한 시간에 4번 일어나는 것이 정상적이고 20번 일어나는 것은 정상이 아니라고 하자. 이제 연속성을 철저히 확인하여 이러한 빈도 제한이 관찰되는지 아닌지를 확인해야 한다고 상상해보자. 이는 라스베가스의 도박장에 있는 것과 비슷하다. 만약 분석가가 이벤트 빈도를 제공한다면 당신이 해야 할 것은 숫자를 보고 이것이 한도를 넘었는지를 확인하는 것이다.

빈도 분야에서 발생하는 또 다른 분석 타입은 반복되는 이벤트나 반복되는 평범함이다. 일별 이벤트 주기가 예시가 될 수 있다. 통신에서부터 인터넷 사용, 도로 교통에 이르는 다양한 분야에 이르기까지, 거기에는 매일 반복되는 주기적인 패턴이 있다. 일단 이런 패턴을 알게 되면, 과거의 사이클을 통해 현재의 실시간 값과 비교할 수 있으며, 이러한 현상이 정상인지 아닌지를 알 수 있다.

제14장
더 빠르게

보다 빠른 데이터 처리는 자율주행 차량과 운전자가 필요한 차량의 차이이다. 또는 체스에서 그랜드 마스터를 이기는 것과 초보자를 위한 장난감이 되는 것, 얼음 위에서 걸을 수 있는 로봇과 그렇지 못한 로봇, 사람과 기계의 차이일 수도 있지만, 이는 기계가 무언가를 어떻게 하는지 배우게 되면 그 차이는 극복 가능할 것이다.

데이터를 신속하고 깔끔하게 처리할 수 있는 능력은 진정으로 유용한 기술과 흥미위주 호기심 사이의 차이를 만든다. 원시 프로세서 속도와 병렬 처리의 조합은 이론적인 부정확함에서 실제 현실적인 교란 요인으로 특정 유형의 인공 지능을 이끌어 냈다. 이러한 변화는 지식과 도구가 보다 광범위하게 이용 가능해 지고 새로운 도메인에 적용됨에 따라 보안에 이르게 될 것이다. 그 효과는 우리가 보안을 얼마나 잘 제공하는지에 영향을 미칠 것이다. 또한 미래의 보안 역할을 누가 또는 무엇을 채우는가의 영향을 미칠 것이다.

앞서 우리는 온실 속 화초처럼 보관된 인간의 두뇌를, 우리가 그들에게 요구하는 많은 것들에 대해 시대에 뒤떨어지거나 너무 앞선 기술의 예로 들었다. 인간은 지루함, 피로, 산만함에 쉽게 빠져들기 때문에 기다리고 지켜보는데 능숙하지 못하다. 분석을 위한 이상적인 자질을 갖추지 못한 것이다. 영상감시 및 기타 환경센서들은 보안의 측면에서 인간을 필요로 했던 영역에서 인간을 이미 대체하고 있다. 물체, 얼굴, 감정 인식의 개선은 이 영역을 더욱 가속화 시킬 것이다.

그렇게 될 것이라고 생각하지 않는다면 앞으로 20년 동안 화물자동차운송산업에서 일어날 일에 대해 생각해보라. 자율주행 트랙터-트레일러가 트럭 운전사들 대체하여 도로의 대부분을 차지할 것으로 전망된다. 스스로에게 물어보라. 보안순찰이 트럭 운전보다 복잡한가? 트럭운송 분야(그리고 모든 운전)에서 차이점을 만드는 것은 실시간으로 결정할 수 있을 정도로 데이터를 신속하게 처리할 수 있다는 점이다. 인공 지능과 로봇 공학이 성공하기를 수년간 기다린 것은 더 빠른 처리속도를 위한 것이었다.

경비원의 문제의 후반부를 살펴보자. 대부분의 경우 경비원들은 공공의 생명과 안전을 위한 서비스 중 비상상황이나 범죄발생 시 물리적 강세, 저지 그리고 물리적 구속행위를 제공한다. 경비원들은 또한 누군가에게 그들이 원하는 것을 하도록 설득할 수 있는 총, 테이저 건, 경찰봉을 가지고 다닌다. 로봇은 이제 이러한 모든 수단을 운반하고 사용할 수 있으며 진행 중인 상황 인식을 위해 필요한 이동식 눈과 귀를 제공 할 수 있다. 이것은 즉 데이터를 의미한다. 적어도 일반적인 환경에서 총기를 휴대한 로봇을 밤에 내보내는 것은 합법적이지 않다. 그러나 많은 인간의 업무가 지구상의 로봇과 드론으로 옮겨 갈 수 있다고 상상하기란 어렵지 않다. 여러 산업군에서 경비원의 시간 기록 업무보다 훨씬 복잡한 여러 업무들이 인력에서 기계로 전환되고 있다. 자동화의 우월한 경제성이 결국 다른 많은 것들과 같은 방식으로 이 직무 기술에 적용되지 않을 것이라고 생각할 이유가 없다.

이 전환을 가능하게 하는 것은 무엇인가? 그것은 더욱 빨라진 속도이다.

속도와 데이터는 서로 얽혀 있다. 많은 데이터가 없는 고속 프로세서는 어디에도 갈 곳이 없는 상태로 모든 것을 갖춘 컴퓨팅 비용과 맞먹는다. 빠른 처리가 없는 과도한 데이터는 짐일 뿐이다. 이 둘은 엣지 컴퓨터와 중앙 집중식 컴퓨팅 모델로 물리적 보안시스템으로 밀려오고 있다. “엣지 컴퓨터”란 센서, 카메라, 스마트 잠금장치 또는 기타 소형 컴퓨팅 장치 등 로컬 단위에서 데이터가 처리되는 것을 의미한다.

이 용어는 중앙 허브(컴퓨터, 클라우드 및 스위치)와 연결된 많은 네트워크를 “에지(edge)”로 보는 것에서 유래되었다. 센터는 메인 프레임이나 대형 서버와 같은 전통적인 대형 엔터프라이즈 컴퓨팅 장치였지만 현재는 클라우드의 다른 모든 제품과 함께 가상화되었다. 엣지 컴퓨터가 더 빨라지고 스마트 해지고 독자적으로 더 많은 작업을 수행할 수 있지만, 이전보다 더 많은 데이터를 생성하여 다시 센터로 보낸 사물인터넷 장치는 엣지 장치이며 큰 데이터가 모이는 클라우드 컴퓨팅 센터에서 데이터 속도를 급격히 증가시키는 원인이 될 것이다.

■ 데이터 속도

실시간 이벤트로 인해 발생하는 고속 데이터 세트는 기존의 데이터 관리 기술에서 어려움을 겪고 있다. 이것이 가속성이 4개의 "V" 중 하나인 이유이다. 느리게 이동하는 데이터 세트 또는 일괄 처리를 위해 잘 작동했던 과거의 기술은 고속 스트리밍 데이터에서 잘 작동하지 않는다.

1990년대에 데이터 웨어하우징(데이터에 숨겨져 있는 유용한 상관관계를 발견해서 미래에 실행 가능한 정보를 추출해 내고 이를 토대로 의사결정에 이용하는 과정) 시대를 맞이했다면 온라인 분석 처리(OLAP) 데이터베이스가 새로운 것임을 회상할 것이다. 데이터 세트 관련된 범위 값을 미리 지정함으로써 이미 처리한 숫자에 대한 쿼리에 빠르게 응답할 수 있었다. 이들은 대부분 기존의 데이터베이스 기술을 토대로 구축되었으며 예산 분석, 구매 추세, 예측 및 재무보고와 같은 많은 비즈니스 인텔리전스 문제에 여전히 유용하다.

그러나 이러한 시스템 및 유사한 시스템은 고속 데이터 세트와 실시간 상황분석을 위한 보안용 빅 데이터 시스템용으로 설계되지 않았다. 한 가지 이유는 속도가 빠르지 않다는 점이지만 더 큰 문제는 엄격하게 정의된 데이터 세트에 대한 응답만 제공하도록 설계되었다는 것이다. 이는 개방형 또는 지속적으로 진화하는 데이터 스트림에는 적합하지 않다는 것이다. 보안 업계는 두 가지 유형이 필요하지만 또 다른 이유가 있다. 고속 데이터의 경우 목표는 실시간 의사 결정을 위해 실행 가능한 정보를 제공하는 것이다. 이것이 분석을 위한 스트리밍 모델의 본질이다.

많은 물리적 보안 데이터 소스는 고유한 고속의 정보 스트림을 제공한다. 이 점에서 그 분야는 네트워크 보안과 매우 비슷하다. 물리적 보안 데이터 스트림은 실제 초당 수백만 회의 활동을 측정하는 센서의 결과물이다. 이러한 많은 데이터는 일상적인 활동의 결과이지만 일부는 그렇지 않다. 신속하게 탐지하고 식별할 수 있다면 이러한 센서 데이터 흐름 속에 묻혀 있는 것은 완화될 수 있는 위협에 대한 단서가 될 것이다. 문자 그대로 시간이 삶과 죽음의 차이를 만드는 핵심이다.

영상 보안 감시는 비즈니스에서 가장 많은 양의 대용량 데이터 스트림을 생성한다. 각 카메라에 의해 생성된 데이터의 양은 보안 영역에 다른 소스의 데이터량을 작게 보이게 한다. 예를 들어 고해상도 보안 카메라는 초당 15 프레임 이상으로 3메가 픽셀 이미지를 제공할 수 있다. 수백 수천 대의 카메라가 설치된 시설물이나 대도시에서 이런 막대한 양의 데이터를 클라우드에 스트림한다는 것은 LAN에 엄청난 부담을 주는 것이다. 이것은 영상 분석이 왜 그렇게 관심 받는 주제가 되었는지를 부분적으로 설명한다. 분석은 엣지 컴퓨터에서 관련 정보가 있는 영상 세그먼트를 감지 한 다음 관련성 없는 정보를 버릴 수 있다. 이 과정은 로컬 네트워크, 인터넷 연결 및 스토리지에 대한 부하(및 비용)를 줄인다.

오늘날의 전자 보안 시스템은 개별 센서를 활용하여 보안 관리자에게 데이터를 제공한다. 전문적으로 설계된 시스템에는 모션 감지, 현재 상태 모니터링, 유리 파손, 적외선 탐지, 연기, 열, 소리 및 위치 센서를 포함하여 도어, 창 및 기타 개구부의 상태를 감지하는 시스템이 포함된다. 이 센서들은 독립적으로 대량의 데이터를 생성하지 못한다. 그들이 추적하는 각 이벤트에 대한 데이터는 일반적으로 한 가지 사실을 전달하기에 적합한 바이트일 뿐이다. 그러나 전체적으로 센서 데이터는 고속 데이터 소스이다. 이 데이터는 예방을 위해 신속하게 분석되어야 하는 논스톱, 실시간 정보의 흐름이다. 현재 세대의 센서는 각 센서를 직접 또는 게이트웨이를 통해 인터넷에 연결하는 IP를 활용한다. 이 연결은 클라우드 기반 보안 분석 플랫폼으로의 통로를 제공하며 이 데이터 바다에서 의미를 추출할 수 있다.

센서 연결과 클라우드 컴퓨팅이 나란히 발전하면서 이전보다 큰 규모로 보안 데이터를 구성하는 것이 가능해졌다. 예를 들어 대규모 체인의 모든 지점으로부터 모인 데이터 스트림은 각 개별 지점에서 이벤트를 보다 깊이 분석할 수 있는 기반을 제공할 수 있다. 광역 자치단체의 보안 환경에서 사기업 및 공공장소의 이벤트 데이터는 밀접한 연계성과 패턴을 바탕으로 거대한 데이터 세트로 집계될 수 있다. 결과 분석은 개별 정보의 합보다 훨씬 더 가치 있는 정보를 산출할 수 있다. 클라우드 기반 보안 시스템은 이제 이러한 다양하고 분산된 데이터 스트림을 사용하므로 고객에게 더 높은 가치의 비즈니스 인텔리전스를 제공할 수 있다.

스마트폰과 웨어러블 IoT 기술의 보편화로 인해 추가적인 고속 소스로 물리적 보안에 활용할 수 있게 되었다. 가장 흥미로운 것은 스마트폰이 주변의 다른 기기를 탐색하기 위해 블루투스와 와이파이 신호를 이용하는 점이다. 이러한 신호들은 다양한 보안을 목적으로 수집 될 수 있다. 스마트폰은 방이나 공공장소에 있는 사람들의 수를 대변해 주기 때문에 "인원 현황"을 모니터링 하는데 가장 중요한 요소이다. 실내 측위 시스템은 이와 같은 신호로 스마트폰 위치를 삼각 측정하고 건물 내의 이동 패턴과 공간점유를 보여 주는 지도를 작성하는데 이용할 수 있다.

이와 같은 사물인터넷 장치가 지속적으로 증가함에 따라 보안 분석에 다양한 고속 소스로 활용할 수 있다.

■ 사이버 보안에서 얻은 교훈

사이버 보안은 물리적 보안에서 대용량 데이터 어플리케이션 개발을 위한 길을 열어준다. 개인화된 피싱 공격과 단순한 사용자 오류는 말할 것도 없고 매일 수천 만의 웹 사이트가 공격받고 수십억 개의 멀웨어(악성소프트웨어, 남에게 피해를 입히기 위해 개발된 소프트웨어)에 의한 취약점 공격이 발생한다. 동시간대 수 조개의 합법적인 메시지가 섞여있다는 것을 감안했을 때 이 공격들을 분류하는 것은 벅찬 업무이다. 이것은 거대한 데이터 수집과 실시간 분석의 문제로 바뀌고 있다. 사이버 보안 시스템은 그들이 다루는 이벤트 속도가 문자 그대로 컴퓨팅 세계에서 가장 빠르기 때문에 흥미로운 연구 사례이다. 정의상 사이버 보안은 모든 이들의 데이터 통로이기 때문에 그렇게 되어야만 한다. 데이터 대홍수는 고속 데이터의 패턴 분석 및 위협 탐지에서 공격적으로 나아가기 위해 네트워크 보안을 필요로 한다.

사이버 보안에서 대용량 데이터 분석의 첫 번째 교훈은 위협 정보를 통합하고 상호 연관시키는 프로세스 속도를 향상시키는 방법이다. 이를 위해 기존의 데이터베이스를 폐기, 비정형 데이터를 분류하는 방법을 배우고 필요한 경우 훨씬 높은 처리량을 제공하는 클러스터 컴퓨팅 환경으로 전환한다. 우연히도 위협 인텔리전스에 사용되는 기본 툴의 대부분은 가장 큰 검색 엔진을 구동하는 툴과 동일하다. 차세대 툴을 사용하는 것은 기존의 보안정보 및 이벤트관리(Security Information and Event Managemetnt, SIEM)툴을 사용하는 것과는 거리가 먼 것으로, 이는 누가 물리적 보안 영역의 차세대 빅 데이터 툴을 제공할 것인지에 대한 의문을 불러일으킨다.

두 번째 시사점은 다량의 데이터가 더 좋은 정보이거나 정보에 입각한 조치와 동일하지 않다는 점이다. 조건이 동일하다면 데이터가 100배 증가할 경우 잘못된 알람이 100배 증가하는 결과를 야기한다. 분석기능의 개선이 없는 한, 추가적인 부하가 가해진 상태에서 제대로 기능할 수 있는 보안조직은 없다. 이러한 상황은 데이터 수집 기술의 고유한 기능을 학습할 수 있는 기업별 교육 데이터를 포함하는 접근 방식과 기계 학습 없이는 발생할 수 없다. 이것이 의미하는 바는 기존의 필터링 및 경보 관리 프레임 워크가 보조를 맞출 수 없기 때문에 조직에서 데이터 과학으로 더 잘 알려진 차세대 솔루션을 채택해야 한다는 것이다.

세 번째 교훈은 모든 보안 장비가 네트워크 장비처럼 취급되어야 한다는 것이다. 멀웨어는 무차별적인 공격을 수행하는데 다수의 보안용 장비들은 멀웨어가 성공적으로 공격을 수행한 IT 배경과 매우 유사한 OS에서 작동한다. 이런 관찰 결과는 물리적 보안네트워크를 엄격히 망분리 시키거나(현실적이지 않은 방안) IT와 더욱 긴밀한 관계를 유지하는 것을 피할 수 없도록 만든다. 다른 예방 조치 중에서도 이는 보안장비의 감염, 오래된 펌웨어 및 비정상적인 동작에 대한 지속적인 모니터링을 해야 함을 의미한다.

마지막 교훈은 우리 모두의 사이버 위협인자가 더 이상 컨버전스에 대한 선택의 여지가 없다는 인식을 심어 준다는 점이다. 이러한 논의는 오랜 시간 지속되어 왔지만 대부분의 조직에서는 물리적 보안과 내부시스템 보안(logical security: 내부시스템 보안 또는 논리보안으로 해석하는 경우도 있음) 간의 완벽한 통합을 달성하지 못했다. ID는 두 보안영역 간의 통합 시작점이었다. 두 보안영역이 출입관리나 네트워크 접근을 구축하기위해 사용자를 인증해야 하기 때문이다. 기업 전체에 단일한 ID 저장소, 공통 토큰 및 단일 계정 관리 포인트를 갖는 것이 이치에 맞다. 대부분의 기업에서 이 두 영역을 분리된 상태로 유지하도록 허용했기에 투자자본수익률(ROI) 관점에서 보았을 때 보다 어렵거나 설득력이 떨어졌을 것이다. 출입용 카드는 출입용

카드이고 로그인은 로그인이기에 결코 두 가지가 통합될 수 없을 것이다.

분석학은 물리적 보안 및 내부시스템 보안에 대한 더 나은 회의의 근거가 될 수 있지만 ROI가 있음을 인식해야 한다. 병합된 데이터 세트와 실시간 데이터 스트림은 모든 알고리즘 접근 방식에 대해 현저히 향상된 상황별 인텔리젼스를 제공할 것이다. 해당 수준에 도달하기 위해서는 실제 작업이 필요하지만 과거처럼 어려운 일은 아니다. 거의 모든 산업계 소프트웨어 개발자들은 시스템 간 정보교환을 위한 REST(Represen- tational State Transfer)모델을 사용하는 API에 집중하고 있다. 이렇게 널리 받아들여진 프로그래밍 인터페이스는 서로 다른 산업계나 부서간의 응용 프로그램 스택의 기능 통합을 훨씬 쉽게 만들어준다. 최종 사용자가 건물 관리에서 헬스클럽 멤버십, 보안 분석에 이르기까지 모든 것을 위해 항상 이 작업을 수행한다. 동일한 API가 이러한 다양한 유형의 시스템 통합에 모두 적용될 것이라는 사실은 IT와 보안 영역간의 최소한의 목적에 따라 통합된 개념에 더욱 가까워지고 있다는 희망을 제공한다.

우리의 빅 데이터 분석은 큰 도움이 될 것이다.

■ 인공 지능

보안 분석을 더 빨리 수행할 수 있는 방법에 대해 고민하고 있다면 인공지능(AI)이 제공할 수 있는 것이 있는지 물어보는 것은 당연한 일이다. 일단 기계가 어떤 일을 수행하는 방법을 알게 되면 매우 빠르게 업무를 수행할 수 있다. AI는 아무리 오랫동안 같은 일을 해야 하더라도 결코 지치거나 지루해하지 않고 즉각적인 응답시간을 제공한다.

인공 지능은 최근 몇 년 동안 의학, 금융, 로봇 공학, 과학, 사진 및 문제가 데이터로 표현될 수 있는 거의 모든 주제의 분야에서 인상적인 발전을 이루었다. AI는 다양한 방식으로 사용되며, 다른 유형보다 정확하다. AI의 고전적인 개념은 영화 "2001 스페이스 오디세이"의 HAL(영화에 등장하는 인공 지능 로봇)과 같은 의식이 있는 기계의 대명사라 할 수 있다. 생각할 수 있고, 느낄 수 있고, 창조할 수 있는, 어떤 의미에서 자유 의지를 발휘할 수 있는 컴퓨터이다. 1970년대로 거슬러 올라가 보면 그것은 그 영역의 사물에 대해 추론하는데 사용될 수 있는 또는 특정 영역의 소프트웨어 모델을 만드는 것을 의미했다. 현재로 다시 돌아와서 보면 모든 것을 아는 AI 시스템을 구축하는 것보다 하나 하나가 특정 업무 수행에 적합한 다수의 마이크로 인텔리전스를 만드는 것이 더 좋다는 생각이다. 이를 움직이는 소프트웨어에는 기계 학습, 인공 신경망, 자연어 처리, 이미지 인식, 데이터 마이닝, 딥러닝 및 인지 컴퓨팅과 같은 수백 가지 방법이 포함된다. 이 내용은 다른 책에서 다룰 주제이다.

우선 인공 지능이 들어오는 데이터를 처리하고 우리를 대신해 이해하는 방법을 생각해보자. 세부 사항에 관계없이 보안 시스템에 스트리밍되는 대량의 데이터를 처리하려면 새로운 세대의 분석 기능 또는 인텔리전스가 필요하다. 이러한 기능이 없다면, 방대한 데이터에 짓눌려 원하는 데이터를 얻지 못할 것이다. 다행스럽게도 이런 기능들은 향후 10년 동안 거의 모든 소프트웨어 시스템의 도달 범위 내에 있다는 많은 징후들이 존재한다.

약간의 대조를 위해 한 발짝 물러나서 보자. 초기에는 기업이 그들의 영역 내에서 진전을 이루기 위해 자체 AI연구팀이 필요했다. 인간의 뇌를 모방한 일반화된 지능의 개념은 지식 표현의 복잡성으로 인해 어려움을 나타냈다. 과학이 진보함에 따라 접근하는 방식은 매우 특정한 문제를 해결하거나 컴퓨터가 매우 구체적인 작업을 수행하도록 가르치는 것으로 바뀌었다. 이런 유형의 연구에서 모든 문제는 너무 제한적으로 정의되었기 때문에 다른 누군가가 당신이 원하는 것과 똑같은 연구를 하지 않는 이상 당신은 스스로 원하는 것을 만들어야 했다. 대부분의 기업에서 이 수준의 전문 기술을 사내에 제공하는 것은 거의 불가능하다. 전문기술은 거대한 규모의 R&D 예산과 장기 목표를 갖춘 학계나 기관에서만 개발 가능하다.

오늘날, AI와의 연관 알고리즘은 모두가 사용가능한 수준이 되었으며 이전보다 전문지식을 덜 요구할 정도로 사용이 간편해졌다. 소프트웨어 개발자와 제품 기업을 위해 복잡한 데이터 과학과 프로그래밍을 쉽게 사용할 수 있는 "알고리즘용 어플리케이션 스토어"가 있다. 더 이상 자신만의 마빈 민스키를 둘 필요가 없다.[1] 동일한 기능을 아마존, 구글, IBM과 같은 주요 클라우드 업체에서 서비스형태로 제공하는 AI로 쉽게 이용할 수 있다. 닷컴시대까지 대부분의 제품과 전문 분야에서 여전히 AI가 상업화되지 못하고 있

1) Mathematician and computer scientist, cofounder of the Massachusetts Institute of Technology's AI lab, often referred to as "the father of artificial intelligence."

다는 점을 감안하면 놀랄만한 일이다. IT와 보안의 소비화를 목격했던 것과 같은 AI의 소비화를 목격하고 있는 것이다. 우리는 이제 사물인터넷 데이터 증가, 클라우드기반 보안 어플리케이션, 서비스형 AI의 세 가지 측면에서 퍼펙트 스톰(크고 작은 악재들이 동시다발적으로 일어남으로써 직면하게 되는 절체절명의 초대형 경제위기)을 맞게 되었다.

인공 지능이라는 용어는 다양한 방식으로 사용되며, 다른 용어보다 더 정확하다. 가장 일반적인 의미에서, 여기에는 머신 러닝, 인공 신경망, 의사 결정 트리, 주성분분석, k-평균 알고리즘 클러스터링, 지원 벡터 머신 및 여기에 언급할 수 없는 수많은 다른 기술이 포함된다. 그러나 AI는 매우 구체적인 의미를 지닌다. 1970년대 사용된 원래의 의미에서 보면 그것은 (소프트웨어에서) 모델링하거나 특정 영역의 사물을 추론하는데 사용하는 것을 의미한다. 지나치게 단순화하면, 고전적 AI는 "모든 남성은 죽는다, Bob은 남자, 따라서 Bob은 죽는다"와 같은 고전 삼단 논법을 잘 이해할 수 있다. 이 유형의 인공 지능은 실제로 주어진 데이터 세트에서 죽음과 불멸을 구분할 수 있지만 모든 사람이 자신의 종말을 충족시키는 교육 데이터 세트를 기반으로 모든 남성이 죽을 것이라고 추론하는 머신 러닝과는 매우 다르다. 고전적 AI는 수년 동안 예상만큼 빨리 발전하지 못했다. 실시간 설정에서 유용한 가치를 제공하기에 충분한 복잡성을 가진 개념적 모델을 구축하는 것은 극히 어려웠다. AI 공동체가 이런 유형의 접근을 포기한 것은 아니며, 다른 접근 방식으로 더 많은 성과를 거두었다.

■ 머신 러닝

우리가 직면 한 대부분의 문제나 우리가 관심을 갖고 있는 대부분의 데이터 세트는 고전적인 인공 지능보다 머신 러닝에 훨씬 더 적합하다. 여기에 약간의 표본의 편중이 있다. 머신 러닝은 의료에서부터 자율주행 자동차, 사이버 보안에 이르기까지 비즈니스 가치가 있는 문제를 해결하는데 탁월한 것으로 밝혀졌다. 이들 분야의 조기 성공은 추가적인 투자와 연구를 이끌었고, 긍정적인 결과와 보완의 선순환은 지속적인 성장을 이끌었다.

우리는 이전 장에서 기계 학습을 언급했지만 머신 러닝의 정의에는 초점을 맞추지는 않았다. 일반적으로 컴퓨터가 프로그래밍 되지 않고 새로운 지식을 얻는 방법으로 정의되는 머신 러닝은 인공 지능의 완성처럼 (스스로 생각할 수 있는 기계) 들릴 수 있다. 그것은 대중적인 상상력을 자극하는 부분이지만, 그 이상의 것이 있다. 기계는 학습을 위해서는 데이터에 노출되어야 하며 그 목표를 달성하는 데에는 여러 가지 방법이 있다.

머신 러닝에 하나의 유형만이 있는 것은 아니다. 머신 러닝 알고리즘에는 여러 가지 유형이 있으며, 다양한 종류의 문제를 해결하는데 탁월하다. 그것은 획일화된 지능이 아니다(우리 두뇌의 아주 멋진 점 중 하나이다). 알고리즘은 대개 지도 학습, 비지도 학습 및 강화 학습이라는 세 가지 일반 유형 중 하나로 분류된다. 이들은 모두 물리적 보안 분석과 관련이 있지만 다른 방식으로 적용된다.(지도학습, 비지도학습, 강화학습은 https://blog.naver.com/jn-solution/221278915519의 참조)

비지도 학습에서 알고리즘은 주어진 특정한 목표 없이 큰 데이터 집합을 결합하고 추론을 이끌어 낸다. 앞서 분류 및 세분화의 맥락에서 이를 논의했다. 예를 들어 비지도 알고리즘은 '내 사유지에 방문한 이들을 자연스럽게 다른 그룹으로 분류할 수 있는가?'와 같은 물음에 답할 수 있다. 이 경우 사전에 구체적인 결과나 그룹을 제공하지 않는다. 알고리즘의 역할은 데이터에 표시된 사용 가능한 속성을 식별하고 자연 그룹 또는 유사한 특성을 가진 개인의 군집을 찾는 것이다.

비지도 학습의 초기 결과는 그룹이 리스크를 보다 잘 관리할 수 있는 실용적인 지식을 제공하지 못할 수도 있다는 점에서 유용하지 않을 수 있다. 예를 들어 비지도 알고리즘을 대형 건물의 출입통제 기록에 적용할 경우 하루에 10회 이상 출입하는 사람(흡연자)과 하루에 두 번 밖에 출입하지 않는 사람들(비흡연자)로 이루어진 두 개의 주요그룹을 찾을 수 있다. 이러한 관찰결과는 흥미롭지만, 보안 관리와의 관련성은 거의 없다. 다른 한편으로 면밀한 조사가 필요한 그룹의 사람, 위치 또는 시간에 대해 새로운 통찰력을 제공하는 다른 분류를 찾을 수 있다. 그 점이 바로 비지도 학습의 재미나는 부분이다. 마치 컴퓨터가 천재 같아서 물건을 찾아 낼 수 있는 것처럼 느껴진다.

지도 학습은 조사자의 직감에 대한 특정 가설을 추구하고 데이터의 다른 그룹이 관심 변수의 결과 또는 목표 값을 예측하는데 유용한지를 알고자 하는 데이터 분석 방법을 설명한다. 지도 학습은 미래의 데이터 세트에 대한 규범적이거나, 관계를 입증한 데이터 세트에 대한 알고리즘을 훈련함으로써 작동한다. 신경망은 예를 들어 입력과 출력 사이에 정확한 수학적 또는 기능적 관계를 지정하지 않고 연결하도록 프로그래밍 되는 경우가 많다.

알고리즘은 알려진 속성을 결과 또는 행동과 비교하여 어떤 속성이 해당 결과 또는 목표 값의 관련 예측 변수인지에 대한 추론을 이끌어낸다. 일단 교육받은 알고리즘은 새로운 데이터 세트에 적용될 수 있으며, 그 데이터 집합의 어떤 요소가 훈련 세트의 데이터처럼 동작할지 예측할 수 있다. 예를 들어 영상 객체 식별은 이 일반적인 접근법을 사용하여 서로 다른 개체를 식별할 수 있다. 보안 응용 프로그램은 일반적으로 불법 행위자를 찾기 위한 것이지만 많은 산업 환경에서와 마찬가지로 긴급한 장비 고장을 식별하는데도 사용할 수 있다.

강화 학습은 알고리즘이 올바른 것으로 받아들여지는 보상을 기반으로 어떤 가치를 극대화하려는 반복적 과정이다. 실험실 쥐가 음식을 얻기 위해 버튼을 누르는 것을 배우는 것과 유사하다. 차이점은 이러한 알고리즘이 인간이 할 수 있는 것보다 훨씬 더 빠르게 많은 데이터와 선택을 할 수 있다는 것이다. 상업적으로 이를 적용하는 방법 중 하나는 가능한 적은 에너지로 최대한 많은 사람들을 빨리 이동시키는 엘리베이터 스케줄링을 들 수 있다. 이런 적용 범위를 확장하여 엘리베이터 로비의 턴스타일 게이트를 통해 사람이 붐비거나 불필요하게 기다리지 않도록 허용 비율을 관리할 수 있다.

이 모든 알고리즘에 대해 흥미로우나 다소 불안한 점은 말 그대로 어떻게 결론에 도달하는지 모른다는 것이다. 그것이 요점이다. 계산 방법을 알고 있다면 우리는 그것을 할 것이지만, 기계가 우리를 위해 어떻게 하는지 알아낼 수는 없다. 예를 들어 신경망의 결과 값은 문자 그대로 수십억 개의 학습된 연관성과 수십억 개의 의사결정 가중치를 관련시킬 수 있다. 비록 그것들이 모두 인쇄되었거나 다차원적 모델로 시각화되어 있다 하더라도, 우리는 그것이 의미하는 바를 제대로 이해하지 못 할 것이다. 그러나 우리가 그들의 결정을 신뢰할 수 없다는 것을 의미하지는 않는다. 우리는 의사 결정이 데이터 집합에 얼마나 잘 들어맞는지 매우 정확하게 알 수 있다.

■ 실시간 분석

지금쯤이면 실시간 분석과 보안이 관련이 있다는 것을 자명한 사실로 알게 될 것이다. 물리적 보안의 경우 우리가 알고자 하는 것이 무엇이든 간에, 우리는 더 빨리 알고 싶다고 말하는 것이 합리적이다. 일반적으로 실시간 분석이 제시하는 공약은 비즈니스 프로세스의 속도와 정확성을 향상시키는 것이다. 데이터를 신속하게 분석할 수 있다는 것은 사물인터넷의 가능성의 일부분이다. 결국 당신이 조치를 취할 수 없다면 모든 센서 데이터가 무슨 소용이 있겠는가?

"실시간"이라는 용어는 종종 사용되지만, 그것은 몇몇 사람들에게 다른 것을 의미한다. 컴퓨터 공학의 맥락에서 이것은 지정된 시간 내에 결과를 반복하도록 보장되는 알고리즘 프로세스를 의미한다. 네트워킹의 맥락에서 "와이어스피드"를 의미하거나 데이터 패킷이 방화벽에 도달하는 속도를 의미할 수 있다. 로봇 공학의 요구조건은 로봇이 물리법칙을 준수하여 비정의 상태에서 빠지지 않을 정도를 의미한다. 일반적으로 그것은 보고나 다른 포랜식을 목적으로 소급하여 사용되는 것과 달리 시스템에 도착하는 즉시 데이터를 사용하는 것을 의미한다.

보안에서의 실시간은 발생 진행 중인 관심 이벤트의 인터벌 시간을 의미한다. 이는 일부 다른 정의보다 광의로 해석한 것이지만 어떤 유형의 예방조치 또는 시정 조치를 취하기 위해 적시에 분석결과를 얻는 것에 중점을 둔다. 보안 시스템의 대부분의 주요 구성 요소들은 침입, 화재, 출입과 영상 정도 등의 실시간 원시 데이터를 제공한다. 당장 필요한 것은 새로운 패턴이나 기존 패턴의 변화에 대한 분석이다. 보안 분야에서 우리가 필요로 하는 실시간 의사 결정의 대부분은 리소스를 어떻게 배치해야 하는지 또는 어디에 집중해야 하는지에 대한 것이다. 예를 들어 실시간 분석을 통해 한 장소 또는 다른 장소에 인력이 추가로 필요하다는 것을 나타낼 수 있다면, 손해나 재산 피해를 방지할 수 있을 것이다.

앞에서 검토한 많은 다른 기술과 마찬가지로 실시간 분석은 전통적으로 대부분의 보안 조직의 범위를 벗어났다. 비용은 감당할 수 있는 범위보다 많이 소요되어, 공급업체가 그러한 제품을 개발하는 것을 억제하게 한다. 클라우드가 해당 시장의 역학 관계를 변화시킴에 따라 보안 시스템의 최종 사용자가 이용할 수 있는 기능으로 변화하고 있다는 것은 지금쯤이면 확실히 인식하였을 것이다. AI와 빅 데이터를 서비스로 제공하는 것처럼 클라우드에서 서비스형 실시간 분석 서비스를 이용하는 사례가 증가하고 있다. 이는 가격하락에 따른 비용 절감으로 이어진다. 중요한 것은 이러한 툴을 조합하는 방법에 대한 심층교육을 받은 직원을 완전히 없앨 수는 없지만 그 필요성이 줄어든다는 점이다.

더 중요한 것은 이러한 모든 기술의 가능성에도 불구하고, 채택을 제한하는 요소는 그 기술을 다룰 전문가를 구하는 것이 여전히 어렵다라는 것이다.

제15장
데이터 기반 보안

AngelList는 스타트업들이 웹상에서 투자자를 찾거나, 투자를 할 기업을 찾기 위한 가장 유용한 곳 중 하나이다. 투자 과정을 투명화하고 자본과 새로운 아이디어의 연결을 돕기 위해 2010년에 시작되었다. 더 많은 청중들에게 초기단계 투자를 유치하는 수단이 되어왔고, Uber와 같은 엄청난 성공 스토리의 발생지였다.

만약 당신이 빅 데이터와 관련된 스타트업을 찾는다면, 이 카테고리에서 4,000개가 넘는 기업을 찾을 것이다. 스포츠, 의학, 웹 분석, e-커머스, 데이터 센터, 뉴스, 세일즈, 데이터베이스, 에너지, 인력 채용, 여행, 기후, 사기방지 등의 응용프로그램이 포함된다. 그러나 물리적 보안을 위한 빅 데이터 스타트업은 없다. 아마 기업가가 아직 우리를 찾지 못했거나 아니면, 우리가 하고 있는 일이 너무 어려울 수도 있다.

나는 스타트업들의 부족함에도 불구하고, 빅 데이터가 보안에서 새로운 비즈니스모델을 이끌게 되는 것은 불가피하다고 믿는다. 아마도 빠른 시일내로 오지는 않겠지만, 이것은 너무 중요한 일이다. 이 새로운 비즈니스는 보안 데이터를 다른 산업에서처럼 종합하여 분석하고, 정보적 생산물로 변형할 것이다. 데이터 생산은 지난 수십 년 동안 우리 경제의 거의 모든 주요 산업 분야에서 발전해 왔다. 사실 우리의 경제는 데이터 분석에 의존해 왔다고 해도 과언이 아니다. 이제 소규모 기업들도 새로운 고객을 발굴하고 더 효과적으로 기업을 운영할 수 있는 분석 소프트웨어의 이점을 누릴 수 있는 정도가 되었다. IBM의 빅 데이터를 사용하는 조직은 그들의 경쟁사[1]

보다 23배 더 나은 결과를 낸다고 주장한다. 나는 사회생활 초반 헬스케어 조직을 위해 정보를 만들고 분류하는 것에서 이러한 힘을 보았다.

기업규모에서 데이터는 물류, 제조, 헬스케어, 운송, 농업, 에너지 및 광고와 같이 다양한 분야에서 필수적인 전략적 통찰력과 운영 효율성을 제공한다. 예를 들면, 다음과 같다.

- 맥킨지는 헬스케어 산업과 이해관계가 있는 데이터 가치를 연간 3000억 달러가 넘을 것으로 추산한다.[2)]
- 세계 경제포럼은 빅 데이터와 고급 분석 기술을 사용하는 것은 글로벌 물류 공급망 운송비용의 15~20%를 절약할 수 있다고 추산한다.[3)]
- 경작 효율성 개선은 15%의 종자 및 비료 비용 감소, 50%의 물 소비 감소 그리고 에이커 당 16%의 생산성 증가를 가져온다.[4)]

많은 산업 분야에서 데이터 분석은 다음의 것들을 증명하고 각각의 분야에서 규모를 키움으로서 그 자체로도 새로운 시장으로 부상하였다.

- 가장 큰 분야 중 하나인 헬스케어 분석은 2015년 58억 달러에서 2020년 187억 달러에 달할 것으로 기대한다. 이는 연평균 26.5%의 성장률이다.[5)]
- 저렴한 센서 기술의 광범위한 발전으로 인해 떠오르는 시장 인 에너지 관리 분석 분야는 2020년 16억 달러까지 성장할 것으로 예상된다.[6)]

■ 보안산업 데이터 분석의 등장

분석비용의 감소와 더 나은 정보에 대한 지속적인 요구에 따라 물리적 보안은 이러한 선진산업을 따라갈 것이다. 이 새로운 시장의 공급자는 보안기관, 공급자, 시스템 통합 업체, 그리고 법 집행 기관 및 보험과 같은 외부 이

1) http://www.slideshare.net/AndersQuitzauIbm/big-data-analyticsin-energy-utilities.
2) *See Big data: The next frontier for innovation, competition, and productivity*, page 43, McKinsey Global Institute(May 2011) on mckinsey.com.
3) https://www.weforum.org/agenda/2015/05/3-ways-big-data-can-improve-your-supply-chain/.
4) http://www.techrepublic.com/article/how-big-data-is-going-to-help-feed-9-billion-people-by-2050/.
5) http://www.marketsandmarkets.com/PressReleases/healthcare-data-analytics.asp.
6) http://www.wsj.com/articles/big-data-cuts-buildings-energy-use-1411937794.

해 관계자에게 다양한 데이터 제품 및 서비스를 제공할 것이다.

새로운 데이터 서비스를 위한 데이터 집계의 주요 수단은 보안 어플리케이션에 기초한 클라우드를 통할 것이다. 사내 시스템은 단일 사용자 설치로 충분한 양 또는 다양한 데이터를 포착할 수 없기 때문에 그 역할을 수행 하지 못할 것이다. 분석된 데이터의 배포는 특화된 요구를 충족시키기 위해 웹이나 전문적인 서비스 계약을 통해 자동적으로 이루어질 것이다.

이 새로운 데이터는 다음과 같은 다양한 분석에 초점을 맞출 것이다.

- 개별적인 시설을 위한 표준 및 기준
- 업계 및 고객 동향 분석
- 고객 자문 서비스
- 이웃, 지역 및 국가적 통계

■ 솔루션은 어디에 있는가?

다음과 같은 질문이 이어질 수 있다. 물리적 보안을 위한 완벽한 빅 데이터 솔루션을 어디서 찾을 수 있을까? 사용할 준비가 완료된 창의적인 솔루션을 공급할 업체는 누구인가?

불행하게도 나의 이번 조사에서는 상업적인 보안 시장을 위한 빅 데이터를 찾을 수 없었다. 그러나 데이터 분석과 같은 특정한 문제를 공략하는 핵심적인 솔루션은 있다. CCTV와 결합된 POS 거래는 현금 등록 거래에 대한 사기 및 도난을 탐지하기 위한 데이터 세트를 생성한다. 대규모로 적용해보면, 일부 영상 분석 기술은 빅 데이터 문제와 유사하다. 그러나 기업에서는 그것들을 다른 보안 데이터 스트림과 분리하여 왔고 단일 조직의 보안 데이터에 대해서만 작동하므로 더 큰 데이터 세트에서 학습할 수 있는 능력이 제한된다.

상업적 보안을 위한 빅 데이터 솔루션이 전통적인 사내 라이선스 소프트웨어의 형태로 등장할 것이라고 생각하기는 어렵다. 대신에 클라우드 서비스로 출시될 가능성이 매우 높다. 이런 맥락에서 볼 때, 이는 보안산업에 대한 예측일 뿐만은 아니다. 모든 산업에서 엔터프라이즈 라이센싱 모델로 등장한 새로운 소프트웨어 카테고리는 거의 없다. 금융, CRM, ERP, 소매, 헬스케어, 심지어는 소위 데스크탑 소프트웨어라고 불리는 산업에서 조차도 없다. 그들은 모두 클라우드 기반 SaaS 제품으로 만들어지거나 전환되고 있다.

물리적 보안을 위한 빅 데이터 솔루션을 구동할 분석 엔진에 대해서도 마찬가지이다. 이 분야에서 선두인 IBM은 Watson 분석엔진을 오로지 SaaS 서비스로만 제공한다. AWS는 수십 개의 빅 데이터 구성요소와 솔루션을 제공하는데, 모두 월단위로 제공된다. 심지어 라이선스가 있는 분석 소프트웨어의 전통적 선두 기업들조차도 SaaS 제공 모델로 전환하고 있다. 이러한 변화는 물리적 보안에서 빅 데이터 솔루션의 발전 방향을 보여준다.

이러한 클라우드 플랫폼은 어디서 제품이 생성되는지 보여줄 수 있지만, 그것들은 여전히 도구에 불과하다. 그들은 보안업계를 위한 유용한 수단으로 변형될 필요가 있다. 새로운 어플리케이션은 다음과 같은 다양한 제공자로부터 공급될 것이다.

- 옵션으로 분석 기능이 추가된 현존하는 보안 솔루션
- 특정 수직산업에 일반적 분석기술을 적용한 스타트업
- 매우 광범위한 사용자나 산업들을 위한 맞춤형 개발
- 예를 들어 중요 인프라 시설과 같은 부문별 맞춤형 솔루션
- 이미 빅 데이터가 종합된 주거용 크로스오버

■ 빅 데이터, 클라우드 환경으로의 전환

최근까지 대부분의 보안 시스템은 단일 가정이나 단일 비즈니스를 지원하는 격리된 컴퓨팅 플랫폼이었다. 영상감시도 마찬가지였다. 이런 시스템들은 모두 고립된 데이터 웅덩이를 만들었다. 즉 이러한 데이터 세트에서 수행된 모든 분석은 수천 또는 수백만 개의 지역을 포괄하는 매우 넓은 데이터 세트에서 발견된 패턴이나 규범으로부터 이익을 얻을 수 없다는 것을 의미했다.

이 책의 제1부에서, 클라우드 서비스 공급자가 컴퓨팅 리소스를 풀링하여 대규모 사용자 그룹에 확산됨으로써 효율성을 높이고 고객 비용을 절감하는 방법에 대해 설명했다. 이 접근 방식의 경제성은 기본 서비스뿐만 아니라, 분석 기능과 같은 핵심보안 서비스 가입 위에 계층화 될 수 있는 모든 추가 기능에도 적용된다. 이 모델에서 고객은 분석 서비스에 대한 초기비용 10만 달러 및 연간 소프트웨어 유지보수 비용 15%를 지불하는 대신에 매월 100

달러만 지불하면 된다.

분석 비용을 낮추는 것은 비교적 쉽다. 충분한 데이터를 중앙집중화 하는 것이 더 힘든 일이 될 것이다. 이 이슈는 보안 제품의 빅 데이터 역량 발전의 기본을 이룬다. 그렇게 되기 위해서 오늘날의 데이터 웅덩이는 우리가 아는 다른 산업의 분석 시장 유형을 주도하기 위한 충분한 데이터가 있는 호수나 바다로 합쳐져야 한다.

따라서 물리적 보안을 위한 SaaS 시스템은 업계에서 그들의 자체 시스템보다 더 고급 분석기술을 처음 선보일 것으로 예상된다. 즉 우리가 기계 지식 알고리즘을 훈련시키기 위한 대규모 데이터 세트를 보유할 수 있으며 더 많은 사용자 집합에 비용이 분산될 수 있다. 더욱이 산업은 큰 규모의 패턴 인식과 머신 러닝으로의 전환을 시작할 수 있다.

■ 데이터 우선순위

보안에서 우리는 많은 데이터 소스를 가지고 있지만, 그것은 빅 데이터 프로젝트를 위해 적합한 데이터는 아닐 것이다. 당신이 필요로 하는 유형과 수집할 수 있는 데이터 유형은 보안 미션의 전반적인 정책 관점에 따라 크게 달라지며, 이는 물리적 보안, 사이버 보안, IT 예산 등 기업의 리스크 허용 한도에 따라 우선순위를 정하게 된다.

여기에는 다음과 같은 질문이 포함된다.

- 어떤 데이터 소스를 사용할 것이며, 어떻게 생성될 것인가?
- 데이터의 품질과 통계적 타당성은 어떠한가?
- 데이터가 어떻게 분류되는가?
- 이것이 기계학습 문제인가? AI 문제인가?
- 우리가 예측 모델을 구축하려는 것인가? 아니면 단지 과거를 이해하려는 것인가?
- 결과 예측 모델은 어떻게 검증 되는가?
- 모델이 틀리면 어떤 결과가 초래되는가?
- 모델이 실시간 데이터로 작동하는가?

만약에 당신이 위에 있는 5번째 항목에서 읽기를 멈췄다면, 빅 데이터 프로젝트를 수행하는 것이 왜 한 번도 해본 적이 없는 초보자나 심약한 사람을 위한 것이 아닌지 이해할 수 있을 것이다. 이것은 어렵고 속임수가 통하지 않기 때문이다.

이러한 질문들은 보안 미션의 관점에서 의심할 여지없이 가장 중요한 것이다. 이전의 예를 다시 살펴보면, 만약 당신의 보안 임무가 소매환경에서의 손실방지에 국한되어 있는 경우 데이터 수집 및 분석에 대한 지출 매개변수는 매우 잘 확립될 것이다. 그것은 손실 금액보다 적어야만 한다.

만약 보안 임무가 수십억 달러 상당의 지적 재산이 리스크에 처할 수 있는 기업에서 기업 스파이를 예방하는 것이라면, 대부분의 지적재산은 디지털 형태로 존재하기 때문에 사이버 방어 쪽으로 크게 의존하게 될 것이다. 또한 보안임무가 공공이나 시의 시설에서 인명 손실을 예방하기 위한 것이라면, 예산 고려와 리스크 감수는 기준이 완전히 다르게 평가될 것이고, 보상 상황에 비해 진짜 리스크가 반영되지 않는 한, 예산 절차에 의해 제한될 것이다. 만약 보안 임무가 테러리스트 공격에 대한 중대한 인프라를 보호하는 것이라면, 정치적 과정에 의해 세워질 것이고, 솔루션은 인프라 자체의 시스템이 아니라 거시적 관점에서 데이터를 모으기 위해 설계될 것이다.

마지막으로 만약에 당신이 소규모 기업이라면(아니면 소규모 비즈니스 담당자에게 보안 서비스를 제공하는 것이라면), 보안 임무는 매우 생산적으로 가야 할 것이다. 즉 표준화된 보안 생산품과 서비스의 특징이 보안 임무를 정의하는 큰 역할을 가질 것이다. 소규모 기업의 소유주는 그들 자체로 맞춤형 보안 프로그램을 구성하기 때문이다. 그들은 흔한 출입기기, CCTV, 그리고 알람 모니터링 등을 선택할 것이다.

■ 보안 사건에 대한 표준의 부재

물리적 보안 영역에서 빅 데이터 구현이 직면하고 있는 가장 큰 어려움은 데이터의 표준이 부족하다는 것이다. 오늘날 거의 모든 보안 제조기업과 소프트웨어 개발자는 데이터를 그들 자신의 사적인 영역으로 저장한다. 이것은 당신의 보안영역에 개발자가 협력하거나 서류 또는 SDK, API 둘 중 어느 하나의 접근을 제공하지 않는 한 당신은 사실상 없다는 것을 의미한다. 사람마다 다르지만, 많은 개발자들은 데이터를 공공에 공유하거나 배포가 아닌 정보를 소유하려 한다.

이것은 표준이 지배하고 있는 데이터 공유와 교환이 중요한 생산 능력으로 간주되는 네트워크 보안 및 컴퓨터 시스템과 대조된다. 사이버보안은 수십억 개의 침해 모델이 있지만, 물리적 보안 보다 큰 장점은 방어자 그들은 서로의 정보를 공유한다는 것이다. 소프트웨어와 네트워킹 장치 업계는 그들의 근본적인 생산품이 가지고 있는 보안 침해와 취약점 데이터를 교환하는 오래된 역사를 가지고 있다.

공적 영역을 예를 들면, NIST는 보안 조사자와 전문가를 위한 집중된 자원을 제공하는 국가 취약점 데이터베이스(NVD)와 같은 데이터를 수집하고 발간한다. MITRE(연방정부가 후원하는 여러 연구개발센터)의 매우 밀접한 관련이 있고 연방자금의 공통 취약점과 노출(CVE)은 공개적으로 알려진 정보 보안 취약점과 노출의 의미이다.[7] 연방 정부는 또한 모두를 위해 인터넷을 더 안전하게 만드는 것을 목표로 전 세계의 중대한 사이버 사고에 대응하는 컴퓨터 긴급 대응팀을 운영한다.

그리고 IBM의 X-Force Exchange[8]와 같은 많은 개인적인 자원이 있는데, 그것은 연구원들을 위해 700 테라바이트(TB)의 가공되지 않은 종합된 보안 정보를 비롯하여 공유된 보안 지식 데이터의 라이브러리가 포함되어 있다. 심지어 서비스에는 실시간 데이터가 포함되어 있어서 현재 또는 진행 중인 공격으로 인한 예방 또는 손해를 제한하는데 매우 유용할 수 있다. 하루에 X-Force는 매일 150억 건의 보안 이벤트를 모니터하여 한 조직이 보안사건 및 대응에 협업할 수 있는 클라우드 기반 플랫폼을 제공한다.

■ 채택, 전환, 그리고 전략

보안 시스템을 상업적으로 이용할 수 있는 빅 데이터를 채택하는 것은 스마트홈 제품에서 일부 앞서나가는 제품 세트를 제외하고는 사실상 없다. 나는 그렇지 않길 바라지만, 적어도 다음 3~5년 동안은 빅 데이터가 상업적인 보안업계로 많이 변형되지 않을 것이다. 심지어 적어도 그 기간 동안에 시장에 있지 않을 것이다.

---

7) https://cve.mitre.org/.

8) https://exchange.xforce.ibmcloud.com.

시간이 지나면 결국 빅 데이터는 많은 신기술의 길을 따라갈 것이다. 한때 차별화 요소였던 것들이 결국 모든 공급자가 예상하는 상품이 된다. 빅 데이터 전략을 그들의 생산품 디자인에 포함시키기 위해 페이스를 유지해 온 사람들이 있을 것이고, 아닌 사람들도 있을 것이다. 이러한 변화는 클라우드로 전환하지 않는 공급자들과 유사한 결과를 초래할 것이다.

비즈니스 소유주와 보안 조직은 이 피할 수 없는 변화에 익숙해져야 한다. 그것은 말을 고르는 것이다. 다시 말해 다소 인내력이 있어야 한다는 것을 의미한다. 공급자에게 노후 제품은 그들이 수년간 의존해야하는 핵심 IT 시스템을 구매할 때 구매자들 사이에서 가장 우려하는 사항 중 하나이다. 그리고 우리가 반복적으로 이야기 했듯이, 그러한 점에서 전자 보안 시스템은 다른 IT시스템과 같다.

이 모든 것이 빅 데이터를 활용하는 전략으로 이어지는 이유는 무엇인가?

당신의 빅 데이터 전략은 당신의 클라우드 전략에 기초하고 있다. 합리적인 가격대에서 사내 시스템으로 빅 데이터의 기능이 나타날 가능성이 낮기 때문이다. 가격적인 요인이 아니라고 할지라도, 당신이 여전히 데이터 웅덩이에 살고 있는 한, 당신의 비즈니스 자체로 빅 데이터의 장점을 얻을 수 있는 충분한 데이터를 생성할 가능성은 낮다. 당신이 수영을 하고 싶다면 강으로 뛰어들 필요가 있다.

당신은 무엇을 할 수 있는가? 판매자들에게 제품의 로드맵에 대해 물어보아라. 그들이 얼마나 먼 미래를 바라보고 있는지 찾아내라. 그들이 옳은 방향으로 움직이고 있는지 보아라. 중요한 기능 개선과 함께 소프트웨어 업데이트 제공 횟수와 관하여 그들이 가지고 있는 실적에 근거하여 결정하라.

사람들이 나에게 빅 데이터가 빠르게 채택될 수 있는 방법을 물어볼 때, 나는 그들에게 3~5년 안에 빅 데이터를 원한다면, 당장 클라우드 속으로 들어가라고 말한다. 빅 데이터가 발생하는 장소는 바로 거기이다.

소셜과 인증

제16장
당신은 누구인가?

이 질문에 대한 답변은 누가 묻고 있는 지와 그것을 물어보는 이유에 상당한 영향을 받는다. 피트 타운젠드가 1970년대 초 어두운 SOHO지역에서 경찰관에게 이 질문을 던졌을 때, 그것은 비논리적인 사람이 자신의 입장을 이해하려는 문제였다. 또한 그 시대의 가장 위대한 록 음악 중 하나의 탄생을 의미하기도 한다.

보안 분야에서 이와 같은 질문을 할 때, 우리는 여권이나 직원 ID 같은 신뢰할 수 있는 신원 출처로 연결되는 답변이나 아니면 최소한 우리가 알고 있는 다른 누군가의 추천 그 이상의 무엇인가를 기대한다. 아니면 최소한 그런 답변이기를 기대한다.

문서에 대한 신뢰는 그것을 지닌 사람에 대한 신뢰를 준다. 우리는 누군가가 우리의 영역에 출입할 수 있는지, 직원이 될 수 있는지, 또는 우리가 보안을 담당하는 다른 사람들에게 영향을 미치는 데이터 또는 물리적 자원을 통제할 수 있는지 여부를 결정하기 위해 이 정보가 필요하다.

이러한 의미에서 인증은 보안의 기본이며, 우리 자신을 식별하는 방식으로 앞으로 어떻게 상호 작용할 것인지를 결정하다.

디지털 세계의 우리들은 우리의 신원 확인을 확실히 주장하기 위해 합의된 방법이 부족하지만 그것은 노력의 부족 때문은 아니다. 사실 우리는 너무 많은 방법을 고안해 냈다. 문제는 그 각각의 방법들이 우리가 만들어낸 신원 확인의 영역 어디에나 포함되고 있다는 것이다. 사무실, 전자 상거래 사이트, 미디어 매체 시청, 온라인 데이트, 그리고 수천 개의 다른 인터넷 목적지 등 어디에서든 사용이 가능하다는 것이다.

이들 각각은 전형적인 정보 저장소이다. 직장에 일을 하러 갈 때 우리는 고용주로부터 부여받은 출입카드를 사용한다. 우리가 체육관에 갈 때에도 헬스클럽의 회원증을 사용한다. 또한 자동화된 차고를 사용할 때 차에 할당된 리모컨을 바탕으로 또 다른 신원 확인을 한다. 이러한 각각의 경우 매번 우리 자신을 동일한 사람으로 신분을 증명하는 대신에 다른 사람들과 관련이 없는 또 다른 디지털 버전의 신분을 제시한다.

당신은 이름이 당신의 신분이라고 생각할지도 모르지만, 사실은 그렇지 않다. 위에서 설명한 각각의 일상적인 시나리오에서 사용자를 식별하는 것과(또는 토큰)는 서로 다르다. 당신의 헬스클럽 회원증에는 회원 번호가 있고, 그것은 체육관 소프트웨어에서 인식하는 당신의 신원 확인이다. 사무실에서 사용하는 출입카드는 다른 번호를 사용하며, 그것이 사무실의 접근제어 시스템이 관여하는 당신의 신원 확인이다

당신의 자동차 번호판 응답장비는 고유 번호를 가지고 있고 그것이 당신이 차고의 주인이라는 신원 확인이다. 당신의 이름이 반드시 고유한 것은 아니며, 이러한 시스템에 필요한 것은 고유성과 유일성이다. 그래서 각각의 시설들이 사용하는 사람들에게 개별 토큰을 발행하고, 열쇠고리를 리모콘으로 무겁게 만들고, 우리의 지갑을 플라스틱 카드로 채우는 이유이다. 그리고 곧 우리의 스마트폰은 우리의 유일성을 인증하기 위한 어플리케이션으로 더 채워지게 될 것이다.

■ 토큰에 무엇이 있는가?

물리적 신분증은 디지털 시대의 도전에 직면해 있다. 온라인 상에서 다른 사람의 신원을 안정적으로 확인하기 위해 어떻게 그것들을 사용할 것인가? 그것이 신분 도용이 문제가 되는 이유이다. 물리적인 세계에서 물리적인 문서들은 신분을 확인하는 기능들을 잘 제공해 준다. 우리는 그것들을 검사할 수 있고 진짜인지 가짜인지 잘 알 수 있다.

문서 발행인들이 1인 1문서 방식을 꽤 잘 수행하기 때문에 우리는 그러한 각각의 인증서가 유일한 것이란 것을 확신할 수 있다. 하지만 디지털 세계

에서는 이러한 확인들이 붕괴되기 시작한다. 사용자의 ID를 온라인에서 활용하기 위해 필요한 것은 문서 자체가 아니라 ID 문서의 데이터뿐이다.

우리가 가장 흔히 사용하는 디지털 인증, 로그인 및 패스워드도 마찬가지이다. 비밀번호가 근본적으로 깨졌다는 것이 아니다. 일단 도난을 당하면 누구나 온라인 계정을 사용할 수 있으며, 바로 알아차리지 못할 경우 그것들은 당신의 재산, 명성, 비즈니스를 손상시킬 수 있다.

보안시스템이 클라우드로 되돌릴 수 없을 정도로 이동하고 지속적인 연결상태를 유지하면서, 산업계는 온라인 세계에 발을 들여놓고 있으며 온라인 신원 확인 및 인증 문제를 심각하게 받아들이기 시작했다. 하지만 그것은 긴 여정이며 우리는 단지 첫 걸음을 내딛었을 뿐이다.

이전에는 물리적 보안에서 ID와 인증 문제가 지금처럼 얽혀 있던 적이 없었다. 수년 간 우리의 내부 소프트웨어 시스템은 다른 네트워크와 연결되지 않은 기업 네트워크에 있었다.

로그인 기능은 네트워크에 대한 접근으로 인해 제한되었으며, 십중팔구는 당신의 컴퓨터에 전용 클라이언트가 설치되어 있어야 할 가능성이 높다. 물론 우리 모두는 악의적인 직원들의 불법 가능성과 전화 접속 모뎀으로 인해 발생될 수 있는 보안시스템의 작은 리스크에 대해 걱정했지만, 그러한 위협은 우리 앞에 놓인 인증 문제에 비하면 미미하였다.

출입카드와 PIN 코드는 거주자와 직원, 건물에 대한 출입 및 기타 귀중한 기업 자산을 관리하는 보안시스템 영역의 인증을 위해 사용되었다. 출입통제시스템은 사실상 신원 확인 시스템이었으며 이는 폐쇄되어 있었다. 플라스틱 카드를 소지한 것은 실제로 수조 달러의 기업 자산에 출입문을 여는데 적합한 인증 방법으로 취급되었다.

특히 빌딩, 네트워크, 사내 소프트웨어 시스템, 퍼블릭 클라우드 리소스를 비롯한 다양한 형태에서 직원을 인증해야 하는 경우 이러한 상황은 모두 바뀌게 된다. 이러한 변화들은 우리를 플라스틱 카드로부터 멀어지게 하고 있으며 디지털 인증의 세상으로 들어서게 하고 있다. 산업계는 훨씬 더 큰 확신을 제공하는 암호화 기술을 스마트카드를 통해 경험해 왔다. 하지만 금융서비스나 의료 등 전문 분야 이외의 분야에서 도입이 지연되면서 스마트폰과 웨어러블에 대한 모바일 인증이 이를 뛰어넘고 있다.

일단 우리 기업의 신원정보와 접속 출입인증서가 개인 스마트폰에 저장되면, 그것들은 우리의 다른 모든 디지털 신원정보와 빠르게 연동된다. 이 중 많은 부분이 단일 온라인 계정이나 거래를 위해 만든 일회성 제품이다. 다른 ID들은 훨씬 더 넓은 관계의 세계에 걸쳐 존재하며, 웹 사이트 등에서 문자 그대로 시간과 공간에 걸쳐 우리를 알고 추적할 수 있게 해 준다.

웹 제공자가 고객이 자신들의 고유성을 활용하도록 유도한 이후, 이메일 주소는 거의 보편적인 로그인 ID가 되었다. 이에 따라 이메일 주소는 종종 독특함이 결여되고, 빠르게 잊혀졌으며, 관계에 부가적인 가치를 거의 제공하지 못하는 초기 인터넷의 부주의하게 생성된 무료 텍스트 로그인을 대체하게 되었다. "bob222"에게 작별 인사를 하고 "bob@gmail.com"에게 인사 메일을 보내라.

■ 소셜에서의 나는 새로운 나이다

소셜에서 인증은 우리가 인터넷에서 자신을 어떻게 식별할 수 있는지에 대한 부분으로 확대되어 가고 있다. 이는 거의 피할 수 없는 일이다. 예를 들어 구글 문서에서 문서를 쓰고 있는 중일 때 구글과 아무 관계가 없는 수많은 다른 웹 사이트 및 서비스에서 내가 사용하는 것과 동일한 Google+ ID로 로그인하고 있다.

이러한 다른 온라인 서비스는 편의성, 보안 및 향상된 사용자 환경을 위해 구글을 단순히 신원 제공 업체로 선택했다. 이러한 응용 프로그램의 많은 부분에서 필자는 페이스북의 ID 또는 링크드인 ID 또는 즐겨 찾는 전자메일 계정을 기반으로 한 일회용 로그인을 사용할 수 있었다.

소셜 네트워크 제공자로부터 관련 없는 웹사이트에서 사용하는 당신의 아이디를 활용한 로그인 방식의 예를 통틀어 소셜 로그인이라고 한다. 소셜 네트워크는 사용자가 처음 로그인할 때 사용자를 인증한 다음, 보조 사이트에 사용자가 누구인지와 해당 보조 사이트의 리소스에 대한 접근 권한이 있음을 알려 준다.

그들이 사용자들에게 인정받는 이유 중 하나는 소셜 네트워크의 신원 확인이 적어도 실제 우리가 누구인지와 연결되어 있기 때문이다. 우리는 실제 페이스북 페이지, 애플 ID, 유튜브의 구글+ 재생 목록, 그리고 온라인 생활을 연결하는 진짜 이메일 주소들과 연결된 웹을 형성하기 시작했다.

실생활에서 이러한 모든 연결들은 어느 정도는 입증 가능하다. 그것이 바로 우리가 말 그대로, 적어도 대부분의 경우에 우리와 연결되지 않은 가짜 페이스북 페이지나 가짜 비평가 혹은 가짜의 어떤 것들을 발견하기 쉬운 이유이다.

소셜 네트워크를 이용하는 것을 여전히 불안해 하는 사람들을 위해, 가장 인기 있는 소셜 플랫폼의 모든 짐을 함께 가지고 오지 않는 ID 제공 업체들도 있다.

예를 들어, OpenID는 소셜 네트워크와 동일한 많은 비밀번호 연동 기술을 사용하는 독립적인 ID 제공자이다. "OAuth", "SAML" 및 "LDAP"(그 이상)과 같은 프로토콜을 사용하면 제3자 ID관리 플랫폼으로 이동하는 과정에서 얻을 수 있는 편리함과 보안을 제공한다.

인터넷을 매일 사용하는 수십억 명의 사람들은 이 소수의 기업을 암시적으로 우리의 디지털 신원의 중요한 부분을 관리하는 관리자로 임명했다. 웹사이트에서 새 계정을 만든 사용자는 자신의 전자 메일 주소와 암호를 사용하거나 방금 나열한 공급자 중 하나에서 기존 ID를 사용하도록 선택할 수 있는 옵션에 익숙하다.

예를 들어 페이스북 ID를 사용하면 또 다른 로그인과 비밀번호 조합을 만들지 않아도 된다는 장점이 있다. 소셜 네트워크에서 기존의 ID를 재사용함으로써 이제 여러 웹 사이트에 제공되는 여러 서비스에 걸쳐 단일 ID를 구성하고 이들 간의 데이터 공유 및 처리과정을 활성화할 수 있다.

이런 점에서 대중들은 누가 가장 선호하는 신원 제공자가 될 것인지에 대해 이미 키보드와 손가락으로 투표를 마쳤다. 페이스북은 아마도 제3자 웹사이트에 등록하고 로그인하기 위해 그들의 출입인증을 채택하는 사이트 중 가장 큰 사용자 기반을 가지고 있을 것이다. 구글은 동일한 목적으로 Google+ 출입인증을 제공하고 있다. 심지어 기업 고객을 위한 ID공급자 역할을 하는 Salesforce.com과 같은 B2B기업도 있다.

■ 범용 아이디의 완성

중앙 집중식 또는 국가 신원 확인 프로그램의 문제로 돌아가 보자. 기본적인 문제는 그것들이 사람들이 신뢰하지 않는 기관에 의해 운영된다는 것이다. 최소한 그들의 전체적인 신원 확인을 믿지 않는다. 그들이 원하는 신뢰 수준은 확실히 큰 요구 사항이지만, 신분 관리와 디지털 거래 보안을 위한 핵심 원칙은 신뢰이다.

관료, 사회 기획자, 컴퓨터 프로그래머, 독재자들은 모든 인간이 중앙에서 발행되고 관리되는 하나의 유일한 "ID"로 식별되는 보다 완벽한 미래를 상상한다. 시민 자유주의자들은 이것을 두고 냉정하고 효율적인 관리 기법이라기 보다는 "악마의 징표"로 규정하며 동일한 사건에 대해 우려해 왔다. 이러한 배경에서 하나의 보편적 식별자의 역사는 조직화하려는 의지와 프라이버시를 유지하려는 의지 사이의 줄다리기이다.

미국에서는 사회보장 카드가 "식별을 위한 것이 아니다"는 유명한 이야기가 있다. 사회보장 카드는 1935년 사회보장법 시행 이후 처음으로 단순한 주민등록번호로 지정되어 기부금과 혜택을 추적하기 위한 용도로 만들어졌다. 그것들은 곧 많은 다른 목적으로 사용되기 시작했고 수년에 걸쳐 은행 계좌, 신용카드, 의료보험, 그리고 사회보장과 관련 없는 많은 다른 용도들의 사실상 보편적인 신분증이 되었다. 이러한 광범위한 사용은 도둑들에게 무엇보다도 당신의 재무 현황과 건강 기록에 대한 접근을 가능하게 하는 하나의 열쇠를 주는 대가를 치르게 했다.

오라클 CEO 래리 앨리슨은 모든 미국인이 사진 및 생체 인식 정보를 포함한 새로운 형태의 범용 신분증을 소지해야 하는 국가 ID 카드 프로그램을 지지하는데 있어 2000년대 초반에 널리 비난 받았다. 거의 모든 금융과 상업 및 법적 거래의 중심에 오라클 제품을 삽입하려는 이 시도는 모든 계층의 프라이버시 옹호자들이 그것이 기본적인 자유를 침해하고 무고한 시민들에 대한 광범위한 감시의 길을 열 것이라고 경고했기 때문이다. 이것은 에드워드 스노든이 애국법의 전체적인 영향과 NSA의 프리즘 시스템의 광범위한 사용을 발표하기 전의 일이다. 이것은 신분이 다양한 디지털 이동 경로로부터 쉽게 재구성된다는 것을 보여 주었다.

2011년 미국 국립 표준기술연구소(NIST)는 온라인 거래의 프라이버시, 보안 및 편의성을 개선하기 위해 사이버 공간에서 신뢰할 수 있는 식별자에 대한 국가 전략인 NSTIC라는 프로그램을 시작했다. 프로그램을 만든 사람들은 참여하는 개인들과 상호 작용하는 기업들에게 더 나은 인증을 제공할 수 있는 생태계를 상상하였다.

이러한 환경에서는 많은 전자 상거래와 온라인 교환을 관리하는 로그인+비밀번호 모델보다 더 강력하고 검증 가능한 디지털 출입인증을 사용한다. NSTIC 프로그램은 이러한 원칙을 입증하는 시범 프로그램에 자금을 지원하기 위해 약 9백만 달러를 지급했다.

그러나 대부분의 신원 인증 계획과 마찬가지로 NSTIC 프로그램은 사생활 침해 감시자들로부터 비판을 받았다. 이것은 정부 감시와 관련하여 이미 고조된 민감성을 고려할 때 특히 연방 프로그램에 해당되는 경우였다. 2013년의 스노든의 폭로 시점도 정부가 비판을 피하는데에 도움이 될 수 없었을 것이다.

미국의 신원 확인 계획과 같은 중앙 집중식 신원 확인 플랫폼을 구축하려는 정부의 노력은 유일하지 않았다. 근대 사례로 나폴레옹, 오스만 제국, 비치 정부, 영국, 독일, 홍콩 등이 있다. 2009년에 구축된 세계 최대의 국가 ID 프로그램인 인도의 UIDAI(Unique Identification Authority of India)은 Aadhaar 데이터베이스에 10억 명 이상을 등록했다.

다른 국가 신분증 프로그램과 마찬가지로 많은 개인정보 보호 우려에도 불구하고, Aadhaar는 시골의 가난한 사람들에게 서비스를 제공하고 혁신을 위한 생태계로서 큰 이점이 있었다.

이러한 프로그램의 성공에도 불구하고, 디지털 프라이버시 감시 단체인 전자 국경 재단은 어떤 형태로든 국가 신분증의 영향과 진정한 목적을 평가하는데 있어서 직설적이다. "국가 ID카드와 그 뒤에 있는 데이터베이스는 사생활과 익명성에 대한 리스크를 야기하는 정부 감시 시스템의 초석을 이룬다."[1)]

나는 이러한 불안감이 지속되어 자발적이고 사용자 통제를 받지 않는 한 궁극적으로 보편적 ID 프로그램의 수립을 방해할 것이라고 믿는다. 이러한 것은 스마트 잠금장치 어플리케이션의 더 큰 보편성에 대한 관점을 소셜 접속관리의 개념으로 이끌었던 방법이다.[2)]

---

1) https://www.eff.org/issues/national-ids.
2) US Patent No. 8,881,252, November 4, 2014, Van Till et al.

■ 신원 확인은 새로운 경계이다

이것은 사이버 보안과 물리적 보안 세계 모두에서 핵심이 되었다. 이것이 의미하는 것은 우리의 재산과 네트워크의 가장자리가 더 이상 명확하게 경계되지 않는다는 것이다. 그것들을 통과하는 것은 그것이 누구인지 무엇인지에 달려 있다. 이론적으로 우리는 장벽, 벽, 경계 또는 디지털 등가물, VPN, 방화벽 및 게이트웨이를 살펴보곤 했지만, 이제는 보호되지 않는 외부에서 보호되는 내부로 가기 위한 규칙, 출입인증 및 절차를 살펴보기로 한다.

이 전체 모델은 외부와 내부의 개념이 여전히 타당하다고 가정한다. 도시, 국가 또는 지구에 흩어져 있는 다지역 기업을 가지고 있다면, 당신의 경계는 어디에 있는가? 무엇이 안에 있고, 무엇이 밖에 있는가? 만약 당신이 여러 개의 지역 사무실 네트워크로 구성된 기업 네트워크를 가지고 있다면, 당신의 경계는 어디인가? 직원들이 매일 피싱 공격으로부터 방어하는 기업 네트워크에 미션 크리티컬(절대 시스템이 다운되면 안 되는 하드웨어적 환경에 있는 시스템) 보안 전자 제품이 있다면 경계는 어디인가? 직원들이 휴대폰과 웹 API를 사용하여 시설 도어를 여는 경우 경계는 어디에 있는가?

이러한 질문들은 "우주의 경계는 어디에 있는가?"라는 질문과 그리 다르지 않다. 역설적인 대답은 우주는 항상 팽창한다는 것이다. 진짜 가장자리는 없다. 그것은 우리의 물리적, 네트워크적 경계와 관련이 있다. 새로운 직원, 방문자, 새로운 스마트폰, 태블릿은 다른 장소나 물건과 연결되어 있기 때문에 우리의 경계를 변화시킨다.

실제 및 가상 경계의 유동성은 보안 가치 사슬에 속하는 모든 사용자에게 문제를 제기한다. 소프트웨어 및 장치 제조업체는 제품이 안전하고 보호된 영역 내에 배치되고 개방형 인터넷의 지속적인 공격으로부터 보호될 것이라고 가정할 수 없다. 통합업체는 클라이언트의 자산이 끝나는 곳에서 작업이 수행되고 인접 네트워크와 취약성이 차단된다고 가정할 수 없다. 최고보안책임자(CSO)는 나쁜 행위자들이 물리적인 도어로 폐쇄되었지만 여전히 사이버 경로를 통해 운영의 핵심으로 들어갈 수 있기 때문에 시설을 나갔다고 해서 그들의 우려가 끝난다고 가정해서는 안 된다.

이 사실들은 변화의 필요성을 강조한다. 신원 확인을 새로운 경계로 생각하는 것은 내부와 외부의 문제를 완전히 뒤집어 놓는다. 확실한 경계선을 찾는 대신에 우리는 어떤 것이 개인의 움직임이나 접근을 제한하는지를 찾아야 한다. 우리 각자에게 있어서 문제는 "실제 혹은 가상의 내 신원 확인이 들어갈 수 있는 장소가 어디인가?"가 된다. 내가 어떤 객체와 상호 작용할 수 있는가? 나의 개인적인 경계는 무엇인가? 그것은 우리 각자가 경험하는 개인적인 경계이고, 때로는 공중에 스케치된 판토마임의 벽보다 더 보이지 않을 때도 있다. 그럼에도 불구하고 매우 현실적이다.

만약 우리 모두가 하나의 ID를 가지고 있다면 경계로서의 신원 확인은 간단할 것이다. 하지만 우리는 그렇지 않다. 그리고 많은 사람들은 중앙 집권적인 관리자가 과도한 권력을 행사할까 봐 두려워한다. 우리는 실현 가능한 세상에서 가장 최상의 곳에 있는 것인가?

제17장

SNS가 생명을 구하다

"페이스북이 당신의 생명을 구할 수 있을까요?"

이 문구는 2016년 12월호 와이어드 잡지의 표지를 장식했다.[1] 관련 기사에서는 소셜 미디어의 거물급인 페이스북에서 선보인 새로운 보안 기능에 대해 상세하게 다루고 있다. 이 기능은 사용자가 위기상황에 처했을 경우 그들의 친구들에게 무사한지 여부를 알릴 수 있다는 것이다. 이는 위기 상황을 감지하고 상황 인식 및 관리와 관련된 전용 리소스(페이지, 해시태그, 알림 등)를 설정함으로써 작동한다.

이 기능은 재난 시나리오를 통해 실시간으로 커뮤니케이션 할 수 있는 능력을 획기적으로 향상시켜준다. 정보 스트림에 연결하고자 하는 사람 누구나 이미 갖고 있는 스마트폰의 어플리케이션을 통해 사용이 가능하다. 또한 최초 대응자와 가장 필요한 응답자를 위해 전화 회선을 확보한다.

사회학적 관점에서 그것은 대량의 신고 및 위기 대응의 역동성을 하향식 정부 발표부터 클라우드 소스(인터넷을 통해 여러 사람의 정보나 도움을 모으는 것)에 의한 정보 공유 운동으로 변화시킨다. 그러나 이것이 정부의 역할이 사라짐을 의미하는 것은 아니다. 어떤 사건의 경우 멀리 떨어진 곳에서 발생하며, 그로 인해 사람들이 인지하지 못하는 경우도 있다. 날씨나 전쟁과 같은 경우 어느 정도 예상이 가능하다.

대부분의 사람들은 허리케인이나 대규모 폭동과 같은 큰 사건들에 비해

1) https://www.wired.com/2016/11/facebook-disaster-response/.

훨씬 작은 일들을 겪곤 한다. 소집은 전체 사람들의 안전 상태 여부를 판단하기 위한 전형적인 예라 할 수 있다. 모든 사람들이 단지 페이스북을 사용한다면 이러한 일들이 얼마나 간편해지게 될까? 대부분의 사람들이 익숙하게 사용하고 있는 어플리케이션을 이용하면 비상 상황 대처에 대한 교육의 부담을 줄이고 IT 인프라 및 유지보수 비용을 0으로 줄일 수 있으며, 실시간 영상 및 사진을 포스팅 할 수 있는 훨씬 효과적인 플랫폼을 사용할 수 있다. 이러한 것은 기존의 소집 체계에서 볼 수 없던 것들이다.

■ 가상 소셜 미디어 워킹 그룹

페이스북이 생명 안전에 대한 소셜 네트워크의 잠재력을 밝혀낸 첫 번째 기업은 아니었다. 비상 대응, 재난 구호, 불행하게도 비 무장한 대중을 향한 고의적인 폭력 행위와 관련된 안보문제의 빈도가 증가하면서 아마도 대중과 함께 일하는 사람들에게 소셜 네트워크의 활용은 처음부터 명백했을 것이다.

2010년 미국 국토안보부(DHS) 과학 기술 부서는 디지털 시대로의 거대한 도약을 했으며, 가상 소셜 미디어 워킹 그룹(VSMWG)을 설립하였다. 웹페이지에 따르면, 그들의 임무는 비상사태 이전, 도중, 이후에 소셜 미디어 기술 사용에 대한 권고사항을 제공하며, 국토안보부가 공유 내용을 관리하고 있다.

이러한 워킹 그룹의 운영 성과는 국토안보부가 2014년 6월에 발행한 "상황 인지 및 의사 결정 향상을 위한 소셜 미디어의 활용" 간행물에 나와 있다.[2] 본 백서는 비상 상황 시 소셜 미디어가 향상시킬 수 있는 세 가지 주요 기능을 식별한다.

1. 의사소통
2. 상황인지
3. 분석

이 목록이 리스크 관리의 기초처럼 보인다면 그것은 우연이 아니다. 책의 저자들은(주, 지역 및 연방 전반에 걸친 최초 대응 조직) 모두 그 분야에 훈련받았다. 흥미로운 것은 완전히 다른 목적으로 만들어진 소셜 미디어 도구가 위기 상황 발생 시 조직의 요구사항에 적절하게 부합한다는 점이다.

---

2) https://www.dhs.gov/publication/using-social-media-enhanced-situational-awareness-decision-support.

■ 국제 연합(UN)

국토안보부 보고서 발표와 같은 해에, 유엔인도지원조정국(OCHA)에서 "응급상황에서의 해시태그 사용 표준"이라는 제목의 백서를 발행했다.[3] 처음에 이 제목은 심각한 재난 시 현실 세계에 대항하는 트윗과 게시글의 덧없는 세계에 대한 관련 없는 얘기로 들렸다. 그러나 이 논문은 많은 사람들과 빠르게 의사소통할 수 있는 매체가 보안과 비상 대응을 위한 자연스러운 수단이 될 수 있음을 설득력 있게 보여준다.

이 보고서는 대중들은 이미 재난과 비상사태에 관한 정보를 전달하기 위해 소셜 미디어, 특히 트위터를 사용하고 있다는 사실을 인용함으로써 시작된다. 달리 말하자면 소셜 미디어는 이미 디지털 이웃이며 정보를 공유하는 기본 수단이라 할 수 있다. 이 연구가 목표로 하는 것은 대중의 힘을 활용하고 사람들에게 특정 유형의 해시태그를 표준화하도록 교육함으로써 이러한 채널을 잘 전달하는 것이다. 이렇게 하면 모든 관련 게시물을 일관된 단일 정보 스트림으로 수집하여 빅 데이터 문제를 크게 간소화할 수 있다. 디지털 911 서비스라고 생각한다면, 당연히 권장되는 태그는 #911일 것이다.

앞서 컴퓨터, 스마트폰, 태블릿 심지어 스마트워치와 같은 물리적 도구에 적용할 때 보안 및 IT의 소비화를 논의했다. 소비화는 소프트웨어, 서비스, 네트워크 및 클라우드 리소스에도 똑같이 적용된다. 태블릿을 통해 개인의 편리한 삶이 시작되었고 빠르게 전문적인 작업 도구가 된 것처럼 개인의 연결을 위해 만들어진 소셜 네트워크 역시 비즈니스 및 보안 통신의 통로가 될 것이다. 소셜 미디어의 사용은 소비자화가 물리적 제품을 IT 및 보안 조직의 일상 도구로 활용되는 것과 동일한 방식으로 보안 및 비상 대응에 확산되기 시작할 것이다.

개인과 전문가 사이의 경계가 존재하지 않을 정도로 좁아졌으며 이는 보안 전문가와 공공 안전을 위해 좋은 일이다.

■ 비상사태 대응을 위한 소셜 미디어(#SMEM)

국토안보부(DHS)나 유엔(UN)과 같은 공식 공공 기관이 사회적 파장을 바로 잡는 유일한 집단은 아니다. 보안 및 안전과 어떤 식으로든 관련되지 않

3) https://docs.unocha.org/sites/dms/Documents/TB%20012_Hashtag%20Standards.pdf,.

은 지역 단체들은 그들끼리 소통하는 방법으로 소셜 미디어를 자발적으로 채택했다. #SMEM 또는 비상 관리를 위한 소셜 미디어는 실시간 커뮤니케이션 도구와 우수사례 공유를 위한 일종의 전문 네트워크로써 보안 및 최초 대응 조직에 의해 비공식적으로 공유되는 해시태그이다. 정식 교육 환경에서만 이용 가능했던 교육이 이제는 트위터 계정을 가진 사람 누구나 이용할 수 있게 되었다. 훈련과 이직이 보안 업계의 다년간 우려사항 중 두 가지임을 감안할 때, 모든 직원들이 환영할만한 학습 포럼이다.

■ 권력의 이동

새로운 기술이 세상에 널리 퍼지면 어떻게 사용될지 누구도 예측할 수 없다. 원래는 한 가지 목적을 위해 만들어졌지만 다른 많은 것들을 발견하게 되면 형태를 바꾸는 특이한 방식을 가지고 있다. 예를 들어 인터넷은 원래 연구자가 과학 정보를 교환하기 위해 만들어 졌다. 인터넷이 인류가 발명한 최고의 상업 플랫폼으로 입증되었을 때, 초기의 사용자와 제작자는 인터넷이 상업주의로 변화하는 것을 안타까워했다. 그러나 이러한 상업화와 광고수익 덕분에 비용이 없는 소셜 네트워크를 우리 모두가 이용할 수 있게 되었다.

때때로 기술이 처음과는 다른 방향으로 가기도 한다. 하버드대에서 여학생을 식별하기 위해 개발된 기술은 전 세계의 여러 의미 있는 임무를 지원하기 위해 발전하고 있다. 심지어 이러한 새로운 활용 사례가 최초 기획한 것과는 전혀 다른 것임에도 불구하고 기존의 방법보다 더 효과적으로 실행되곤 한다. 마크 주커버그가 말했듯이, 때때로 "유용할 일이 얼마나 될지 우리는 알지 못한다."[4)]

우리 모두는 소셜 미디어 네트워크가 완전히 새로운 형태의 통신 방식을 창안했다고 알고 있지만, 이전의 통신 방식을 새로운 방식으로 응용해 사용한 것으로 보는 게 타당하다. 이는 페이스북 같은 기업이 제공하는 퍼스널 체크인 기능이 보안 소프트웨어에 포함된 투박한 억제 기능을 쉽게 능가하는 지점에 와 있다는 것을 알 수 있다. 소셜 네트워크는 이러한 새로운 시스템의 작동 방식을 제어한다는 점을 감안할 때 최상의 보안 기능이 무엇인

4) https://www.wired.com/2016/11/facebook-disaster-response/.

지, 누가 사용하는지, 어떻게 개선 할 수 있는지를 정확히 파악할 수 있는 위치에 있다. 페이스북은 전례 없는 규모로 제품 연구를 수행할 수 있으며, 전 세계 수백만 명의 사용자들로부터 실시간 데이터를 수집할 수 있다. 이는 단지 제품 관리의 유리한 입장 수준이 아니라 누가 정보를 통제하고 어떻게 사용할 수 있느냐에 관한 것이다.

신기술은 항상 기존 공급자 간의 힘을 역동적으로 변화시켰다. 이러한 혼란은 피할 수 없는 자연스러운 현상이다. 이러한 신기술에 대해 기존 보안 업체들은 불만을 토로할 것이다. 이것은 꽤 배타적인 기반에서 운영되는 경향이 있는 보안산업과 충돌하겠지만, 영원히 머무를 수 없다. 새로운 차원의 사물인터넷 기업이 모든 범주의 보안 장비와 서비스를 대체하는 연결장치 및 네트워크를 만드는 것처럼 소셜 네트워크 역시 대량 알림, 모니터링 및 비상 대응의 역학을 변화시킬 것이다.

소셜 네트워크는 이제 훨씬 더 높은 수준에서 특정 피드의 모든 이용자와 정보를 즉시 공유함으로써 탄력적인 다중 경로 라우팅을 제공한다. 대부분의 비상 에스컬레이션 시나리오의 표준 운영 절차였던 호출 프로세스와 대조해보자. 콜센터 운영자는 책임질 수 있는 사람을 찾을 때까지 음성 회선을 통해 한 명씩 순차적으로 전화를 걸 것이다. 만약 오래된 호출 프로세스와 소셜 네트워크 사이에서 경쟁을 벌인다면, 콜센터 운영자가 세 번째 전화를 걸기 전 이미 그 소식은 소셜 미디어를 통해 전 세계 반 바퀴를 돌 것이다.

■ 소셜 미디어를 어리석게 사용하지 마라

페이스북과 같은 소셜 네트워크의 사용은 그들이 점유하고 있는 건물보다 사람들에 대한 보안영역을 만들었다. 우리는 캐노피 서비스로 개인용 모바일 기기에 대한 보안영역을 재조정한 ADT와 같은 전통적인 공급자로부터 혁신에 대한 통찰력을 얻을 수 있었다. 이 모든 혁신은 다음과 같은 명백한 원칙을 공유하고 있다. 보안이란 장소가 아닌 사람들에 관한 것이다.

차이점은 10억 명의 사람들이 이미 페이스북을 사용하고 있다는 것인데, 페이스북은 대규모 보안 모니터링 기업의 사용자 기반을 약화시킨다. 이것이 서비스가 비교 가능하다는 것을 의미하지는 않는다. 그러나 이들의 영역은 서로 중복되기도 하며, 이러한 중복은 종종 붕괴의 첫 신호라 할 수 있다. 우리가 미래를 전망하고 페이스북이 보안 정보를 공유하는 가장 선호 매체가 되는 세상을 상상해 본다면, 과연 나머지 보안 업계에 어떤 영향을 미칠 것인가?

이러한 힘을 이용하는 사례를 볼 때, 왜 우리는 업계에서 소셜 네트워크를 더 많이 활용하지 않았을까? 소셜 네트워크는 인간 활동의 많은 분야에서 필수적인 부분이 되었지만 보안의 영역에서는 그렇지 않다. 업계에서는 소셜 네트워크를 마케팅 이외의 다른 중요한 도구로 간주하지 않는다. 많은 사람들이 사생활, 공개노출에 대한 우려를 제기하고 있으며, 이제는 허위 뉴스가 보안관리의 중대한 비즈니스를 위해 신뢰할 수 없는 이유로 들고 있다. 그러나 사실 소셜 네트워크는 점점 더 많은 사람들이 디지털 라이프로 살아가고 있다. 효과적인 보안 전략이 기본 원칙인 대중과 의사소통하기를 원한다면, 우리는 그들이 살고 있는 곳, 즉 그들의 디지털 이웃이 되어야 한다.

슬랙(Slack)은 다소 폐쇄적 특성을 가진 조직을 위한 소셜 네트워크 협업 도구이다. 또한 소프트웨어 개발자들과 실제로 프로젝트에서 함께 일하는 사람들 간의 협력을 촉진시켜주는 도구로 잘 알려져 있다. 슬랙은 관여하고 싶은 주제에 대한 커뮤니티 및 선택성을 제공하기 때문에 이메일 및 인스턴트 메시징과 같은 다른 많은 사내 커뮤니케이션 도구를 신속하게 대체함으로, 사용하는 조직에게는 없어서는 안 될 도구로 자리 잡고 있다.

슬랙이 내 기업의 클라우드 기반 접근 제어 응용 프로그램을 사용하기 시작했을 때, 즉시 웹 API에 연결된 것은 놀랄만한 일이 아니었다. 그들은 일차적인 작업 환경, 일명 자신의 디지털 환경을 벗어나지 않고 새로운 보안 시스템과 상호 작용할 수 있기를 원했다. 두 시스템을 상호 연결함으로써 다른 사용자 인터페이스로 전환할 필요 없이 그들이 원하는 기능을 그들이 원하는 사용자 환경으로 구현할 수 있었다. 이제는 책상에서 일어나지 않고도 슬랙 어플리케이션에서 바로 방문객을 위해 도어를 열 수 있다.

아이를 이웃 밖으로 데려갈 수는 있지만, 이웃을 아이에게서 내쫓을 수는 없다.

제18장
인터넷에서는 네가 개라는 사실을 아무도 알지 못한다

인터넷 초창기에 컴퓨터 화면 앞에 앉아있는 두 마리의 개를 묘사한 유명한 더 뉴요커(미국에서 발행하는 잡지) 만화의 자막이다. 그것은 물론 어리석은 말이지만, 한 마디로 사이버 공간에서 신원 인증의 핵심 문제를 짚고 있다. 사람이든 짐승이든 간에 당신은 그저 로그인을 한 것에 불과하다.

물리적 보안에서 우리는 초기부터 신분 확인과 인증에 어려움을 겪었다. 직접적으로 우리가 개를 인간으로부터 분류하는 것은 쉽지만 인간을 서로 분류하는 것은 훨씬 어려운 문제가 된다. 사원증, 출입카드, PIN 코드, 지문, 망막 스캔 및 안면 인식 등은 우리가 사용하는 인증 수단들이다. 역사적으로 그것들은 물리적인 것에 기반을 두었고, 네트워크와 단절되어 있었으며, 아마도 해킹에 영향을 받지 않아 많은 사람들이 사이버에 대한 걱정은 IT와 관련된 사람들에게 국한된 것이라고 느끼게 했을 것이다.

그것은 더 이상 가능하지 않다. 전자 보안의 모든 측면은 이제 사이버 공간에서 일어나는 일에 영향을 주게 되어 온라인 식별 및 인증이 업계의 근본적인 문제가 되었다. 우리는 더 뉴요커 만화를 업데이트하여 "인터넷에서는 당신이 건물 관리 시스템 안에 있다는 것을 아무도 모른다"고 말할 수 있다.

물리적 문서 및 물리적인 인증 절차를 밟을 당시에는 위조된 신원 확인 도구를 만드는 데 많은 독창성과 기술이 필요했다. 나는 사기꾼이자 위조화가로서의 업적을 그린 프랭크 애버그네일의 "Catch Me If You Can"에서의 기술에 대해 감탄했다.(책보다 더 좋지는 않지만 몇 안 되는 좋아하는 영화 중 하나이기도 하다) 모든 사람이 위조 수표를 만들기 위해 90피트 길이의 하이델베르그 프레스를 지휘할 수 있는 용기와 기술을 가지고 있는 것은 아니다. 그러나 시대가 변했다. 애버그네일이 지적했듯이 오늘날 당신은 노트북과 괜찮은 프린터만 있다면 4색의 수표를 몇 분 안에 만들 수 있다.

디지털 신원 확인으로 인해 장애물은 그보다 훨씬 낮다. 당신은 프린터조차 필요 하지 않다. 당신이나 다른 누군가의 신분증을 원하는 만큼 가질 수 있다. 당신은 한 마리의 개 또는 전체가 될 수 있으며 아무도 그 차이를 알 수 없다.

이제 물리적 보안은 정보 보안과 연결되어 있기 때문에 물리적 보안에서 디지털 신원 확인을 분리할 수 없게 되있다.

이 두 가닥의 교차점은 물리적 보안 시스템을 관리하거나 보안 기능에 접근 할 수 있는 권한 인증에 디지털 ID를 사용한다는 것을 의미한다. 디지털 신원과 관련된 모든 문제는 물리적 보안 시스템의 중심에 나타났다.

■ 서비스로서의 신원 확인

디지털 경제에서 과도한 신원 확인 요구는 지난 수십 년 동안 많은 신원 확인 시스템의 창안을 촉진하였다. 디지털 신원 확인 서비스는 자신이 누구인지에 따라 건물에 들어갈 수 있도록 인증 받는 것과 같은 무언가를 원하는 사람에게 필요하다. 그들이 말하는 자기 자신이 누구인지를 결정하기 위해서는 권위 있고 믿을 만한 정보원이 필요하다.

이러한 것의 가장 간단한 형태로, 사람들과 그들의 권한을 보관하는 ID 데이터베이스가 있다. 업계에서는 이러한 조직이나 서비스를 ID 제공자 또는 종합데이터처리(IdPs)라고 한다. 예를 들어 당신의 지역 차량국(차량의 등록과 운전면허를 담당하는 행정부서)는 구식 종류의 IdP이다. 일반적으로 IdPs는 ID 거래를 위한 특정한 서비스 세트를 제공하는 어떤 조직 또는 소프트웨어 시스템이 될 수 있다. 좀 더 구체적으로 말하면 이들은 사용자 커뮤니티에 대한 ID 정보를 관리하고, 필요 시 인증 서비스를 제공하며, 자신의 권한을 인정하고 신뢰하는 여러 기관에 걸쳐 제공한다.

예를 들어, IdPs가 B2B 거래의 일부에 해당될 경우 대개 IdPs는 기업의 지원 하에 있다. 이 경우 내 신원은 직원으로서의 신원이 된다. 이 신원을 사용하는 것은 일을 하면서 내가 맡은 일의 역할에 국한된다. 규정에 따라 나는 개인 비즈니스를 처리하기 위해 나의 신원정보를 사용하지 않을 것이다. 이러한 이유로 나의 개인적인 특성 중 어떤 것도 이 신원과 관련이 없기 때문에 이 신원을 둘러싼 개인 정보 보호 문제에 대해 심각하게 우려하지 않는다. 특성은 직원 #1234의 특성이다. 내가 아니다.

그러나 사인으로서 개인 비즈니스에 대한 신원을 사용하면 전체적인 그림은 변한다. 나는 내 신원과 관련된 개인 정보사용과 사생활에 대해 매우 걱정스럽다. 나는 기업이 승인하지 않은 이 정보를 사용하는 것을 원하지 않는다.

많은 면에서 이러한 신원 확인 시스템은 기존의 대규모 공공 식별 계획에 있어 큰 발전이며, 아무것도 가지고 있지 않은 것보다 확실히 향상된 것이다. 하지만 실질적인 관점에서 보면, 그것들을 사용하는 것은 일반적인 비전문가들이 하고 싶어 하는 것보다 더 많은 투자를 필요로 한다.

또한 어떤 형태의 디지털 ID를 신뢰함에 있어 장애물로 작용한다. 왜냐하면 당신이 이해하지 못하는 것은 신뢰할 수 없기 때문이다. 마지막으로 관리 문제로 인한 복잡성 때문에 취약성이 발생한다. 그것이 바로 우리 대부분이 아직도 비밀번호를 가지고 중얼거리는 이유 중 하나이다.

■ 신원 확인 표준이란?

인터넷에는 거의 모든 것에 대한 표준이 있고 신원 확인 역시 예외는 아니다. 표준이 없었다면 웹은 오늘날의 위치로 진화하지 않았을 것이다. 브라우저를 사용하는 모든 사용자는 HTTP, SSL 및 HTML과 같은 최소 몇 가지 표준에 익숙해졌다. 이러한 것들은 전 세계가 웹 언어에 친숙해지면서 일상적인 농담으로 할 정도로 발전한 표준들이다. 그러나 표면 아래에는 인터넷 전체를 하나로 묶어주는 수만 개의 표준 기술들이 더 많이 있다.

신원 확인 표준은 보이지 않게 숨겨져 있지만 당신이 어떤 것에 로그인할 때마다 사용되고 있다. 그들 중 일부는 신원 검증의 기술적인 방법을 다루지만, 대부분은 훨씬 더 추상적이다. 하지만 모든 표준과 마찬가지로 그것의 목적은 다른 방법으로는 불가능한 것들을 함께 작동시키는데 있다. 이 모든 것은 "당신은 누구인가?"라는 질문에 대한 대답으로 거슬러 올라간다. 그들이 사람이든 컴퓨터든, 건물이든 간에 말이다.

두 마리의 개 모두 "스파이크"라고 쓴 목걸이를 할 수 있지만, 그렇다고 해서 그들이 같은 개라는 뜻은 아니다. 그 상황은 개들의 이름이 어떻게 지어지는지 또는 목걸이가 어떻게 상표화되어 있는지에 대한 기준이 없고, 그들 중 두 마리가 같은 것에 대한 규칙이 없기 때문에 가능하다. 그것이 바로 표준의 부재이다. 그것이 누군가를 불편하게 하거나 방해하는 것은 아니다.

운 좋게도 스파이크에게 있어 대부분의 개들에게 이식된 RFID칩은 개의 신원을 표준화하여 제공한다. 칩 제조업체, 사육 업자, 수의사, 개 사육업자, 주인들 사이의 합의에 따라 개의 특성이 중앙에 등록되어 있어서 개를 잃어버리거나 도난당할 수 있는 불운한 경우 누구나 찾아볼 수 있다. 그것은 실행 중인 표준이다.

RFID칩은 단 한 가지 역할을 하기 때문에 간단하지만,; 대부분의 신원 확인 표준은 훨씬 더 복잡하다.

■ 인증 vs 인가

신원 관리의 두 가지 핵심 원칙인 인증과 인가에 대해 어느 정도 관여하지 않고서는 신원과 그 역할에 대해 논할 수 없다. 나는 정확하게 그것들이 무엇인지에 대해 크게 언급하지 않으면서 이 부분과 책의 다른 부분에 이 두 용어를 사용해 왔다. 장담컨대 당신은 그것들을 바로 훑어보았고, 당신이 현장의 전문가가 아니라면, 그것들을 거의 같은 것으로 읽었을 것이다. 그것이 많은 논의를 혼란스럽게 하는 부정확한 사용으로 이어지기 때문에 그것들이 비슷하게 들리는 것은 유감스러운 일이다.

인증은 사용자가 말하는 그대로의 사용자임을 확인하는 프로세스이다. 현실에서 만약 당신이 교통 위반으로 끌려가게 되었을 때, 경찰관은 당신의 운전 면허증을 보고 운전 면허증의 사진을 실제 얼굴과 비교하고, 그게 진짜 당신인지 결정할 것이다. 그것이 바로 인증이다.

온라인 설정에서, 로그인과 비밀번호를 제시하는 것은 bob@aol.com 라고 주장하는 사람을 인증하는 가장 오래 되고 간단한 방법이다. 물리적 접근 제어에서 리더기에 출입카드를 제시하는 것은 그리 좋지 않은 인증 방법이다. 왜냐하면 당신의 카드를 습득한 사람은 누구나 당신인 척 할 수 있기 때문이다.

반면에, 인가란 당신이 누구인지 인증 받았을 때 무엇을 할 수 있는가에 대한 대답과도 같다. 앞의 운전면허증을 예로 들면 개인차량, 상업차량 또는 오토바이를 운전할 수 있는 권한이 부여될 수 있다. 이것들은 세 가지 다른 형태의 승인이다. 컴퓨터 시스템에 로그인한 후에는 자신의 파일을 볼 수 있지만 다른 사람의 파일은 볼 수 없다. 건물에 들어서자마자 당신은 로비와 엘리베이터에 들어갈 수 있는 권한을 부여 받을 수 있지만 어떠한 사적인 서비스도 받을 수 없다.

ID관리, 소셜 로그인 및 ID표준은 인증과 인가 모두에 적용된다. 어떤 것들은 두 가지 주제를 모두 다루고, 또 어떤 것들은 퍼즐의 한 부분만을 푸는 것을 목표로 한다.

■ 인증 표준

언뜻 보기에, 인증은 물리적 보안 문제가 아니라 온라인이나 사이버 상에서의 문제처럼 들린다. 하지만 그것은 우리의 문제이기도 하다. 왜냐하면 그것은 우리가 점점 더 많아지는 거래에서 사람들을 식별하는 방법이기 때문이다.

디지털 인증 표준은 온라인 계정에 더 간단하고 안전하게 로그인할 수 있도록 하기 위한 것이다. 단순성은 규정 준수 수준을 높여 주므로 더 이상 말할 필요가 없을 정도로 중요하다. 대부분의 인증 표준은 의도적으로 제한된 사용 사례를 가지고 있어 구현이 용이하고 사용자가 쉽게 이해할 수 있다. 복잡성은 사용자 채택에 큰 장애가 된다. 우리가 살펴볼 다른 종류의 기준들과는 달리, 인증 표준은 당신이 말하는 실제 생활에서 당신이 누구인지를 확인하려고 하지 않는다. 그들은 단지 당신을 제외한 누구도 당신의 온라인 계정에 로그인하지 못하도록 하려고 할 뿐이다. 이것만으로도 중요한 목표이며 생각보다 어려운 일이다.

현대의 보안 또는 빌딩 자동화 시스템의 모든 관리 기능은 이제 소프트웨어에 의해 제어되고 있다. 누구든지 소프트웨어에 접근할 수 있는 사람이라면 건물에 접근하여 보안 인프라를 조작할 수 있다. 이러한 문제를 방지하려면 이러한 시스템에서 실제로 사용할 수 있는 최상의 인증 표준을 사용해야 한다.

생각해 보면, 건물을 위한 전자 보안 시스템은 우리가 데스크탑에서 사용하는 것과는 다른 주변 장치를 가진 컴퓨터 시스템일 뿐이다. 프린터와 스캐너 대신에 그들은 카드 판독기, 도어 감지기, 그리고 전기 스트라이크를 가지고 있다. 하지만 이 모든 것 뒤에는 컴퓨터 시스템이 있다. 건물에 대한 접근 권한을 얻는 것은 컴퓨터나 온라인 서비스에 로그인하는 것과 다르지 않다. 시작 시점에 더 나은 인증 표준을 사용하는 것은 다른 어떠한 컴퓨터 시스템만큼 중요하다.

컴퓨터 시스템에 사람을 인증하는 방법에는 가장 오래 되고 간단한 로그인 및 암호부터 시작하여 많은 방법이 있다. 이 방법은 대부분의 사람들이 관리해야 하는 엄청난 양의 로그인 및 비밀번호로 인해 한계점에 와있다. 최근의 조사에 따르면, 이 수치는 20개에서 30개 중반 사이의 수치이며, 많은 사람들은 그 보다 더 많은 계정을 갖고 있다. FIDO 얼라이언스와 Kantara 이니셔티브의 새로운 인증 제도는 이 방법을 더 확장 가능하고 더 신뢰할 수 있는 방법으로 대체하는 것을 목표로 한다.

수많은 방법이 해결하지 못한 것은 네트워크에 있어야 하지만 실제로는 사용자 인터페이스가 없는 장치에 대한 장치 인증 문제이다. 이를 일반적으로 엔드포인트 인증이라고 한다. 로컬 영역 네트워크에 연결되어 있거나 와이파이 핫 스팟에 연결되어 있는 경우 네트워크의 다른 장치는 신뢰 여부를 어떻게 알 수 있을까? 이전에 다루었던 사물인터넷 표준의 거의 대부분은 이 문제를 해결하기 위한 것이었다.

안타깝게도 오늘날 구입한 대부분의 접속제어 시스템은 여전히 사람들을 인증하는 주된 형태로 근접 카드를 사용한다. 이것은 소유하고 있는 객체를 기반으로 한 "One-factor 인증"이라고 한다. 사실 이것은 전혀 인증이라 할 수 없다. 그것들은 불안정할 뿐만 아니라 마치 물리적인 열쇠처럼 쉽게 분실되거나 도난을 당하고 권한이 없는 사람이 사용할 수 있다. 시스템 관리자는 보안을 유지하기 위해 손실을 알고 있어야 하며 시스템에서 해당 카드를 삭제해야 한다.

이 점에서, 나는 나 역시도 문제의 일부라는 것을 고백해야 한다. 우리 기업은 수년 간 사용할 수 있었던 보안이 강화된 스마트 카드보다 훨씬 더 많은 양의 구식 근접 카드를 판매하고 있다. 우리가 왜 이런 일을 하는지 아는가? 왜냐하면 우리 고객들은 자신들이 덜 안전하다는 것을 알면서도 습관과 친숙함 때문에 계속해서 주문하기 때문이다. 이것은 아마도 플라스틱 카드나 리모컨 영역에서는 절대 해결되지 않는 문제일 것이다. 평상시와 같이 사업을 지속 한다는 것은 강한 고정관념이 있음을 증명하는 것이다. 하지만 그것이 모두 잘못된 것은 아니다. 스마트폰의 모바일 자격증명은 스마트 카드가 할 수 없는 일을 할 것이고, 결국 40년 된 기술에서 벗어나게 될 것이다. 하지만 그것이 더 안전하기 때문에 그런 것은 아니다.

그게 더 편리하기 때문이다.

제19장
소셜 네트워크

소셜 사물인터넷(Social Internet of Things, SIoT)으로 알려진 새로운 물리적 개체 그룹이 있다. 이 새로운 층은 사물인터넷과 소셜의 융합을 나타낸다. 특히 소셜 사물인터넷은 사람의 개입 없이도 다른 물리적 개체와 사회적 관계를 형성하는 경향이 있다.

다시 강조하자면 – 사람의 개입이 없다.

사회적 개체들은 친숙한 소셜에 연결된다. 즉 우리가 소셜의 다른 사람들과 상호 작용하듯이 우리는 사회적 개체들과 상호 작용할 수 있다는 것을 의미한다.

물리적 및 사회적 교차점에 있어, 물리적 보안 영역에서 소셜 사물인터넷 장치는 거의 없다. 이것은 우리가 전자 보안 시스템에서 사용 여부와는 관계없이 그것들은 우리가 책임지고 있는 환경의 일부가 될 것임을 의미한다.

말 그대로 우리가 건물 안으로 들어갈 때 다른 기술을 무시하더라도 소셜 사물인터넷장치는 더 이상 무시할 수 없을 것이다. 가장 단순한 수준에서 사회적 일은 문자 메시지, 그룹 업데이트, 체크인, 사진 게시, 전자 메일 및 기타 인간이 할 수 있는 모든 것을 통해 인간 활동과 비슷한 사회적 상호 작용을 모방할 수 있다. 이러한 미래가 어떻게 형성될지 엿볼 수 있으려면 애플릿이라고 부르는 간단한 시각적 프로그래밍 메커니즘을 통해 수백 가지의 다른 웹 서비스와 소셜 네트워크간의 연계를 제공하는 웹 서비스인 IFTTT를 찾아야한다. 예를 들어 페이스북과 연결된 어플리케이션은 기온이 섭씨 32도 가 넘을 때마다 "많이 뜨겁죠?"라고 농담한다거나, 혹은 차가 들어설 때마다 차고를 여는 것과 같이 더 유용한 것을 할 수 있다.

사회적인 것들은 점차 인공 지능의 다른 영역 에서와 같이 우리가 지금 인간 또는 지능형이라고 부르는 특성이 점점 더 많이 나타나 어떤 것이 특별하고 어떤 것이 기계에 의해 시뮬레이션 되거나 모방될 수 있는지에 대한 질문을 구하는 역할을 한다. 기계가 사회적이고 지능적 일 수 있는 가능성에 대한 탐구는 과학 소설 문학 및 영화의 많은 작품(HAL 9000 그리고 Skynet을 생각하라)의 중심 주제로써 길고 유명한 역사를 가지고 있다.

이 장르에서 가장 최근에 나온 작품 중 하나인 'Humans'(2015년 미국에서 방영한 영미 합작 TV 시리즈)는 인간이 사회적 기계와의 상호 작용에서 발생하는 심오한 난제를 설명한다. 그러나 그 작품은 인간의 관습을 생각하고 (대부분의) 인간 관습을 존중하는 기계를 갖는 놀라운 유용성을 보여준다.

공상과학 소설에서 사회적 기계들은 인간과 많이 닮았지만, 그럴 필요는 없다. 단지 그것들을 더 소름 끼치게 만들 뿐이다. 그들은 사회적 상호작용 기술의 범위가 제한 되어있는 기계이다.

우리가 관리하는 물리적 공간이 사실은 사회적 장치를 통해 연결되어 만들어진 것이라면 어떨까? 우리 건물이 우리가 누구인지, 왜 우리가 거기에 있는지 알면 어떨까? 공공장소가 보안 문제에 관해 말을 할 수 있다면 어떨까? 그것은 보안 관행을 어떻게 바꿀 수 있을까? "사회적 공간"이란 것은 공공 장소 보안을 어떻게 바꿀까?

보안산업은 대개 기술 채택에 늦는 경향이 있긴 하지만, 결국 사회적 적용을 이룰 수밖에 없는 것처럼 보인다. 그것이 이뤄질 때 그들은 IP 기술 자체가 도입된 이후로 우리가 보아 왔던 가장 획기적인 변화 중 일부를 소개할 잠재력을 가지고 있다.

가능한 결과 중 몇 가지는 다음과 같다.

- 더 많은 참여 보안 프로세스 활성화
- 보안 경험을 비즈니스 프로세스에 통합
- 향상된 상황인식
- 보다 직관적이고 덜 눈에 띄는 상호작용

■ 소셜 네트워크는 무엇을 의미하는가?

혁신의 3가지 큰 분야는 사회 공간을 가능하게 만들었다.

1. 기계 학습이 가능한 작고 강력한 내장형 장치
2. 물리적 공간과 클라우드 사이의 연결 웹 증가
3. 합법적인 신분 확인 방법의 사회적 수용

소셜 네트워크, 소셜 미디어 및 소셜 어플리케이션에 대한 모든 논의가 진행되는 동안 소셜이 된다는 것이 무엇을 의미하는지에 대한 정의는 거의 찾아 볼 수 없다. 우리는 사람들이 사회적이라는 것을 안다. 동물도 확실히 사회적인 것처럼 보인다. 그러나 건물이나 물리적 공간이 사회적 일 수 있을까?

결국 사회가 된다는 것은 어떻게 세계가 다른 사람들과 상호 작용하는지에 관한 것이다. 이 책의 맥락에서 사회적 공간을 정의하는 4가지 핵심 행동이 있다.

첫째, 그들은 당신이 누군지 알고 있다. 사회적 공간은 주민, 방문객, 손님, 간병인, 관리자 및 기타 사람들과 상호 작용하는 다른 모든 사람들을 식별할 수 있다. 이러한 지식은 사회적 관계가 시간이 지남에 따라 안정된 개인적 신원 확인의 개념 위에 구축되기 때문에 기본적인 구성 요소이다. 이것은 사회적 공간이 무작위로 변경되지 않는 방식으로 사람들을 유일하게 식별할 수 있는 방법이 필요함을 의미한다. 가급적이면 외부 신원 제공자를 언급한다. 사회적 공간은 또한 우리와의 상호 작용의 맥락에서 의미 있는 속성과 역할을 이해해야 한다. 우리가 환영 받는 방식, 우리가 가야하는 곳, 그리고 우리가 어떤 도움을 줄 수 있는지는 모두 우리가 누구이며 왜 우리가 거기에 있는지에 달려 있다.

둘째, 그들은 당신과 이야기 할 수 있다. 사회적인 것은 소통에 관한 것이다. 소통이 없이는 사회적 관계도 없다. 사회적 공간은 오늘날 우리의 친구 및 동료처럼 소셜 응용 프로그램을 통해 우리와 소통한다. 이 의사소통은 자연스러울수록 좋다. 우리가 가는 모든 장소에 대해 새로운 응용 프로그램을 배워야하는 대신 텍스트 또는 음성 교환을 사용해 사교 공간과 의사소통하는 것이 가능해야 한다. 새로운 응용 프로그램을 배우거나 이미 사용 중인 응용 프로그램으로 전환할 필요 없이 사옥에 들여보내거나 도어를 잠그거나 손님이 특정 날짜에 방문하도록 허용을 요청할 수 있다.

셋째, 신뢰 관계의 일부가 될 수 있다. 사회관계는 모두 신뢰를 기반으로 하며 신뢰는 친숙함을 기반으로 한다. 그래서 개는 낯선 사람들에게는 짖지만 친구들에게는 짖지 않는다. 사회생활에 있어서도 마찬가지일 것이다. 대인관계의 경우 시간이 지남에 따라 신뢰가 형성될 것이다. 사람이나 동물 간에도 마찬가지다. 이러한 유형의 학습된 신뢰를 지원하는 신뢰 체계는 신원 연구에서 뜨거운 주제이다. 하지만 그것들을 자동화하는 것은 어려운 문제다.

보안 문제가 계속 증가함에 따라 공공장소에 대한 자동화된 트러스트 프레임 워크가 필요하다. 명확한 규칙을 통해 모든 항목을 관리할 수는 없다. 어떤 시점에서 사물, 건물 및 공간은 우리보다 더 많은 능력을 필요로 할 것이며, 신뢰를 배우는 것이 그 중대한 부분이다.

넷째, 그들은 상호 작용하는 사람과 과거의 선택이 무엇인지에 따라 행동을 취할 수 있다. 궁극적으로 사회적 공간을 창출하는 전체적인 요점은 알기, 말하기, 신뢰하는 능력을 기반으로 행동을 취할 권한을 부여하는 것이다. 예를 들어 사교 공간은 나와의 과거 상호 작용을 기억하고 나를 더 잘 알게 되면서 나를 다루는 방식을 바꿀 수 있다. 누군가가 다른 사람의 친구인지 알게 되고 들어올 수 있게 하는 반면, 낯선 사람은 들어올 수 없다.

■ ID에 대한 모든 것

사회 공간이 현실화되기 위해서는 사람들을 식별할 수 있어야하며 자신의 신원을 공유할 필요가 있다. 오늘날 우리는 보편성이나 독창성에 대한 신원 확인을 주장할 합의된 방법이 없다. 사실 너무 많은 방법이 있지만 특정 조직이 발행하는 ID 토큰에 종속되어 있다. 우리가 일하러 갈 때 우리는 고용주가 발급한 출입 카드를 사용한다. 우리가 체육관에 갈 때, 우리는 회원증을 사용한다. 우리가 자동 차고를 사용할 때, 우리는 우리 차에 할당된 인식을 기반으로 한 또 다른 신원 확인을 가지고 있다. 이것은 우리가 다른 장소로 갈 때 항상 다른 사람과 자신을 식별한다는 것을 의미한다. 그리고 이러한 신원 확인 중 어느 것도 다른 것과 아무 상관이 없다. 건물이 우리가 누구인지 모를 일은 당연하다.

모든 사람이 동의할 수 있는 ID 제공 업체를 찾으려는 시도가 있었지만 지금까지는 아무도 합당하지 않았다. 예를 들어 보안업계는 사람들을 식별할 수 있는 많은 방법을 가지고 있지만 고유성과 범위가 부족하다는 단점이 있다. 근접식 카드가 완전히 고유 하지는 않다는 소식을 듣고 업계 외부의 사람들은 두려워한다. 스마트 카드는 도움이 되지만 시장이 새로운 기술로 전환되기까지는 시간이 오래 걸린다.

미국 정부는 이에 대해 몇 가지 조치를 취했으나, 국가 신원 확인 계획에 가장 가까운 것은 미국국립표준기술연구소(NIST)가 운영하는 NSTIC 프로그램이었다. 이 또한 미국국가안전보장국(NSA)의 스파이 정책 실패 이후 많은 난관에 직면해있다.

이러한 배경에서 소셜 네트워크의 소셜 어플리케이션과 상호 작용하기 위해서는 여전히 소셜 공간에 고유한 신원 확인이 있어야한다. 그렇지 않으면 다른 사람들과 구별이 안 될 가능성이 있다. 바로 온라인으로 자신을 식별할 수 있는 상업적 제품을 이용하는 것이다.

■ 의사소통과 클라우드소싱

사용자 커뮤니티와 동일한 네트워크에서 사회적 신원 확인을 가진 사교 공간을 갖는 주요 이점 중 하나는 모든 사람이 이미 일상생활의 일부인 ID와 응용 프로그램을 사용하여 서로 소통할 수 있다는 것이다. 이러한 통신은 예를 들어 사회적 공간에 대한 요청이나 명령과 같이 일대일로 이루어질 수 있다. 또한 그것은 일반적으로 소셜 미디어에서 경험하는 것처럼 그룹 메시지 일 수 있다. 소셜 미디어는 특정 커뮤니티 또는 건물에 대한 동일한 정보 스트림에 관심 있는 커뮤니티가 모두 관여하는 곳이다. 또는 고객의 도착 또는 장소 이동과 같은 특별 이벤트에 관한 메시지 일 수 있다.

이러한 의사소통 능력을 갖추고 있으면 사회적 공간은 이미 사용되지 않은 사회보장제도의 가능성을 야기 할 수 있다. 그것을 "클라우드소싱 보안"이라고 하자. 그 아이디어는 사회적 공간이 그 기능을 담당하는 전통적인 직원이 아니라 온라인 커뮤니티의 부분인 많은 사람들로부터 서비스와 감시를 얻을 수 있다는 것이다.

2013년 소설 'The Circle'[1]에서 세계 최대 인터넷 기업을 이끌고 있는 세 명의 현자 중 한 사람이 보편적인 영상감시가 범죄를 완벽히 불가능하게 하는 그림을 그린다. 그 비전은 해변에서 서핑을 확인하는 것과 같이 개인이 자신들의 개인적인 이익을 위해 소량의 카메라를 배치하면서 시작된다. 전 세계에 수십억대의 카메라가 있을 때까지 더 많은 사람들이 더 많은 위치에 카메라를 배치함에 따라 확산된다. 이 세상에서 카메라는 모두 소셜 네트워크를 통해 친구, 친구의 친구 등과 공유할 수 있다. 결국 전체 행성은 항상 볼 수 있으며 항상 아무도 불법적인 행위를 할 수 없을 정도로 충분한 시청자가 있다. 왜냐하면 그들이 잡힐 것임을 알기 때문이다. 지금 우리가 거의 그 시점에 있다는 사실은 허구보다 진실을 낯설게 만든다. 하지만 실제로 클라우드소싱이 출현하는 것은 진정한 도약의 발상이다.

이것을 지능적인 수집과 건물 보호를 위한 일반적인 모델과 비교해 보자. 컴퓨터 화면과 카메라를 보면서 경비원을 한 명 이상 두고 있다. 이것은 값비싼 과정이며 작은 그룹의 사람들이 큰 그룹만큼 주의 깊기를 바랄 수는 없다. 특히 많은 중소기업은 전문 보안 부서를 가질 여력이 없다. 그러나 모든 기업에는 일어날 수 있는 문제에 대한 경고 또는 이미지를 수신하는 소셜 네트워크 그룹에 연결할 수 있다.

■ 고객 경험으로서의 보안

보안 전문가로서의 우리의 과제 중 하나는 보안을 긍정적인 고객 환경으로 만드는 것이다. 우리가 자주 쓰는 말이 아니기 때문에 다시 말하자면, 보안을 긍정적인 고객 경험으로 만든다는 뜻이다. 나의 최근 경험 중 하나는 엘리베이터 로비에서 누구보다 오랜 시간을 보내며 사람들이 생각하는 것보다 많은 움직임과 출입을 주시해야하는 경비원에 관련한 것이다. 그곳은 약간 험악한 도시의 장소였고, 신분을 확인하고 그들이 누구인지 그리고 왜 그들이 그곳에 있었는지 물어볼 필요가 있었다. 그가 거기에 있었던 사람을 확인할 때까지 난 오랫동안 기다렸다.

긴장감이 덜한 상황에서도 까다로운 로그인 절차로 인해 손님을 환영하는 분위기를 만들지 못하였다.

---

1) Eggers, D. (2016) The Circle. New York, New York: Alfred A. Knopf.

요점은 그것이 당신의 건물일 때, 이런 사용자 경험의 모든 것이 방문자, 손님, 고객 및 동료에게 일어난다는 것이다. 고객은 어떤 걸 원할까? 고객 경험이 그 답이다. 로저 스털링(Roger Sterling)은 "매드 맨(Mad Men)"의 한 시즌에서 큰 선을 보였다. 로저 스털링은 동료가 "당신의 면전에서 결코 부정적인 감정을 느끼면 안됩니다."라고 상기 시켰다.

이는 방문자 관리가 보안 프로세스의 필수적인 부분인 공간에 있을 때 어떤 기분으로 느끼고 있는지에 대한 목표이다.

제대로 된 사회 공간은 누가 방문할 것인지 미리 알 수 있다. 그 정보로 손님은 침입자처럼 대우받지 않고 도착 시 이름으로 환영 받을 수 있다. 그것은 모바일 신임장이나 패스를 사용해 미리 등록 및 사원증을 발급하여 초대장을 스캔하는 것으로 간단하게 할 수 있다. 사회 공간은 선호 사회 네트워크를 사용해 호스트에게 당신이 거기 있나는 것을 알린다. 오늘날의 경험과 비교할 때 전체 스토리는 보안 경험을 고객 경험으로 전환한 것을 보여준다.

그렇다! 보안은 실제로 고객에게 도움이 될 수 있다.

■ 붕괴

소셜 네트워크는 파괴적이다. 그들은 구식 통신 방법을 변화시켜 놓았고 다른 사람들 및 그룹과의 상호작용 빈도를 증가시켰다. 그들은 우리가 자신을 표현하는 방식을 변경하고 음성에서 디지털로 전환을 서둘렀다. 그리고 그들은 지금까지보다 훨씬 더 쉽고 단순하게 일대일로 의사소통할 수 있게 해준다. 소셜 채널은 우리 공통의 관심사를 중심으로 끌어 들였고, 우리를 이미 알고 있는 사람들에게 더 가까이 가게 했다. 많은 사람들에게 음성 통화와 같은 초기 기술이 널리 퍼지기 시작하면서 통신의 주요 수단이 되었다.

그들은 우리가 의사소통하는 방법뿐만 아니라 방향도 전환했다. 소셜 로그인은 새로운 웹 사이트 및 서비스와 상호작용하는 방식을 단순화해 수백만 명의 사람들이 온라인으로 신원을 확인하는 새로운 방법을 제공한다. 그들은 암호의 부담을 줄이고 공통 관심사, 온라인 신원 및 나만의 공통적인 여러 채널에서 정보를 수집하고 공유하는 능력을 향상 시켰다. 그들은 소셜 네트워크 없이는 상상할 수 없었던 수천 개의 파생 웹 비즈니스를 전파했다.

그러나 지금까지 마케팅, 판촉 및 대중 통신 이외의 물리적 보안에 거의 진입하지 못했으며 이것은 대부분 정부 기관에서 실시했다. 이는 보안을 실천하는 방식이나 시장에서 제품을 개발하는 방식에 중대한 파괴적인 영향을 아직 미치지 못했다는 의미다.

사회에 대한 파괴적인 기회는 핵심 보안 응용 프로그램에서 사회적 신원 확인이 널리 사용되는 것이다. 공간을 위한 애플페이에 대한 논의를 상기해보자. 물리적 보안에서 분열 경쟁을 이기기 위해 사회적 신원 확인은 다른 형태의 신원 확인과 인증을 획득하거나 적어도 유지할 필요가 있다.

■ 전략

보안조직은 상업보안 소프트웨어 플랫폼을 사용하기 전에 소셜 네트워크의 기능을 자체적으로 활용할 수 있다.

소셜 네트워크의 통신 효율성은 많은 상업 및 주거보안 요구에 적용될 수 있다. 그것들은 보안조직이 이미 그들의 구성원들과 의사소통을 하는 다른 방법들에 대해 저렴한 비용으로 쉽게 이용할 수 있는 보완물이다. 청중이 더 많고 다양할수록 전자메일 목록 및 텍스트를 통한 대량 알림과 같은 다른 디지털 기술과 비교할 때 더 유용하다.

그러나 공공 네트워크보다 업무에 더 잘 어울리는 것은 소프트웨어 개발 도구(예: 슬랙)로 시작했지만 전사적으로 빠르게 변화하고 있는 많은 내부 공동 작업 플랫폼 중 하나다. 메시징 플랫폼의 보안통신 및 대화는 새로운 채널로서 이러한 종류의 제품에 쉽게 추가될 수 있다. 이 접근법의 영향력은 이미 다른 조직에서 채택된 것과 동일한 플랫폼을 사용하는 것이다.

사회적 신원 확인과 사회적 공감대를 활용하는 것이 더 어려운 문제이다. 당신의 전략은 당신이 보호하고 있는 구성원들 유형에 따라 크게 달라진다. 직원, 회원 기반 또는 다른 비즈니스 프로세스에 따라 모집된 그룹과 같이 주로 폐쇄된 그룹과 작업하는 경우 거의 모든 일관된 신원 확인 유형이 반영된다. 하지만 이것은 대체로 전자메일 주소와 직원 번호, 회원 번호 또는 조직의 IT 서비스에서만 유효하다. 반면 지역 주민 등에 적용한다면, 즉 더 개방적이고 회원들이 자발적으로 등록을 할 수 있다면, 사회적 공감대는 더욱 유용해질 것이다. 예를 들어, 영화관이나 스포츠 경기 입장권과 같은 응용 프로그램을 생각해보자.

미래

제20장 업계의 비밀

제20장
업계의 비밀

닷컴 버블(인터넷 기업들에 대한 거품 현상)산업의 선성기에 보안 업계에 입문했을 때, 내가 임했던 비즈니스 컨설팅과 웹 디자인 시장을 비교해보면 놀랄 만한 품질을 가지고 있다는 인상을 주었다.

아날로그 CCTV 카메라는 Leave It to Beaver 시대(TV Series 1957~1963)의 TV 신호 형식을 사용하였고, 와이어가 꼬아진 동축케이블(장거리에 사용된 고주파 통신선)로 신호를 보냈다. 전자 보안 시스템은 원격 장비로 집에서 흔히 볼 수 있는 무거운 케이블을 통해 데이터를 교환했다. 침입 시스템에 대한 마지막 획기적인 발전은 구리 전화선을 통해 중앙 관제소에서 운영자들을 관제할 수 있는 디스코 시대(1970년대 후반)의 발명품인 디지털 알람 통신장치이다.

IP는 보안업계에서 거의 모습을 드러내지 않았고, 차세대 첨단 기술로도 자리 매김하고 있지 않았다. 하지만 이와 정반대로 물리적 보안의 중요한 비즈니스에 사용할 수 있을 만큼 충분히 신뢰할 수 있는지 혹은 원격으로 보안을 유지할 수 있는지에 대한 의구심은 업계 전반에 걸쳐 상당히 반대되는 논쟁으로 일어났다.(힌트, 그렇다.)

이러한 배경에서, 나는 모든 규칙을 깬 스타트업이 혁신가로 환영 받을 수도 있다고 막연하게 생각했다. 하지만 많은 사람들에게 그들의 메시지는 "우리는 닷컴 버블에서 왔고 도움을 청합니다."라는 것처럼 들렸다. 외부인들에 대한 회의심은 깊다. 특히 많은 스타트업들은 (특징짓는 잘난 척 하는 사람보다 더 똑똑한 사람들이라면) 더욱 그렇다. 나는 이 업계에서 10년간의 경험으로 많은 잠재력이 있는 클라우드 기업들이 업계에 뛰어드는 것을 보아 왔지만, 기업을 유지할 수 있는 충분한 견인력을 얻기 전에 기름이 바닥나는 것을 많이 보았다.

보안업계가 신기술을 인정하지 않는 것은 아니다. 나는 보안 전문가 모임처럼 더 나은 제품을 토론하는 것을 좋아하는 사람들을 본 적이 없다. 하지만 감정에 치우치지 않는 경영자들의 구미에 맞아야 한다. 새로운 기술을 선택하는 과정에서는 말 그대로 의사결정을 내릴 수 있는 최고보안책임자(CSO)의 이해가 필요하다. 그것은 자신의 비즈니스를 보호하고자 하는 중소기업 소유주에게 재정적으로도 타당성이 있어야 한다. 한편으로 보안조직은 누구보다 지능적이고, 우수하고, 더 빠르게 작동하는 새로운 디지털 도구를 가지고 싶어한다. 다른 한편으로 그들은 무인설비가 정말로 작동하여야만 한다는 것도 안다.

그렇지만 최첨단 기술은 빈번하게 그렇지 못하다. 물리적 보안 업계에서 기술 채택의 팽팽함이 있는 것도 이 때문이다.

아침에 재부팅하고 내게 전화하는 것은 옵션이 아니다.

■ 채택 채점카드

나는 보안업계에 종사하는 모든 사람들은 미주리 주 출신임이 틀림없다고 농담하곤 했다. 왜냐하면 의심이 아주 많은 상태로 사는 것 같기 때문이다. 얼리어답터들은 이 업계에 오기 힘들 것이다. 아무도 그 길을 먼저 가고 싶어 하지 않는다. 이것은 제프리 무어의 비유를 다시 살펴보게 하는 문제를 만든다.

무어의 기본 개념 중 하나는 기술 채택의 초기 단계에서 사람들은 그들 자신의 업종 밖의 선두주자들의 사례를 따르지 않는다는 것이다. 의료 서비스에 있는 사람들은 건강관리 사례를 원하고, 소매업에 있는 사람들은 유통 사례를 원하고, 보안 업계에 있는 사람들은 보안관리 사례를 원한다. 그것이 1990년대 후반까지 실리콘벨리의 모두가 웹 기술에 열광했던 시기에 대부분의 보안 전문가들에게는 그것이 특별하지 않았던 이유이다. 그들은 다른 사람들로부터 여러 가지를 들을 필요가 있었다.

얼리어답터의 정형화된 이미지는 기술을 습득하고 사용하는 방법을 포함하여 여러 차원에서 전통을 깨는 스타트업에서 일한다는 것이다. 오늘날 스타트업은 컴퓨팅 요구 사항에 맞는 기존 기업 어플리케이션 접근 방식을 고려하지 않는다. 그들은 클라우드 및 오픈 소스로 바로 이동하고, 소셜 네트워크와 서비스 이용으로 바로 이동한다.

하지만 때때로 업계의 대기업이 먼저 문을 열기도 한다. ADT가 그 좋은 예이다. ADT는 2003년에 우리 기업의 클라우드 기술을 채택했다. 우리가 클라우드 기술을 시장에 선 보인지 2년도 채 되지 않았을 때이다. 당시 제품 관리 부사장이었던 제이혼은 보안 업계에서 가장 큰 기업을 클라우드로 이전한 책임자였다. 그는 여전히 ADT의 모기업인 타이코 인터내셔널의 전 CEO가 어떻게 그에게 다가 왔는지와 접근제어를 위한 클라우드 구독 모델로 이 스타트업을 확인해 달라고 요청했는지에 대해 이야기한다. 반복적인 수익만 내는 기업으로부터 이 새로운 모델을 다른 비즈니스 부문으로 통합하려는 ADT의 세계관에 부합했다. 얼리어답터들은 때때로 예상치 못한 곳에서 나타난다.

일화는 이야기를 기억하는데 도움이 되지만 우리가 정말 관심을 가져야 하는 것은 이 책을 통해 추적한 5가지 각각의 힘에 의해 보안업계 전체가 어떻게 변화하고 있는가이다. 실제로 그들 각자가 얼마나 많은 영향을 주었는가? 얼마나 더 많은 잠재력이 그들을 향상시키거나 중단시켰는가?

이 점에 대해 더 많이 생각할수록 채택 채점표를 개발하고 분야별로 자신만의 경주를 해야 할 필요가 있다는 것을 알게 되었다. 켄터키 더비의 말들은 모두 동시에 결승점을 통과하지 않으며, 어떠한 기술도 이와 마찬가지이다. 또한 상업 및 주거 시스템에 대한 하나의 점수가 이 두 범주 사이의 규모 확대를 정의하지 못한다는 사실이 명백해졌다. 이 책에서는 주거 시스템에 초점을 맞추지는 않았지만, 상업 시스템이 어디로 가고 있는지에 대한 주요 지표로 참고할 수 있다.

<표 1>은 기술 채택 수명 주기의 범주를 사용하여 규정에 따라 상업 시스템(C)과 주거 시스템(R)의 진행 상황을 점수로 표시한다. 거의 모든 경우에 주거 시스템은 훨씬 더 나아간다. 그 이유는 각 시장에서 기술의 적합성과 무관하기 때문이다. 또한 구매자가 누구인지 채널 및 최종사용자 수준에서 모두 파악할 수 있다.

〈표 1〉 기술 채택 채점표

	혁신가	얼리어답터	초기 다수	후기 다수	뒤늦은 수용자
클라우드		상업 시스템		주거 시스템	
모바일			상업 시스템		주거 시스템
IoT			상업 시스템	주거 시스템	
빅 데이터	상업 시스템	주거 시스템			
소셜	상업 시스템	주거 시스템			

클라우드. 클라우드 시스템의 시장 점유율이 기존의 사내 구축으로 인해 한 자리 수에 불과하기 때문에 상업 시스템은 클라우드 기술을 조기 채택한 것으로 나타났다. 리서치 기업인 IHS가 연평균 약 20%의 성장률을 예측한다고 해도 전자 접근 제어 서비스(ACaaS)의 클라우드 버전은 이 글을 쓰는 시점에서 시장 점유율이 5% 미만이다. 영상감시 서비스(VSaaS)의 클라우드 버전도 현재 5% 미만이며 연평균 20%의 성장률을 보이고 있다.

주거 시스템에서의 그림은 상당히 다르다. 클라우드 채택은 후기 다수 단계에 있다. 모든 주거 시장의 선두 주자는 시스템 설계 단계에서 거의 구별할 수 없는 양방향 보안 및 홈 오토메이션 기능을 제공하기 위해 클라우드 플랫폼을 사용한다. 주거용 서비스 제공 업체는 클라우드를 사용할 수밖에 없다. (그렇지 않은 경우는 제외) 수백만에 달하는 규모의 고객이 있는 경우 상호작용의 경험을 제공할 수 있는 다른 방법은 없다. 클라우드는 이를 위해 설계 된 것이다.

모바일. 모바일은 우리가 검토한 5가지 다른 기술보다 기술 채택 곡선이 더 앞서 있다. 그것은 일반적으로 가장 많이 소비화되었고, 접근 가능하며, 전 세계적으로 퍼져 있기 때문에 놀라운 일은 아니다. 가장 효과적인 모바일 어플리케이션을 구현하려면 클라우드 끝단을 필요로 한다. 클라우드 서비스의 완전한 의지는 상업 및 주거 시스템 채택의 근본적인 요인이다.

주거 시스템에서 모바일 어플리케이션은 거의 보편화 되었는데, 이는 클라우드가 보편화된 것과 동일한 이유 때문이다. 이는 상호작용형 환경을 제공하는 가장 좋은 방법이다. 눈에 띄는 규모의 모든 양방향 소비자 보안 플랫폼에는 예외 없이 모바일 어플리케이션이 있다. 모바일 가능 제품이 널리 보급됨에 따라 해당 제품이 없는 시스템은 판매가 불가하였다. 이것이 기술 도입에 대한 교과서 정의이다. 오래된 대안들이 더 이상 시장에 나와 있지 않을 때에 새로운 것을 구입한다. 모바일 어플리케이션이 없는 보안 시스템은 주거보안 시장에서 구식 시스템이 되었다.

비록 그것을 따라 가고 있지만, 상업보안은 완전히 그렇지는 않다. 고객이 원하는 시스템에 몇 가지 모바일 기능을 추가했다. 그러나 만일 당신이 설치 및 설정 절차를 읽었다면(나는 그렇게 한다), 당신은 원하지 않을 것이다. 클라우드와 모바일이 연결된 다면 그렇지 않은 것 보다 해킹 가능성이 조금 더 있다. 솔직히 그것은 의도된 방법이 아니다. 그 효과는 빠른 채택에 대한 걸림돌이다.

이러한 이유로 상업보안 시스템은 주거 시스템만큼 빠르게 움직이지 않았으며, 지금까지 얼리어답터 단계에 도달 했을 뿐이다.

사물인터넷. 사물인터넷과 관련 시장을 정의하는 방법에 따라 주거보안 시스템은 초기 다수와 후기 다수 사이에 있다.

이전에 나는 보안업계가 사물인터넷의 개척자라고 주장했다. 이 점에서 현대 보안 시스템에 설치된 거의 모든 장치는 게이트웨이(제어 또는 경보 패널 이라고도 함)를 통해 인터넷에 다시 연결되는 사물인터넷장치이다. 오늘날 판매되고 있는 모든 양방향 주거 시스템이 클라우드를 기반으로 한다면, 다수 사람들은 집안에 사물인터넷 장치를 설치해야 한다. 이 점에서 보안시스템을 사용하는 구매자 중 사물인터넷의 보급률은 거의 100%에 육박한다. 당신이 마지막 구입자라 할지라도 사물인터넷을 포함하지 않는 시스템을 구입할 수는 없을 것이다.

이 이야기는 상업 시스템에서 다소 지연되고 있다. 상업 시스템의 대부분은 여전히 기업 네트워크에서 격리되어 있다. 웹 브라우저와 간단한 모바일 어플리케이션에 작은 가시성을 제공 할 수 있지만, 대부분의 기능과 데이터는 가능한 유용하지 못하도록 주변의 무언가에 둘러싸여 있다.

그러나 시대는 변화하고 있다. 첫째, 인터넷에 연결된 센서 네트워크가 설득력 있는 가치로 제안 되고 있다. 장거리 무선 기술 과 배터리 수명 향상으로 이전보다 더 실용화 되고 있다. 점점 더 많은 비율의 접근 제어 지점에 클라우드 기반 관리 시스템에 연결되는 무선 잠금장치가 설치되고 있다. 영상감시 또한 사물인터넷 체계를 채택하고 있다. 과거의 대역폭과 스토리지의 장벽은 엣지 컴퓨팅, 영상 분석 및 소규모기업들도 이용할 수 있는 저렴한 데이터 연결로 인해 무너지고 있다.

이러한 이유로 상업 시스템은 초기 다수로 채택 된다. 그렇지만 가까운 미래에 사물인터넷 기술을 보다 보편적으로 채택하려는 방향으로 가고 있으며, 구형 기술 옵션이 제조사 카탈로그에서 사라지거나 새로운 시장 진입으로 대체됨에 따라 곧 후기 다수에 도달하게 될 것이다.

빅 데이터. 보안기술의 미래를 바라보는 모든 사람들은 빅 데이터의 가능성을 보고 있다. 문제는 언제인가 하는 것이다. 빅 데이터 플랫폼을 사용하여 구축할 수 있는 패턴인식 및 예측 분석은 보안의 두 가지 핵심 요소이다. 수사관들과 법집행 기관들은 빅 데이터 저장소를 통해 현재의 상황보다 훨씬 빠르게 해답을 제공하는 법의학 조사를 기대하고 있다.

하지만 우리가 가장 먼저 필요로 하는 것은 데이터이다. 주거보안 및 홈오토메이션 플랫폼은 다시 상업 시스템을 앞설 수밖에 없다. 그들은 수백만 가구의 데이터 산출에 대한 자연스러운 집합이다. 대규모 주거 서비스 중 일부는 이러한 정보를 활용하고, 고객이 이용할 수 있는 서비스를 개선하기 위해 빅 데이터 및 기술 기법을 발표했다. 이것은 유망하며 얼리어답터의 지지를 얻는다.

앞서 설명한 주요 이유로 상업보안 시스템에는 빅 데이터가 거의 존재하지 않는다. 그것들은 빅 데이터 저장소를 구축하기에 충분한 양의 빅 데이터가 아직 클라우드로 옮겨지지 않았다. 즉 빅 데이터와 분석은 미래의 더 크고, 스마트한 빠른 시스템의 일부가 될 것이며, 새로운 비즈니스 모델로서 데이터 기반 보안으로 부상할 것이다.

소셜. 현재 소셜은 전자보안보다 더 많은 가능성을 가지고 있다. 나는 이것이 유용성 문제라기보다는 가용성 문제라고 믿는다. 거기에는 또한 신뢰에 대한 문제도 있다. 그것들을 각각 살펴보자.

물리적 보안에서 소셜 네트워크의 유용성 문제는 대부분의 보안 알림 시나리오에 필요한 표적 메시징에 대한 플랫폼을 구성하기가 어렵다는 것이다. 이러한 어려움으로 인해 전자 메일이나 텍스트 또는 인어플리케이션 메시지와 같은 직접적인 연결을 사용하는 것이 더 간단할 수도 있다. 모든 사람들이 그것들을 작동시키는 방식을 알고 있기 때문에 쉽게 설정할 수 있다.

보안 이외에도 소셜 로그인은 여러 상황에서 사용할 수 있는 단일 ID로 높은 채택률을 보이다. 약 80%의 사용자가 소셜 로그인을 사용하여 인터넷에 새 계정을 만들고 이후 동일한 방법을 통해 로그인한다. 그러나 점점 더 많은 어플리케이션에 대한 인증으로 생체 인식을 사용하는 모바일 로그인 측면에서도 호응을 유지할 수 있는지 여부가 불투명하다.

이러한 모든 요소를 요약하면, 소셜은 주거 시스템 및 상업 시스템으로 얼리어답터 또는 혁신가로 평가된다. 여기서 중요한 것은 소셜 로그인이 적어도 보안 어플리케이션이 적용되지 않은 전체적으로 까지 미치지는 못한다는 점이다. 나의 추측은 결국 좀 더 오랫동안 그 자리에 머물게 될 것이라는 것이다.

그러나 소셜이 전부 나쁜 소식만 있는 것은 아니다. 소셜 안전은 전자 보안과 관련이 없는 개인 안전 점검뿐만 아니라 공공 안전 및 대량 알림에서도 점차 커지고 있음을 기억해야 한다. 이러한 경우 소셜 네트워크의 특성상 직접 통신으로는 골치 아픈 의도 했던 것보다 더 많은 사람들에게 모호한 알림을 보내는 데 유용하다. 정보는 "친구"에서 "친구"로 흐른다. 다시 말해 당신이 극장에서 "불이야" 외칠 때 로비에 있는 사람들이 듣고 나가기를 원한다.

■ 세대

세대 간의 격차 없이 말할 수 있는 방법은 없지만, 기술 채택의 일부 측면은 단지 세대 간의 문제이다. 젊은 사람들은 그것을 얻지만 노인들은 그렇지 않다. 오늘날 그것은 밀레니엄세대(1980년대 초반~2000년대 초반 출생한 세대)가 나머지 5가지 힘을 몰아 업계에 나아갈 기본 동력이라는 것을 의미한다. 이 사실은 그들이 업계를 어떻게 그리고 어디서 형성 했는지는 나의 경험에 있어서 중요한 요인이 되었다.

가장 명확한 사례 중 하나는 통합 업체와 교류가 많은 영업 담당자로부터 얻을 수 있다. 그들은 많은 영업 담당자들에게 클라우드와 사물인터넷이 보안 서비스 및 장치를 위하여 미래의 나아갈 방향이라고 홍보할 수 있다. 어떠한 업계 전문가는 확신을 갖고 "우리 고객은 절대 이 기술을 사용하지 않을 것이다. 데이터를 외부에 저장할 방법도 없고, 매월 비용을 지불할 수도 없다."

당신이 판매할 수 있는 것은 당신이 믿는 바에 달려 있다. 그래서 신기술에 대한 부정적인 편견이 없는 젊은 영업담당들이 이러한 기술을 대변하는 것이 더 성공적이다. 개인 수준에서 사실인 것은 또한 기업 차원에서도 마찬가지이다. 신규 시스템 통합 업체는 100% 클라우드 기반으로 비즈니스를 강화하고 있다.

■ 보안에 대한 새로운 임무

나는 보안업계 대부분의 사람들이 직원, 고객 및 일반 대중들의 보다 안전하고 더 나은 삶을 만들기 위해 열심히 노력하고 있음을 알게 되었다. 나와 함께 일하는 모든 전문가 들은 만약 자신의 일을 제대로 수행하지 않으면 기업은 귀중한 자산을 잃을 수 있고, 기업가는 기업을 잃을 수 있고, 누군가의 생명을 잃을 수도 있다는 사실을 알고 있다. 그들은 그것을 바로잡는 것과 방관하는 것의 차이가 인질로 바뀌는 직장인의 운명이나 어린이교실의 생존을 결정할 수 있다는 것을 알고 있다. 이것은 우리의 경력을 사회 전반에 매우 개인적이며 의미 있는 기여로 만든다.

보안산업은 문자 그대로 일과 가정에서 기본을 추구하는 사람들의 일상에 대한 질적 차이를 만드는 제품과 직업에 관한 모든 것이다. 테러와 폭력이 증가하는 시대에 그것은 더 이상 선택 사항이 아니다. 그것은 두려움 없이 사는 삶과 폭력이 영향을 미치지 않는 삶에 필수적이다.

그럼에도 불구하고, 사람들이 리스크 대비 비용을 비교하기 시작하면 이상한 일이 발생한다. 그들은 리스크 가능성이 낮은 사건을 방지하기 위해 시스템에 돈을 쓸 가치가 있는지 궁금해 하기 시작한다. 우리는 항상 이것을 접한다. 사람들은 주변에 강도사건이 일어난 후 보안 시스템에 대한 견적을 요구한다. 몇 주가 지나고 더 이상 나쁜 소식이 들리지 않으면 결국 그것이 필요 하지 않다고 결정한다. 열쇠가 있는 전직 직원이 사무실에 들어가 컴퓨터 한 두 대를 훔치는 일이 일어나면 사업주는 전자 보안의 시기를 결정한다. 한 달이 지나고, 걱정거리가 사라지고, 새로운 보안 장기가 마련되지 않으면, 불만이 있는 직원들에게는 여전히 또다시 취약하다. 즉 랩탑을 가지고 나가는 것보다 훨씬 더 안 좋은 결과가 있을 수도 있다.

우리는 삐걱거리는 소리가 멈추자마자 그 소리를 내는 바퀴를 잊어버린다.

그것을 넘기 위해 보안제품과 서비스 제공업체들은 아무런 문제가 없는 경우에도 이점을 분명히 알 수 있도록 더 넓은 사명을 명심해야 한다. 보안을 변화시키는 5가지 기술이 약속대로 제공됨에 따라 우리 모두는 그 목표를 보다 잘 달성할 수 있게 될 것이다.

■ 유행은 돌고 돈다

내가 이 책의 마지막 장을 쓰고 있을 때, 정말 재미있는 우연이 일어났다. 나는 클라우드 기반의 안전한 사서함을 제공하는 기업을 막 출범시킨 젊은 사업가로부터 원치 않는 전자 메일을 받았다. 스마트박스라고 부르지는 않지만 스마트박스라고 할 수도 있다. 이것의 목적은 소유자가 접근 출입인증을 사용하여 프로그램을 열고 제거할 때까지 패키지 스트림을 안전하게 유지하는 것이다. 그것은 분명히 사물인터넷 장치이며 모바일 및 소셜이다. 그들은 아마도 빅 데이터에 대한 큰 계획을 가지고 있을 것이다.

그들이 성공할지는 모르겠지만, 나는 그렇게 되기를 바란다. 어쩌면 이제 때가 되었다. 그러나 큰 계획을 알지 못한다면 훗날 그들은 혼란을 완전히 재편할 무언가를 발명해야 할 수도 있다.

- **지은이**

스티브 반 틸(Steve Van Till)

- **공동번역**

고려대학교 스마트시큐리티랩

강준모 조용현 나석종 김신녕 김형헌 서주완 박현준 한은혜 김승영 최혁두 박지훈 신소현

에스원 SI컨설팅그룹

강봉구 김경목 김태민 류정아 박상권 성하얀 양재성 윤보라 윤종수 이준형 최선희

에스원 정보보안 영업그룹

권솔 김영래 박주현 방수연 백근규 백성현 송기석 이재송 이지호 이현제

- **번역/감수**

차영균 특임교수

- 출생 연월 : 1963년 3월
- 주요 경력
  - 現)고려대학교 정보보호대학원 융합보안학과 특임교수
  - 前)숭실대학교 IT대학 정보통신과 겸임교수
  - 前)동국대학교 경찰행정학과 강사
  - 前)VP社 대표이사('16.4~'17.3)
  - 前)시큐아이닷컴 솔루션사업부장 상무('10.7~'15.1)
  - 前)에스원 SI사업부장 상무('98.12~'10.7)

보안패러다임을 변화시키는 5가지 기술적 원동력
THE FIVE TECHNOLOGICAL FORCES DISRUPTING SECURITY

저 자 Steve Van Till
역 자 차영균(고려대학교 정보보호대학원 융합보안학과), 에스원
펴 낸 이 한헌주
펴 낸 곳 도서출판 **경문사**
등 록 1995년 11월 9일 제300-1995-138호
주 소 서울특별시 서대문구 독립문로 21-9
전 화 738-7035(代)
FAX 722-4678
e-mail kmsp@korea.com
홈페이지 http://www.kmsp.co.kr
원 서 ISBN 978-0-12-805095-8
번역서 ISBN 978-89-420-0902-2 03320
초판 발행 2020년 5월 31일

값 **18,000**원

• 잘못된 책은 교환해 드립니다.
• 역자와의 협의로 인지는 생략합니다.